UN LIVRE un jour,
un livre **TOUJOURS**

Équipe éditoriale Styles

Retrouvez-nous sur www.editionsdelamartiniere.fr
et sur www.facebook/editionsdelamartiniere

Olivier Barrot

UN LIVRE un jour, un livre TOUJOURS

Les essentiels d'une bibliothèque idéale

Illustrations d'Olivier Fontvieille

Éditions
de La Martinière

3 livre jour livre TOUJOURS

Puisque cet ouvrage s'offre en bleu et noir, je m'autorise une ouverture en noir et blanc. Vous rappelez-vous ce prodigieux film de Clouzot intitulé *Quai des Orfèvres ?* Dans une chanson un peu osée, l'héroïne expliquait avec un certain émoi que ce qui compte, « ce n'est pas la chose en elle-même, c'est la façon de s'en servir ». Tel est exactement mon propos : ce recueil conçu pour l'utile, c'est un usuel subjectif et revendiqué tel. J'aimerais avant tout que les lecteurs qui m'y accompagneront, armés de quelques bonnes raisons de me faire confiance, partagent la jubilation intacte que j'entretiens envers tant de textes depuis tant d'années. Les circonstances professionnelles, heureuses ô combien en l'espèce, me valent d'évoquer des travaux littéraires, à mes yeux remarquables, à la télévision chaque jour depuis près d'un quart de siècle, ce qui constitue un ensemble de quelque cinq milliers d'émissions.

Assez logiquement, l'idée nous est venue de donner naissance à un nouveau livre à partir de tous ces programmes, une anthologie personnelle. Il ne s'agira donc ici que de classiques au sens large, de toute époque, de toute provenance, chacun proposé sur une double page fort élégamment illustrée : le travail de notre illustrateur Olivier Fontvieille n'est pas sans rappeler la gravure sur bois. Pour chacun des titres retenus, qui appartiennent à tous les genres littéraires, du roman à l'essai, des mémoires à la poésie, une situation précise de l'auteur et de l'œuvre, un bref extrait, une recommandation de lecture par âge et facilité d'accès. Une bibliothèque idéale d'essentiels, présentés par ordre chronologique de parution.

On relèvera sans nul doute des manques et des prédilections, que j'assume de bonne foi. Réunir 200 volumes en un seul ne va pas de soi. Du moins, ce travail de relecture m'a-t-il vraiment passionné. Combien j'aimerais que cet engouement soit partagé et créateur de nouveaux enthousiasmes littéraires ! Pierre Tchernia, qui savait comme personne transmettre ses propres émerveillements, se voyait en « instituteur souriant » : aucun inconvénient à ce que l'on me considère et me lise avec ce même regard.

Olivier Barrot

Texte difficile et pour le coup fondamental, *L'Odyssée* peut accompagner une existence entière en livre de chevet.

HOMÈRE (fin du IXe siècle av. J.-C.-VIIIe siècle av. J.-C.)

L'Odyssée

PREMIÈRE APPARITION
VIIIe-IXe siècles avant notre ère
GENRE : épopée

ADAPTATION
au cinéma, en 1954, par Mario Camerini avec Kirk Douglas, Silvana Mangano et Anthony Quinn

QUAND LIRE CE LIVRE ?
jeune adulte

DIFFICULTÉ
2

L'AVIS DE LECTEUR D'OLIVIER BARROT :
sale, vieilli, Ulysse enfin au seuil de sa demeure. Seul le chien Argos le reconnaît, il remue la queue et meurt. Je n'ai rien lu de plus beau.

Sans Homère, nous ne serions pas ce que nous sommes, et pourtant, de lui, nous ne savons rien, ou presque. Il serait originaire de la province grecque d'Ionie, en Asie Mineure, aujourd'hui la Turquie, et aurait vécu autour de l'an 750 avant notre ère. Mais est-il l'auteur unique de ces deux épopées fondatrices de l'Occident que sont *L'Iliade* et *L'Odyssée* ? Mystère... Était-il lui-même le récitant de ces poèmes en vingt-quatre chants, et a-t-il seulement existé ? Peu importe. Les 15 000 vers de *L'Iliade* et les 12 000 de *L'Odyssée* n'ont cessé d'être lus de par le monde depuis trois millénaires et continuent de nous enchanter ! *L'Odyssée* raconte, on le sait, le retour d'Ulysse, l'homme aux mille tours, en sa patrie d'Ithaque après vingt ans d'absence : dix années passées au siège de Troie et dix autres en ce voyage mouvementé. Le poème abonde en scènes épiques qui mêlent les hommes et les dieux : Ulysse et la nymphe Calypso ; Ulysse et la princesse Nausicaa ; Ulysse et la magicienne Circé ; Ulysse avec le géant Polyphème et contournant les écueils que sont les rochers Charybde et Scylla ; Ulysse enfin, retrouvant sa femme Pénélope.

LE POÈME ABONDE EN SCÈNES ÉPIQUES QUI MÊLENT LES HOMMES ET LES DIEUX.

« Après avoir été maintes fois pris dans la tempête, emporté par la houle et les vents contraires, poussé par la fureur d'Éole, écrasé par la colère de Poséidon, le radeau avait jusqu'ici résisté à tous les assauts. Ulysse conservait l'espoir au fond du cœur. Mais la mer, sans relâche, glisse entre les trous, cherchant à dénouer les cordes qui les lient. Inlassablement Ulysse les resserre ; parfois, la voile pend, inerte ; parfois elle vibre, et tend le mât à le rompre ; le vent, comme à plaisir, contrarie toutes les manœuvres, c'est une lutte sans fin, la nuit, comme le jour. Mais chaque fois, le souvenir d'Ithaque redonne courage à Ulysse qui veut à toute force retrouver Pénélope et connaître ce fils qu'il n'a jamais vu. »

ESCHYLE GRAVE DANS LE MARBRE GREC L'ESSENTIEL DE NOS ÉMOTIONS.

ESCHYLE (vers 525 av. J.-C. – 456 av. J.-C.)

TRAGÉDIES

PREMIÈRE PARUTION
ve siècle avant notre ère
GENRE : théâtre

QUAND LIRE CE LIVRE ?
jeune adulte

DIFFICULTÉ
2

L'AVIS DE LECTEUR D'OLIVIER BARROT :
lire Eschyle à haute voix, c'est inventer le théâtre.

Les deux piliers écrits les plus anciens de la culture occidentale sont la Bible et la littérature grecque. Homère, Platon, les orateurs, les poètes et les trois seuls auteurs dramatiques dont les œuvres sont parvenues jusqu'à nous : Eschyle, Sophocle et Euripide. Prodigieux mystère de cette trilogie. Une trentaine de pièces toujours jouées de nos jours, deux mille cinq cents ans après leur composition.
À l'origine, la tragédie est une épreuve olympique que Pisistrate, tyran d'Athènes, inscrit, en 534 avant Jésus-Christ, au programme de la soixante et unième Olympiade. Elle complète le culte rendu à Dionysos, lequel comprend des sacrifices humains. Un certain Thespis invente le premier acteur – en grec, *upocrites*, « l'hypocrite », c'est-à-dire celui qui répond au chœur. Quant aux sujets des pièces, ils sont contenus dans les légendes que racontent *L'Iliade* et *L'Odyssée* et que le public connaît intimement.
C'est Eschyle, ancien combattant de Marathon et de Salamine, qui invente le deuxième acteur, c'est-à-dire le vrai dialogue, le jeu théâtral... Eschyle, le plus ancien des trois tragiques grecs, à mes yeux, le plus pur, le plus cosmique. D'Eschyle, il nous reste

sept pièces, qui parfois font penser au théâtre de Claudel ou aux poèmes de Saint-John Perse.
Lisez un vers, un seul d'Eschyle, d'emblée la Grèce antique tout entière s'inscrit dans votre imagination.
« Étéocle : Il faut dire ce que les circonstances exigent, lorsqu'on tient le gouvernail de la cité et qu'on veille sur la chose publique, sans laisser le sommeil fermer ses paupières. Si le succès nous favorise, on l'attribue aux dieux ; si, au contraire, [...] un malheur arrive, seul, Étéocle sera décrié dans toute la ville par les citoyens, qui éclateront en bruyants reproches et en lamentations. » Extrait de *Les Sept contre Thèbes.*

SEPT PIÈCES TOUJOURS JOUÉES DE NOS JOURS, DEUX MILLE CINQ CENTS ANS APRÈS LEUR COMPOSITION.

S'IL A INSPIRÉ GOSCINNY ET UDERZO – « IL FAUT RENDRE À CÉSAR CE QUI M'APPARTIENT » – IL MONTRE MOINS D'HUMOUR ET PLUS DE SENS DE LA STRATÉGIE.

CÉSAR (vers 100 av. J.-C. – 44 av. J.-C.)

LA GUERRE DES GAULES

PREMIÈRE PARUTION
textes rassemblés entre 52 et 51 av. J.-C.
GENRE : mémoires/histoire/guerre

QUAND LIRE CE LIVRE ?
adulte

DIFFICULTÉ
2

L'AVIS DE LECTEUR D'OLIVIER BARROT :
le monde a changé depuis les deux millénaires qui nous séparent de Jules César, mais les peuples, pas tellement.

Comme certains d'entre vous, j'ai autrefois étudié le latin au lycée, j'ai peiné sur Cicéron et Ovide, avant que de mesurer, grâce à un professeur éclairé, que les ennuyeux Romains d'autrefois ressemblaient sensiblement aux épatants Italiens d'aujourd'hui, ce qui change beaucoup le point de vue sur la Rome classique ! Aussi ai-je repris *La Guerre des Gaules* de César, remisé parmi les mauvais souvenirs scolaires depuis… un bon demi-siècle.

La Guerre des Gaules, c'est le récit, de la main même du principal intéressé, de la conquête de ce que sera la France entre 58 et 51 avant Jésus-Christ.

En butte aux menées des Helvètes, des Belges, des Germains, des Bretons – comment ne pas songer à Astérix ? –, César finit par vaincre le chef arverne Vercingétorix, justifiant de la sorte son action. Tout comme le général de Gaulle, deux millénaires plus tard, César parle de lui à la troisième personne, dans un style sobre, presque distant, qui le rend, de nos jours encore, parfaitement lisible.

« La Saône est une rivière qui traverse les territoires des Héduens et des Séquanes pour se jeter dans le Rhône. Son cours est d'une lenteur incroyable au point qu'en la voyant, on ne peut dire dans quel sens elle coule. Les Helvètes étaient en train de la passer sur des radeaux et des barques jointes ensemble. César apprenant par des éclaireurs qu'ils avaient déjà fait traverser les trois quarts de leurs troupes, et qu'il en restait à peu près un quart sur la rive gauche, quitta le camp avec trois légions et parvint devant le groupe qui n'avait pas encore traversé. Ils étaient encombrés de bagages et ne s'attendaient pas à le voir. Il les attaqua et en massacra un grand nombre. »

C'EST LE RÉCIT, DE LA MAIN MÊME DU PRINCIPAL INTÉRESSÉ, DE LA CONQUÊTE DE CE QUE SERA LA FRANCE ENTRE 58 ET 51 AVANT JÉSUS-CHRIST.

Amoral, Ovide ? Un peu cynique, certes, il connaît bien la vie et les rapports entre les sexes...

OVIDE (43 av. J.-C. – 17 ou 18 apr. J.-C.)

L'Art d'aimer

PREMIÈRE PARUTION
autour de l'an 1
GENRE : poésie

QUAND LIRE CE LIVRE ?
jeune adulte

DIFFICULTÉ
2

L'AVIS DE LECTEUR D'OLIVIER BARROT :
rien comme *L'Art d'aimer* pour mesurer combien les Romains d'hier ressemblaient aux Italiens d'aujourd'hui.

Ovide s'impose comme un formidable jouisseur, moins par son poème interminable, *Les Métamorphoses*, que par ce délicieux *L'Art d'aimer* qu'il conçoit autour de l'an 1 de notre ère, et qui va provoquer un véritable scandale. Haut fonctionnaire, Publius Ovidius Naso, dit Ovide, est prisé par l'empereur Auguste ; ses écrits tant soit peu tendancieux et ses agissements dans l'ombre lui vaudront le bannissement définitif. Il disparaît en exil, en l'an 17 ou 18. « Femmes, ne refusez point à l'ardeur de vos amants les plaisirs qu'ils sollicitent.

Avant tout, que ton esprit soit bien persuadé que toutes les femmes peuvent être prises ; tu les prendras ; tends seulement tes filets. Les oiseaux se tairont au printemps, en été les cigales, avant que la femme résiste aux sollicitations caressantes d'un homme. Celle même, dont tu pourras croire qu'elle ne veut pas, voudra.

[...]

Si le sexe dit fort s'entendait pour ne pas faire les avances, la femme, vaincue prendrait bientôt le rôle de les faire.

Dans les molles prairies, c'est la femelle qui appelle le taureau par ses mugissements ; c'est toujours la femelle qui, par son hennissement, appelle l'étalon aux sabots de cornes. »

L'Art d'aimer, on le voit, porte moins sur l'amour que sur la séduction. Et c'est ce qui lui confère sa vénéneuse amoralité. Tout est bon pour séduire, et Ovide d'en décliner les processus. Aborder la femme convoitée au théâtre, ou aux bains, se faire une alliée de sa servante, promettre, flatter, pleurer au besoin, et une fois la place prise, aimer, inventer, ou alors... lire Ovide.

SES ÉCRITS TANT SOIT PEU TENDANCIEUX ET SES AGISSEMENTS DANS L'OMBRE LUI VAUDRONT LE BANNISSEMENT.

CETTE LÉGENDE CONSTITUE EN ELLE-MÊME UNE LÉGENDE : ON Y PÉNÈTRE, ON S'Y ÉGARE, ON S'Y RETROUVE COMME DANS UN LABYRINTHE.

(Xe siècle)

LES MILLE ET UNE NUITS

PREMIÈRE PARUTION
date inconnue
GENRE : conte

QUAND LIRE CE LIVRE ?
adolescence/jeune adulte

DIFFICULTÉ
2

L'AVIS DE LECTEUR D'OLIVIER BARROT :
deux miroirs face à face reflétant à l'infini l'image suggérée par le texte : un intrigant sortilège oriental.

Les Mille et Une Nuits sont un peu comme les grandes mosquées d'Istanbul, de Shiraz ou Samarcande : on les a vues en photo, on les a visitées éventuellement, mais elles continuent de nous échapper, tellement elles sont puissantes, profuses, majestueuses, impressionnantes.

Les Mille et Une Nuits, c'est un recueil anonyme de contes en langue arabe, inspiré des récits persans et composé, semble-t-il, à partir du Xe siècle de notre ère et continûment enrichi. Le Français Antoine Galland en livra, dès 1704, une première traduction dans une langue européenne.

En dépit de la célébrité de certains des personnages des *Mille et Une Nuits* – Aladin, Sinbad, Ali Baba –, le récit ne se donne pas si facilement que l'on pourrait le croire. On en connaît sans doute le point de départ : le sultan Shahryar, cruel, exige de son grand vizir qu'il lui livre chaque nuit une nouvelle maîtresse – qu'il fait mettre à mort le lendemain matin. Pour mettre un terme à cette boucherie, la fille du vizir, Shéhérazade, lui demande une faveur : la laisser épouser le sultan. Elle saura, par son art du récit, le dissuader de la mettre à mort afin de la conserver auprès de lui.

« Le grand vizir, qui, [...], était malgré lui le ministre d'une si horrible injustice, avait deux filles, dont l'aînée s'appelait Scheherazade, et la cadette Dinarzade. Cette dernière ne manquait pas de mérite ; mais l'autre avait un courage au-dessus de son sexe, de l'esprit infiniment, avec une pénétration admirable. Elle avait beaucoup de lecture et une mémoire si prodigieuse, que rien ne lui était échappé de tout ce qu'elle avait lu. Elle s'était heureusement appliquée à la philosophie, à la médecine, à l'histoire et aux beaux arts ; et elle faisait des vers mieux que les poètes les plus célèbres de son temps. Outre cela, elle était pourvue d'une beauté excellente ; et une vertu très solide couronnait toutes ses belles qualités. »

C'est un traité de séduction.
Fonctionne-t-il encore ? Essayons !

GUILLAUME DE LORRIS (vers 1200 - vers 1238) et JEAN DE MEUNG (vers 1240 - vers 1305)

Le Roman de la Rose

PREMIÈRE PARUTION
écrit en deux parties ; la première entre 1230 et 1235 par Guillaume de Lorris ; la seconde par Jean de Meung entre 1275 et 1280
GENRE : œuvre poétique

QUAND LIRE CE LIVRE ?
adulte

DIFFICULTÉ
2

L'AVIS DE LECTEUR D'OLIVIER BARROT :
user de ce texte comme d'une potion précieuse : deux ou trois vers, par-ci par là...

Chacun connaît, en tout cas, le titre de cette œuvre, écrite à quatre mains au cours du XIIIe siècle, et qui résume, à elle seule, le Moyen Âge littéraire français.

L'a-t-on lu ? Franchement, non. C'est long, assez ; répétitif, souvent ; ennuyeux, pas mal. Cependant, l'influence continentale du *Roman de la Rose* vaut qu'on s'y arrête. Le poème n'a-t-il pas été admiré, loué, célébré partout, notamment par l'Anglais Chaucer et l'Italien Pétrarque ? L'histoire même du texte est tout à fait singulière. C'est d'abord Guillaume de Lorris qui, vers 1230, compose 4 000 vers, abandonne le poème et disparaît. Un demi-siècle plus tard, Jean de Meung le reprend. Il ajoute 18 000 vers, et le *Roman de la Rose*, à la fois récit et traité de la conquête amoureuse, entreprend sa traversée du temps. Les personnages portent des noms explicites : « Beauté », « Courtoisie », « Liesse », « Richesse » pour ce qui est des bienveillants ; quant aux ennemis, ils se nomment « Peur », « Jalousie », « Envie » et « Malbouche », c'est-à-dire médisance. Voici comment Guillaume de Lorris présente ce rêve d'amour, puisque c'est ainsi qu'il l'a conçu :

« À la vingtième année de mon âge, à cette époque où l'amour réclame son tribut des jeunes gens, je m'étais couché une nuit comme à l'accoutumée, et je dormais profondément, lorsque je fis un songe très beau, mais, dans ce songe, il n'y eut rien que les faits n'aient confirmé point par point. Je veux vous le raconter pour vous réjouir le cœur : c'est l'Amour qui m'en prie et me l'ordonne. Et si quelqu'un me demande comment je veux que ce récit soit intitulé, je répondrai que c'est *Le Roman de la Rose* qui referme l'Art d'amour. La matière en est bonne et neuve. Que Dieu me fasse la grâce que celle-là l'agrée, à qui je le destine : c'est celle qui a tant de prix et qui est si digne d'être aimée qu'on doit l'appeler la Rose. »

NE TRICHONS PAS. LIRE *LA DIVINE COMÉDIE* SUPPOSE L'ENVIE ET LA PERSÉVÉRANCE. N'EST-CE PAS LE CAS DE TOUTE LECTURE ?

DANTE ALIGHIERI (1265-1321)

LA DIVINE COMÉDIE

PREMIÈRE PARUTION
version manuscrite entre 1307 et 1321 ; mais première édition imprimée en 1472
GENRE : poésie

QUAND LIRE CE LIVRE ?
lecteur confirmé

DIFFICULTÉ
3

L'AVIS DE LECTEUR D'OLIVIER BARROT :
comme tout poème épique de toute époque, *La Divine Comédie* enseigne à juguler la peur.

La Divine Comédie, personne ne l'a lue, pas plus moi que vous, avant ce jour.

Et pourtant, ce vaste poème, composé il y a sept cents ans, au début du XIVe siècle, demeure, je l'atteste, parfaitement lisible pour un esprit curieux en ce millénaire commençant.

La Divine Comédie se divise en trois parties d'une trentaine de chants chacune : L'enfer ; le purgatoire ; le paradis. Dante s'y met en scène lui-même, lui, l'amoureux de Béatrice, avec laquelle il va parcourir l'au-delà. Paysages contrastés, semés de gouffres et de montagnes, d'espérances et de regrets, d'épreuves et de joies. Métaphore poétique de la condition humaine, *La Divine Comédie* doit se lire dans la traduction définitive de Jacqueline Risset, qui y a consacré son existence.

En voici le tout début :

« Au milieu du chemin de notre vie
je me retrouvai par une forêt obscure
car la voie droite était perdue.
[...]

Je ne sais pas bien redire comment j'y entrai,
tant j'étais plein de sommeil en ce point
où j'abandonnai la voie vraie.
Mais quand je fus venu au pied d'une colline
où finissait cette vallée
qui m'avait pénétré le cœur de peur,
je regardai en haut et je vis ses épaules
vêtues déjà par les rayons de la planète
qui mène chacun droit par tous sentiers. »

« AU MILIEU DU CHEMIN
DE NOTRE VIE
JE ME RETROUVAI
PAR UNE FORÊT OBSCURE
CAR LA VOIE DROITE
ÉTAIT PERDUE. »

Surtout, ne pas craindre l'effet Moyen Âge à propos de ce voyou ! C'est un frère.

FRANÇOIS VILLON (1431-1463)

LE TESTAMENT

PREMIÈRE PARUTION
composé en 1461
GENRE : poésie

QUAND LIRE CE LIVRE ?
adulte

DIFFICULTÉ
2

L'AVIS DE LECTEUR D'OLIVIER BARROT :
comme Genet un demi-millénaire après lui, Villon l'infréquentable nous touche davantage que tant de bons enfants.

VILLON DEMANDE L'ABSOLUTION NON PAS À DIEU MAIS À SES « FRÈRES HUMAINS ».

B*allade des pendus*
« Frères humains, qui après nous vivez,
N'ayez les cœurs contre nous endurcis,
Car, si pitié de nous pauvres avez,
Dieu en aura plus tôt de vous merci.
Vous nous voyez ci attachés, cinq, six :
Quant à la chair, que trop avons nourrie,
Elle est piéça, dévorée et pourrie,
Et nous, les os, devenons cendre et poudre.
De notre mal personne ne s'en rie ;
Mais priez Dieu que tous nous veuille absoudre ! »

De François de Montcorbier, dit Villon, on ne sait rien ou presque. Chacun connaît son nom ; on a étudié en classe certains de ses poèmes. Il serait né en 1431, aurait fréquenté l'université de Paris, et mené une existence de mauvais garçon : assassin et voleur. Reste son œuvre, et c'est l'essentiel. Son fameux *Testament*, en deux parties, et quelques autres poèmes qu'il aurait composés, peut-être ultérieurement, peut-être encore à la veille de sa mise à mort par pendaison. Villon demande l'aboslution non pas à Dieu mais à ses « frères humains ».

De Villon, il faut écouter la voix si musicale qui n'a cessé de porter jusqu'à nous, ce dont Léo Ferré, Georges Brassens et beaucoup d'autres, s'étaient avisés. Villon, c'est tout simple : le regret du passé, cette antienne de tout poète, la passion tendre pour la gent féminine, la peur de la mort, la tentation de renoncer à l'espérance. Comme il est de surcroît frotté d'harmonie, ses vers ne prendront jamais une ride.

COMME *DOM JUAN*, *DON QUICHOTTE* EST PASSÉ DANS LE LANGAGE COMMUN. ON SE BAT TOUJOURS CONTRE LES MOULINS À VENT.

MIGUEL CERVANTÈS (1547-1616)

DON QUICHOTTE

PREMIÈRE PARUTION
1605 (première partie)
et 1615 (seconde partie)
GENRE : roman

ADAPTATION
nombreuses adaptations théâtrales, cinématographiques et une comédie musicale

QUAND LIRE CE LIVRE ?
jeune adulte

DIFFICULTÉ
2

L'AVIS DE LECTEUR D'OLIVIER BARROT :
tous, à un moment ou un autre de notre vie, nous lirons *Don Quichotte*. Pourquoi pas maintenant ?

Chaque littérature européenne dispose d'un écrivain symbole qui la résume ; Shakespeare pour l'Angleterre, Dante pour l'Italie, Goethe pour l'Allemagne. Pour la France, c'est un petit peu plus compliqué : Balzac, Stendhal, Hugo, Chateaubriand..., que sais-je ?
Quant à l'Espagne, pas d'hésitation ! Miguel de Cervantes Saavedra, contemporain de Shakespeare, s'impose sans contredit. Son existence apparaît hautement romanesque. Ce fils de médecin, tenté par le théâtre, fut soldat, blessé à la bataille navale de Lépante en 1571, retenu prisonnier, libéré et finalement excommunié. Qu'importe ! De nos jours en tout cas, Don Quichotte lui a survécu. C'est que Cervantès est l'inventeur de deux personnages immortels devenus comme des repères universels : Don Quichotte et Sancho Pança. Le livre, *L'Ingénieux Hidalgo Don Quichotte de la Manche*, paraît en 1605, et son succès traverse l'Europe ; il est immédiatement traduit dans toutes les langues. Épopée drolatique, portée par un couple aussi picaresque et dissemblable que celui formé par Dom Juan et Sganarelle, ce pastiche des romans de chevalerie doit être lu posément, chapitre

CERVANTÈS ET SHAKESPEARE ENTRENT LA MÊME ANNÉE DANS L'ÉTERNITÉ LITTÉRAIRE.

après chapitre, source inépuisable de sourires et d'émotions, comme une sorte de western d'une autre époque. Cervantès et Shakespeare entrent la même année dans l'éternité littéraire. Voici comment Don Quichotte prit Sancho Pança à son service : « Cependant, Don Quichotte avait entrepris un paysan de ses voisins, homme de bien, si l'on peut appeler ainsi celui qui est pauvre, et qui n'avait pas beaucoup de malice dans la cervelle. Au bout du compte à force de discours, d'arguments et de promesses, il le décida à partir avec lui et à lui servir d'écuyer. Don Quichotte lui disait entre autres choses qu'il ferait bien de venir de bonne grâce, car il pouvait arriver qu'en un tour de main, il conquière une île et qu'alors il lui en confierait le gouvernement. Sur cette promesse et d'autres de cette sorte, Sancho Pança, c'était le nom du paysan, abandonna sa femme et ses enfants, et suivit son voisin, en qualité d'écuyer. »

SHAKESPEARE, C'EST BIEN RACINE ET MOLIÈRE RÉUNIS, LE DRAME ET LA FARCE, LE RIRE ET LES PLEURS.

WILLIAM SHAKESPEARE (1564-1616)

LA MÉGÈRE APPRIVOISÉE

PREMIÈRE PARUTION
1623
GENRE : théâtre

ADAPTATION
au cinéma, en 1967, par Franco Zeffirelli avec Elizabeth Taylor et Richard Burton

QUAND LIRE CE LIVRE ?
jeune adulte

DIFFICULTÉ
2

L'AVIS DE LECTEUR D'OLIVIER BARROT :
Shakespeare s'enchante de la profusion des mots, des sentiments, des personnages : c'est un généreux partageur.

William Shakespeare incarne, depuis un demi-millénaire, la souveraineté de la langue anglaise. On a l'impression de bien le connaître, tant ses pièces, comédies ou tragédies, ne cessent d'être étudiées et montées. Et pourtant, que d'interrogations, non seulement sur sa propre existence, mais aussi sur ses œuvres, tellement diverses, qu'on a peine à les attribuer à un seul et même auteur ! Passons. Shakespeare, notre contemporain, comme l'a écrit un de ses meilleurs analystes, fonde et féconde la littérature d'Europe, au même titre que Dante et Goethe, que Hugo et Cervantès.
Comédie en cinq actes, en vers et en prose, *La Mégère apprivoisée* est représentée en 1594, alors que l'auteur a 30 ans. Elle s'ouvre par un étrange prologue, au cours duquel un chaudronnier ivre se voit contraint d'assister à la représentation d'une pièce, qui n'est autre que *La Mégère apprivoisée*.
Le théâtre dans le théâtre à la fin du XVIe siècle !

IL EST FACILE DE CRITIQUER SON ÉPOQUE, DE PRATIQUER UN PESSIMISME CONFORTABLE QUI VOUS CONFÈRE, À BON COMPTE, UNE RÉPUTATION DE BEL ESPRIT.

En voici un florilège :

« – Nous avons tous assez de force pour supporter les maux d'autrui.

– Nous oublions aisément nos fautes lorsqu'elles ne sont sues que de nous.

– L'hypocrisie est un hommage que le vice rend à la vertu.

– Le soleil ni la mort ne se peuvent regarder fixement.

– S'il y a des hommes dont le ridicule n'ait jamais paru, c'est qu'on ne l'a pas bien cherché.

– L'extrême plaisir que nous prenons à parler de nous-mêmes doit nous faire craindre de n'en donner guère à ceux qui nous écoutent. »

« Voilà naïvement comme je pense que je suis fait au dehors [...] car je me suis assez étudié pour me bien connaître, et je ne manque ni d'assurance pour dire librement ce que je puis avoir de bonnes qualités, ni de sincérité pour avouer franchement ce que j'ai de défauts. »

MOLIÈRE PARE SA PIÈCE D'UN SOUS-TITRE. CE « FESTIN DE PIERRE » FIXE POUR LA NUIT DES TEMPS LA FIGURE DU PERSONNAGE.

MOLIÈRE (1622-1673)

DOM JUAN OU LE FESTIN DE PIERRE

PREMIÈRE PARUTION
1682
GENRE : théâtre

QUAND LIRE CE LIVRE ?
jeune adulte

DIFFICULTÉ
2

L'AVIS DE LECTEUR D'OLIVIER BARROT :
selon Louis Jouvet, l'un des plus prestigieux interprètes du rôle : « Les chefs-d'œuvre sont des pièces d'or dont on n'a jamais fini de rendre la monnaie. »

« Dom Juan : [...] Pour moi, la beauté me ravit partout où je la trouve, et je cède facilement à cette douce violence dont elle nous entraîne. J'ai beau être engagé, l'amour que j'ai pour une belle n'engage point mon âme à faire injustice aux autres ; je conserve des yeux pour voir le mérite de toutes, et rends à chacune les hommages et les tributs où la nature nous oblige. Quoi qu'il en soit, je ne puis refuser mon cœur à tout ce que je vois d'admirable, et dès qu'un beau visage me le demande, si j'en avais dix mille, je les donnerais tous. »

Dom Juan, tout comme *Faust*, tout comme *Antigone*, c'est, au-delà des livres, un mythe fondamental de l'Occident. L'histoire de ce séducteur universel, contraint de rendre compte de ses actes devant le Commandeur, c'est un peu de chacun d'entre nous, et les compositeurs, les écrivains de partout, se sont emparés du personnage. En France, le plus renommé des *Dom Juan* est évidemment celui de Molière, qui date de 1665, alors que l'auteur a 43 ans, autrement dit, entre *Tartuffe* et *Le Misanthrope*.

Pièce en cinq actes et en prose, félicité assurée pour les heureux interprètes.

Pourtant, *Dom Juan*, qui se passe en Sicile, est l'une des pièces les plus mal construites de Molière, et parfois même, carrément obscure. De fait, la langue paysanne, parlée par Charlotte et Pierrot, nous échappe à peu près totalement, tandis que certaines scènes de comédie, semblent, au contraire, avoir été écrites uniquement dans le but de faire sourire – ainsi de la fameuse conversation entre Monsieur Dimanche et Dom Juan, à l'acte IV :

« – Je...

– Parbleu ! Monsieur Dimanche, vous vous portez bien.

– Oui, Monsieur, pour vous rendre service.

– Vous avez un fond de santé admirable, des lèvres fraîches, un teint vermeil, des yeux vifs.

– Je, je, je voudrais bien...

– Comment se porte Madame Dimanche, votre épouse ?

– Fort bien, Monsieur, Dieu merci. »

Dom Juan convainc par l'étonnante subtilité de la relation entre Dom Juan lui-même et son domestique, Sganarelle. Et puis, quelle hauteur de vue, quelle ambition ! Dom Juan, c'est-à-dire Molière, défie Dieu, c'est-à-dire le Roi, l'autorité.

MOLIÈRE, ESPRIT LIBRE, S'AUTORISE ICI LA PLUS GRAVE QUESTION, CELLE DE L'EXISTENCE DE DIEU.

Adepte d'un art mineur, la fable, il l'érige en modèle d'un esprit et d'un style, français, extrêmement.

JEAN DE LA FONTAINE (1621-1695)

Fables

La Fontaine, vraiment, mais on sait tout de lui ! On a appris ses *Fables* à l'école, au lycée, on s'en souvient encore. La Fontaine, né en 1621, à Château-Thierry, protégé par Nicolas Fouquet, surintendant des Finances, membre de la « bande des quatre ». Les quatre inséparables : Molière, Boileau, Racine et La Fontaine.

C'est, selon Fabrice Luchini, l'esprit du génie français, c'est-à-dire, cette fameuse phrase de Nietzsche : « Les Français ont inventé cette espèce de musique de chambre de l'âme. » Auteur de douze livres de fables, plus de deux cents en tout, publiées entre 1668 et 1694, inspiré du Grec Ésope, et du Romain Phèdre. Mais aussi de contes érotiques fort salés, car ce grand vivant ne se refusait rien. On l'a vu passer des heures à observer l'activité d'une fourmilière : un gentilhomme de liberté.

« *Le Geai paré des plumes du paon*

Un paon muait : un geai prit son plumage ;
Puis après se l'accommoda ;
Puis parmi d'autres paons tout fier se panada,
Croyant être un beau personnage.
Quelqu'un le reconnut : il se vit bafoué,
Berné, sifflé, moqué, joué,
Et par messieurs les paons plumé d'étrange sorte ;
Même vers ses pareils s'étant refugié,
Il fut par eux mis à la porte.
Il est assez de geais à deux pieds comme lui,
Qui se parent souvent de dépouilles d'autrui,
Et que l'on nomme plagiaires.
Je m'en tais, et ne veux leur causer nul ennui :
Ce ne sont pas là mes affaires. »

LA FONTAINE, VRAIMENT, MAIS ON SAIT TOUT DE LUI !

PREMIÈRE PARUTION
trois recueils publiés entre 1668 et 1694

GENRE : fable

QUAND LIRE CE LIVRE ?
adolescence

DIFFICULTÉ
1

L'AVIS DE LECTEUR D'OLIVIER BARROT :
qu'il porte bien son nom, ce poète net et clair comme l'eau de source ! On croit le cerner, il nous croque, plume légère, toujours vive.

Swift porte la soutane. Ce qui ne l'empêche nullement de mener une existence des plus aventureuses.

JONATHAN SWIFT (1667-1745)

Les Voyages de Gulliver

PREMIÈRE PARUTION
1726
GENRE : roman/conte

QUAND LIRE CE LIVRE ?
jeune adulte

DIFFICULTÉ
2

L'AVIS DE LECTEUR D'OLIVIER BARROT :
le conte de Gulliver dissimule à peine sa charge explosive : ses nains et ses géants sont comme nous, en pire.

Chacun connaît, ne serait-ce que de nom, *Les Voyages de Gulliver*. On peut ne pas avoir lu le livre, ignorer le nom de son auteur, mais le personnage de Gulliver, qui passa de l'île des Lilliputiens à celle des géants, demeure aussi célèbre que ses frères en aventures, Ulysse, le capitaine Nemo ou Monte-Cristo. Un héros hors du commun, sorti tout droit de l'imagination prodigieuse de Jonathan Swift, dont l'existence, à cheval sur deux époques, les XVIIe et XVIIIe siècles, et deux pays, l'Irlande et l'Angleterre, ressortit exactement aux romans vécus. Avec la même intensité, Swift pratiqua la politique, la religion, la littérature et la passion amoureuse.
Les Voyages de Gulliver, l'un parmi ses dizaines d'écrits, parut en 1726, à peu près en même temps que le *Robinson Crusoé* de Daniel Defoe. Lemuel Gulliver, chirurgien de marine, aborde, après un naufrage, sur l'île de Lilliput, dont les habitants mesurent six pouces. On le révère pour sa haute taille, qui n'est plus rien lorsqu'il accède à l'île des géants : Brobdingnag.
Une aventure picaresque et philosophique, dont la raison et l'humanisme fournissent le soubassement.

« Je distinguai notamment le terme Yahou, répété par chacun à plusieurs reprises ; bien que je ne puisse deviner ce qu'il signifiait, je m'exerçais à le rouler sur ma langue tandis qu'ils conversaient. Sitôt qu'ils se furent tus, je prononçai hardiment Yahou ! d'une voix sonore en imitant de mon mieux le hennissement d'un cheval, ce qui les étonna visiblement ; le cheval gris répéta deux fois le vocable comme s'il souhaitait m'apprendre le bon accent. [...] Alors le bai me proposa un autre mot beaucoup plus difficile ; en utilisant les caractères latins, on peut l'épeler ainsi : houyhnhnm. Je n'y arrivais pas aussi bien que pour le premier, mais je progressais après deux ou trois essais supplémentaires, tous deux parurent stupéfaits de mes aptitudes. »

UNE AVENTURE PICARESQUE ET PHILOSOPHIQUE, DONT LA RAISON ET L'HUMANISME FOURNISSENT LE SOUBASSEMENT.

Marivaux, qui appartient au siècle de Laclos et de Sade, s'enivre du jeu pervers de la séduction amoureuse.

MARIVAUX (1688-1763)

Le Jeu de l'amour et du hasard

L'ARGUMENT, CRUEL, COMME SOUVENT CHEZ MARIVAUX, REPOSE SUR L'INTERVERSION.

Lisette : « On dit que votre futur est un des plus honnêtes du monde, qu'il est bien fait, aimable, de bonne mine, qu'on ne peut avoir plus d'esprit, qu'on ne saurait être d'un meilleur caractère ; que voulez-vous de plus ? Peut-on se figurer de mariage plus doux ? D'union plus délicieuse ? »

Le Jeu de l'amour et du hasard, le titre, peut-être, le plus poétique du répertoire théâtral français. C'est une pièce de Marivaux, tout le monde sait cela, sa treizième, créée en 1730 par la troupe des Comédiens italiens. L'auteur a 42 ans. L'argument, cruel, comme souvent chez Marivaux, repose sur l'interversion. « Il pourrait prendre ma place. Pour un peu de temps. Je prendrais la sienne. » Dorante et Silvia, qui ne se connaissent pas, ont été fiancés l'un à l'autre, et c'est, sans se concerter, qu'ils décident de se présenter comme leur propre domestique, Arlequin et Lisette, qui eux, jouent leur maître. Enjeu amoureux, bien sûr, mais aussi enjeu social. Peut-on échapper à sa classe d'origine ? Marivaux le styliste excelle à faufiler comme de la dentelle la trame de l'intrigue. Vocabulaire des plus accessibles, mais sentiments des plus ambigus. À la fragilité de la vignette succède la majesté de la passion amoureuse. Marivaux a toujours séduit les plus grands metteurs en scène, Louis Jouvet, Jean Vilar et, plus près de nous, Marcel Bluwal, Jean-Paul Roussillon ou Patrice Chéreau.

PREMIÈRE PARUTION
1730
GENRE : théâtre

ADAPTATION
à la télévision, en 1967, par Marcel Bluwal avec Danièle Lebrun, Jean-Pierre Cassel et Claude Brasseur

QUAND LIRE CE LIVRE ?
adolescence

DIFFICULTÉ
1

L'AVIS DE LECTEUR D'OLIVIER BARROT :
parlée comme ici, la langue française revêt l'élégance musicale d'une sonate de Mozart.

Il écrase son temps, trop prolixe,
trop intelligent, trop universel.
Il fait presque peur mais ses contes
pour sourire provoquent la réflexion.

VOLTAIRE (1694-1778)

Candide ou l'optimisme

De son vivant, François-Marie Arouet, dit Voltaire, avait foi en sa postérité. Sa poésie lyrique, ses essais philosophiques, ses tragédies historiques lui assureraient cette pérennité à laquelle aspirait cet Européen de cœur. N'avait-il pas été loué, et accueilli en grand homme dans la plupart des cours d'Europe ? Incarnation de l'esprit des Lumières, Voltaire disparaît en 1778, il a 83 ans. Pouvait-il se douter que deux siècles et demi plus tard, ce sont ses lettres, ses plaidoyers, ses contes surtout, qui le rapprocheraient de nous ? *Candide ou l'optimisme* paraît en 1759, l'auteur a 65 ans, et c'est comme un triomphe. Succès immédiat que, curieusement, Voltaire désavoue.

« C'est mon frère », dit-il, l'auteur de ce conte philosophique, qui voit le jeune Candide, élevé au château du baron Thunder-ten-tronckh (en Westphalie), s'éprendre de Cunégonde, la fille d'icelui ; moyennant quoi le baron chasse l'indélicat qui entreprend, avec son précepteur – l'excellent docteur Pangloss –, un voyage initiatique et picaresque qui le mène à Venise, à Constantinople, aux Pays-Bas, au Portugal, et même en Amérique du Sud. Retour au bercail après une cascade d'expériences, heureuses ou non.

« Travaillons sans résonner, dit Martin ; c'est le seul moyen de rendre la vie supportable. [....] Pangloss disait quelquefois à Candide : "Tous les événements sont enchaînés dans le meilleur des mondes possibles ; car enfin, si vous n'aviez pas été chassé d'un beau château à grands coups de pied dans le derrière pour l'amour de Mlle Cunégonde, si vous n'aviez pas été mis à l'Inquisition, si vous n'aviez pas couru l'Amérique à pied, si vous n'aviez pas donné un bon coup d'épée au baron, si vous n'aviez pas perdu tous vos moutons du bon pays d'Eldorado, vous ne mangeriez pas ici des cédrats confits et des pistaches.

– Cela est bien dit, répondit Candide, mais il faut cultiver notre jardin." »

PREMIÈRE PARUTION
1759

GENRE : conte philosophique

ADAPTATION
au cinéma, en 1960, par Nobert Carbonnaux avec Louis de Funès, Jean-Pierre Cassel et Pierre Brasseur

QUAND LIRE CE LIVRE ?
adolescence/jeune adulte

DIFFICULTÉ
2

L'AVIS DE LECTEUR D'OLIVIER BARROT :
les cinq mots qui concluent *Candide* résument une vision philosophique beaucoup moins badine qu'il y paraît.

Goethe, à mes yeux, figure le chêne enraciné profond dans l'histoire et la ramure échevelée par les vents de la passion.

JOHANN WOLFGANG VON GOETHE (1749-1832)

Les Souffrances du jeune Werther

« Ah, dans toutes mes veines, quel frisson, quand mon doigt par mégarde touche le sien, quand nos pieds se rencontrent sous la table. Je m'éloigne comme d'un brasier, mais une force secrète me ramène en avant. Le vertige s'empare de mes sens. Lorsque dans la conversation, elle va jusqu'à mettre sa main sur la mienne, et que dans le feu de notre entretien elle se rapproche de moi, au point que le céleste souffle de sa bouche peut atteindre mes lèvres, je crois que je vais m'engloutir comme frappé de la foudre. »

N'entend-on point là, comme la quintessence du romantisme ? Extrait des *Souffrances du jeune Werther*, du jeune, lui aussi, Johann Wolfgang von Goethe, qui parut en 1774, alors que l'auteur n'a pas 25 ans. Ce livre exalté, récit d'une passion funeste, va connaître une destinée prodigieuse à travers l'Europe entière, où il est reçu comme le manifeste non concerté d'une sensibilité nouvelle, qui privilégie le sentiment plutôt que la raison, le cœur davantage que la pensée, le sens de la nature de préférence à la rationalité des Lumières.

Goethe, fils de grand bourgeois parfaitement éduqué, constitue à lui seul une légende du siècle, l'incarnation d'un regard germanique sur le monde. À l'instar de Jean-Sébastien Bach en matière musicale, il érige l'Allemagne en continent littéraire, à l'avant-garde du romantisme. C'est lui aussi qui conçoit le personnage de Faust, figure essentielle de l'Europe des lettres. Entre Shakespeare et Proust, Goethe, ce géant intact, vaut absolument d'être lu ; il nous parle.

« Elle ressent ce que j'endure. Aujourd'hui, son regard m'est allé au fond du cœur. Je la trouvais seule, elle ne dit rien, elle me regarda. Et je ne vis plus en elle le charme de la beauté, ni le rayonnement de l'intelligence. Tout cela s'était évanoui devant mes yeux. Un regard bien plus admirable agissait maintenant sur moi, un regard qu'emplissait la sympathie la plus profonde, la compassion la plus douce. Pourquoi n'avais-je pas le droit de me jeter à ses pieds, de me suspendre à son cou, pour lui répondre de mille baisers ? »

DU ROMANTISME CONSIDÉRÉ COMME UN DES BEAUX-ARTS.

PREMIÈRE PARUTION
1774

GENRE : roman épistolaire

ADAPTATION
au cinéma, *Le Jeune Werther*, en 1993, par Jacques Doillon avec Faye Anastasia, Jessica Tharaud et Mirabelle Rousseau

QUAND LIRE CE LIVRE ?
jeune adulte

DIFFICULTÉ
2

L'AVIS DE LECTEUR D'OLIVIER BARROT :
comme Rousseau, Goethe traduit le passage du monde d'hier, l'Ancien Régime, à celui d'après les révolutions.

QUE D'ATOUTS DANS LE JEU DE BEAUMARCHAIS ! CAVALCADANT, BRILLANT, IRRÉSISTIBLEMENT DRÔLE, IL INVENTE AVEC FIGARO UN HÉROS À SON IMAGE.

PIERRE-AUGUSTIN CARON DE BEAUMARCHAIS (1732-1799)

LE MARIAGE DE FIGARO

PREMIÈRE PARUTION
1778
GENRE : théâtre

QUAND LIRE CE LIVRE ?
adolescence

DIFFICULTÉ
2

L'AVIS DE LECTEUR D'OLIVIER BARROT :
a-t-il su, Beaumarchais, qu'un certain Mozart s'était inspiré de son Figaro pour composer un opéra ? Quelle épatante continuité !

Portrait de l'artiste en aventurier, tel pourrait être le sous-titre d'une biographie de Pierre-Augustin Caron de Beaumarchais, fils d'un maître horloger, né à Paris au début de 1732. Car, de fait, aucun écrivain classique français n'a connu une existence aussi tourmentée : entre autres professions, Beaumarchais exerça celles d'horloger, de musicien, d'agent secret, de diplomate. Mais c'est évidemment comme dramaturge qu'il demeure parmi nous, même si seulement deux de ses pièces continuent d'être jouées, *Le Barbier de Séville* et *Le Mariage de Figaro*, et s'il fut l'initiateur de la protection du droit des auteurs dramatiques.
D'une intelligence et d'une rouerie souveraines, Beaumarchais aime toutes les femmes, il sert tous les régimes, et fait flèche de tout bois. Il a 40 ans environ quand la Comédie-Française crée *Le Barbier de Séville*, et Louis XVI a succédé à Louis XV quand, une dizaine d'années plus tard, elle donne la suite, *Le Mariage de Figaro*, en 1785. Une pièce dont Bonaparte écrira : « C'est déjà la Révolution en action. »
« Figaro : Ô Femme ! Femme ! Femme ! Créature faible et décevante !... nul animal créé ne peut manquer à son instinct ; le tien

est-il donc de tromper ?... Après m'avoir obstinément refusé quand je l'en pressais devant sa maîtresse ; à l'instant qu'elle me donne sa parole ; au milieu même de la cérémonie... Il riait en lisant, le perfide ! Et moi comme un benêt ! Non..., monsieur le Comte, vous ne l'aurez pas... Vous ne l'aurez pas. Parce que vous êtes un grand Seigneur, vous vous croyez un grand génie !... Noblesse, fortune, un rang, des places ; tout cela rend si fier ! Qu'avez-vous fait pour tant de biens ? Vous vous êtes donné la peine de naître, et rien de plus. »

D'UNE INTELLIGENCE ET D'UNE ROUERIE SOUVERAINES, BEAUMARCHAIS AIME TOUTES LES FEMMES, IL SERT TOUS LES RÉGIMES, ET FAIT FLÈCHE DE TOUT BOIS.

Le style, c'est-à-dire la manière mais aussi l'instrument, n'a jamais été requis avec une telle précision.

PIERRE-AMBROISE CHODERLOS DE LACLOS (1741-1803)

Les Liaisons dangereuses

C'est un livre unique *Les Liaisons dangereuses*, paru à Paris en 1782. Roman par lettres, à l'instar de *La Nouvelle Héloïse* de Jean-Jacques Rousseau, c'est le seul roman jamais conçu par ce militaire de carrière, qui finira général des armées de Bonaparte. Mais c'est surtout un texte marquant par son style souverain, par son cynisme avoué et par l'enjeu littéraire qu'il représente, dont Baudelaire disait qu'« il brûle à la manière de la glace ».

« – Par exemple, n'avions-nous pas décidé qu'il était par-dessus tout plus important de préserver notre complicité ?

– Revenez donc me demander cette faveur lorsque vous aurez réussi avec madame de Tourvel.

– Mon amour. »

La marquise de Merteuil et le vicomte de Valmont, anciens amants libertins, entendent circonvenir la jeune Cécile de Volanges et la vertueuse présidente de Tourvel. En clair, leur faire trahir leur serment et tomber dans les bras de Valmont. Cruel marivaudage dûment orchestré qui finira mal, et le livre, bien sûr, fit scandale. Porté par la prodigieuse subtilité dans l'analyse des sentiments réels ou affectés, *Les Liaisons dangereuses*, diamant noir de notre littérature, ne ressemble à aucun autre texte jamais écrit en français.

Le vicomte de Valmont à la marquise de Merteuil :

« Vos ordres sont charmants ; votre façon de les donner est plus aimable encore ; vous feriez chérir le despotisme. Ce n'est pas la première fois, comme vous savez, que je regrette de ne plus être votre esclave ; et tout monstre que vous dites que je suis, je ne me rappelle jamais sans plaisir le temps où vous m'honoriez de noms plus doux. Souvent même je désire de les mériter de nouveau, et de finir par donner avec vous un exemple de constance au monde. »

PREMIÈRE PARUTION

1782

GENRE : roman épistolaire

ADAPTATION

au cinéma, en 1960, par Roger Vadim avec Gérard Philipe et Jeanne Moreau ; en 1988, par Stephen Frears avec John Malkovich, Glenn Close et Michelle Pfeiffer ; en 1989, *Valmont* de Milos Forman avec Colin Firth et Annette Bening

QUAND LIRE CE LIVRE ?

jeune adulte

DIFFICULTÉ

2

L'AVIS DE LECTEUR D'OLIVIER BARROT :

je vois Laclos en fraiseur, façonnant au tour la pièce dont il va se servir pour percer les cœurs et écrire.

Autobiographie hautaine et sincère, *Les Confessions* parlent bas. Mais elles peuvent être lues à voix haute.

JEAN-JACQUES ROUSSEAU (1712-1778)

Les Confessions

PREMIÈRE PARUTION
posthume entre 1782 et 1789
GENRE : autobiographie

QUAND LIRE CE LIVRE ?
jeune adulte

DIFFICULTÉ
2

L'AVIS DE LECTEUR D'OLIVIER BARROT :
Rousseau sait se montrer aussi délicieux qu'insupportable, comme nous ses lecteurs en quête d'un ami d'autrefois.

Ses contemporains, qui furent ses amis, l'avaient jugé. Un forcené, dira Diderot ; un sombre énergumène, ajoutera Voltaire. C'est évidemment de Jean-Jacques Rousseau qu'il s'agit, l'un des caractères les plus contradictoires de notre littérature, mais aussi l'une des plumes les plus novatrices. Jean-Jacques Rousseau, fils d'horloger, citoyen de Genève, qui débordait de tous les talents : littérature, musique, philosophie. Il fut aimé de tous et de toutes, ô combien, et admiré à travers toute l'Europe. Et pourtant, son esprit chagrin et paranoïaque l'empêchera d'accéder à ce qu'il avait recherché toute sa vie : le bonheur.

« Je pense que tout amusement inutile est un mal. » Rousseau est-il écrivain ou philosophe ? Mais les deux, bien sûr ! Intuitif de génie, il ressent, en herboriste passionné, le sentiment de la nature, jetant les bases de ce qui sera le romantisme à la française. Traversé de tous les tourments, il pressent aux tréfonds de lui-même les angoisses de ce que Freud appellera « l'inconscient ». Quant à ses admirables *Confessions*, publiées en deux parties, en 1782 et 1789, elles continuent la tradition française de l'introspection commencée avec Montaigne et Saint-Simon, et poursuivie par Chateaubriand et Marcel Proust.

« Que la trompette du jugement dernier sonne quand elle voudra ; je viendrai ce livre à la main me présenter devant le souverain juge et je dirai hautement : voilà ce que j'ai fait, ce que j'ai pensé, ce que je fus. J'ai dit le bien et le mal avec la même franchise. Je n'ai jamais rien tu de mauvais, rien ajouté de bon, et s'il m'est arrivé d'employer quelque ornement indifférent, ça n'a jamais été que pour remplir un vide occasionné par mon défaut de mémoire ; j'ai pu supporter vrai ce que je savais avoir pu l'être, jamais ce que je savais être faux. Je me suis montré tel que je fus, méprisable et vil quand je l'ai été, bon, généreux, sublime, quand je l'ai été. »

« JE ME SUIS MONTRÉ TEL QUE JE FUS, MÉPRISABLE ET VIL QUAND JE L'AI ÉTÉ, BON, GÉNÉREUX, SUBLIME, QUAND JE L'AI ÉTÉ. »

Promoteur de notre *Encyclopédie*, Diderot n'a méconnu aucune des catégories de l'esprit des Lumières. C'est dire son inaltérable présence.

DENIS DIDEROT (1713-1784)

JACQUES LE FATALISTE ET SON MAÎTRE

PREMIÈRE PARUTION
1796
GENRE : roman philosophique

ADAPTATION
à la télévision, en 1963, par Pierre Cardinal avec Jean Parédès, Claude Gensac et Jacques Castelot

QUAND LIRE CE LIVRE ?
jeune adulte

DIFFICULTÉ
2

L'AVIS DE LECTEUR D'OLIVIER BARROT :
un mot pour définir *Jacques Le Fataliste* : charme. Car on ne résiste pas à la fantaisie ni à l'intelligence de Diderot.

Ce fils d'un coutelier de Langres, en Champagne, a connu l'existence la plus picaresque qui soit, laissant une œuvre tellement profuse et variée que son auteur peut être, à bon droit, considéré comme un dramaturge, un historien, un romancier ou comme un philosophe.

Hallucinante frénésie de Diderot, éperdu de vie et de littérature, il est capable de disserter de toute chose avec le même entrain, la même gaieté, la même profondeur aussi.

Comme beaucoup des œuvres de Diderot, *Jacques le Fataliste et son maître* ne s'apparente à aucun genre littéraire répertorié. Peut-être marqué par *Vies et opinions de Tristram Shandy*, le roman promenade de l'Irlandais Laurence Sterne, *Jacques le Fataliste* paraît en 1779. Il met en scène deux personnages qui cheminent en discutant de tout et de rien, tandis qu'apparaissent au lecteur parenthèses et digressions, protagonistes et apostrophes.

L'air de rien, d'apparence négligée, l'ouvrage raconte le siècle de Diderot, ses convictions, ses interrogations, ses certitudes aussi. C'est irrésistible.

« Jacques commença l'histoire de ses amours. C'était l'après-dîner : il faisait un temps lourd, son maître s'endormit. La nuit les surprit au milieu des champs ; les voilà fourvoyés. Voilà le maître dans une colère terrible et tombant à grands coups de fouet sur son valet, et le pauvre diable disant à chaque coup : "celui-là était apparemment encore écrit là-haut..."
Vous voyez, lecteur, que je suis en beau chemin, et qu'il ne tiendrait qu'à moi de vous faire attendre un an, deux ans, trois ans, le récit des amours de Jacques, en le séparant de son maître et en leur faisant courir à chacun tous les hasards qu'il me plairait. Qu'est-ce qui m'empêcherait de marier le maître et de le faire cocu ? d'embarquer Jacques pour les îles ? d'y conduire son maître ? de les ramener tous les deux en France sur le même vaisseau ? Qu'il est facile de faire des contes ! Mais ils en seront quittes l'un et l'autre pour une mauvaise nuit, et vous pour ce délai. »

L'AIR DE RIEN, D'APPARENCE NÉGLIGÉE, L'OUVRAGE RACONTE LE SIÈCLE DE DIDEROT.

Archétype du roman gothique à l'anglaise, *Le Moine* fige, indélébile, l'image de la frustration.

MATTHEW G. LEWIS (1775-1818)

Le Moine

Le Moine fut écrit à 19 ans par Matthew Lewis, un riche héritier anglais, contemporain à peu près de notre Chateaubriand. Lewis publie son texte en 1796. Succès considérable, de scandale largement. De fait, *Le Moine* mêle habilement les ingrédients sulfureux de la folie et du désir.

Ambrosio, prieur du couvent des capucins, fixe les yeux sur un portrait de la Vierge suspendu en face de lui.

« Que cette figure est belle ! poursuivit-il, après un silence de quelques minutes ; que la pose de cette tête est gracieuse ! Quelle douceur, et pourtant quelle majesté dans ces yeux divins ! Comme sa joue repose mollement sur sa main ! La rose peut-elle rivaliser avec cette joue ? Le lis a-t-il la blancheur de cette main ? Oh ! s'il existait une telle créature, et qu'elle n'existât que pour moi ! S'il m'était permis de rouler sur mes doigts ces boucles dorées, et de presser sur mes lèvres les trésors de ce sein de neige ! [...] Jamais il n'a existé de mortelle aussi parfaite que cette peinture ; et quand même il en existerait, l'épreuve pourrait être trop forte pour une vertu ordinaire ; mais Ambrosio est à l'abri de la tentation. »

Évidemment, c'est tout le contraire qui se produit quand apparaît la sublime Mathilde. Ambrosio succombe à la tentation, il abjure sa foi, sombre dans les excès et se voue à Satan. Roman gothique, a-t-on dit. Peut-être. En tout cas, roman des pulsions sexuelles et du surnaturel, de l'irrésistible puissance des fantasmes, conscients ou non. *Le Moine* fascina Antonin Artaud, qui le traduisit de façon très personnelle en 1931.

PREMIÈRE PARUTION
1796

GENRE : roman

ADAPTATION
au cinéma, en 1972, par Ado Kyrou avec Franco Nero et Nathalie Delon ; en 2011, par Dominik Moll avec Vincent Cassel et Déborah François

QUAND LIRE CE LIVRE ?
adulte

DIFFICULTÉ
3

L'AVIS DE LECTEUR D'OLIVIER BARROT :
Lewis ouvre la voie à l'exploration de ce que les convenances religieuses et sociales ont si longtemps dissimulé.

AMBROSIO SUCCOMBE À LA TENTATION, IL ABJURE SA FOI, SOMBRE DANS LES EXCÈS ET SE VOUE À SATAN.

Un roman-poème ! *Ondine*,
ou les sortilèges de l'eau des torrents
et des rêves.

FRIEDRICH DE LA MOTTE-FOUQUÉ (1777-1843)

Ondine

**AMI DE GOETHE,
DE KLEIST,
DE SCHILLER,
IL PUBLIE, EN 1811,
L'UN DES TEXTES
FONDATEURS
DU ROMANTISME
ALLEMAND, *ONDINE*.**

À l'instar de son contemporain Chamisso, l'auteur de *Peter Schlemihl*, le baron Friedrich de La Motte-Fouqué est un écrivain allemand d'ascendance française. En effet, les La Motte-Fouqué, huguenots, choisirent de quitter la France des guerres de Religion, et Friedrich accomplit en Prusse une très honorable carrière militaire.
Ami de Goethe, de Kleist, de Schiller, il publie en 1811 l'un des textes fondateurs du romantisme allemand, *Ondine*. Inspirée d'une légende médiévale, l'œuvre va donner naissance à plusieurs opéras, ainsi qu'à une réécriture fantasmagorique par les soins de l'écrivain français Jean Giraudoux, qu'interpréta de façon inoubliable, à la Comédie-Française, la toute jeune Isabelle Adjani.
« Il y avait une fois – voici déjà bien des centaines d'années, – un bon vieux pêcheur, qui se trouvait assis par une belle soirée devant la porte de sa chaumière, occupé à raccommoder ses filets. Il habitait une contrée merveilleuse. La langue de terre gazonnée sur laquelle s'élevait son humble chaumière s'étendait au loin dans un grand lac, et on eût pu croire qu'il en était ainsi parce que la prairie aimait ces belles eaux claires et bleues, qui elles-mêmes l'entouraient comme des bras amoureux, pour la remercier de ses fleurs, de ses hautes herbes verdoyantes, de l'ombrage bienfaisant de ses arbres. »
Ondine est née en un palais de cristal au fond des mers, enlevée toute jeune par un torrent qui la dépose au pied de la maison d'humbles pêcheurs, dont la propre fille a été emportée par les flots. Ceux-ci l'élèvent, lui enseignent la patience dans l'attente de la belle âme qui saura s'éprendre d'elle. Survient alors le preux chevalier Huldbrand qui l'épouse. Mais leur bonheur éveille la jalousie de la sombre Bertalda qui fera tout pour séduire Huldbrand.

PREMIÈRE PARUTION
1811
GENRE : roman/conte

ADAPTATION
à l'opéra, par La Motte-Fouqué et Hoffmann ; joué pour la première fois en 1816 à Berlin

QUAND LIRE CE LIVRE ?
adulte

DIFFICULTÉ
3

L'AVIS DE LECTEUR D'OLIVIER BARROT :
empreint de l'exaltation des sentiments et des sens, *Ondine* frémit de cet élan poétique.

L'AIR DE RIEN, MISS JANE AUSTEN FAIT FI DES IDÉES REÇUES, ÉRIGEANT LA PASSION AMOUREUSE EN CLÉ UNIQUE DE NOTRE DESTIN.

JANE AUSTEN (1775-1817)

ORGUEIL ET PRÉJUGÉS

PREMIÈRE PARUTION
1813

GENRE : roman

ADAPTATION
au cinéma, en 1940, par Robert Z. Leonard avec Laurence Olivier et Greer Garson ; en 2006, par Joe Wright avec Keira Knightley et Matthew Macfadyen

QUAND LIRE CE LIVRE ?
jeune adulte

DIFFICULTÉ
2

L'AVIS DE LECTEUR D'OLIVIER BARROT :
un roman vert comme les pelouses anglaises, à lire en solitaire sur un banc de bois, au pied d'un tilleul.

On pourrait considérer qu'il existe un trio de grandes romancières anglaises, composé précisément de Jane Austen, des sœurs Brontë et de Virginia Woolf. Même intériorité psychologique, même fougue dans les sentiments, même goût pour l'affrontement plus ou moins feutré, entre les hommes et les femmes. Sans compter la destinée personnelle de ces romancières, si romanesque.
Jane Austen se cachait pour écrire et publiait anonymement. *Orgueil et Préjugés*, le plus connu des huit romans, assez comparables de l'auteur, date de 1813 et entrelace, avec brio, le destin des cinq sœurs Bennet, et de leurs soupirants. L'histoire se déroule dans un petit village de l'Angleterre du XIXe siècle. Sur un mode volontiers comique, Jane Austen nous offre un portrait réjouissant de l'Angleterre prévictorienne, encore très attachée à ses traditions et, cependant, déjà tentée par une certaine forme de modernité. Un beau roman qui dépeint avec sensibilité un monde à son crépuscule.

« – Savez-vous, mon cher ami, dit un jour Mrs Bennet à son mari, que Netherfield Park est enfin loué ?
Mr Bennet répondit qu'il l'ignorait.
– Eh bien, c'est chose faite ! Je le tiens de Mrs Long qui sort d'ici.
Mr Bennet garda le silence.
– Vous n'avez donc pas envie de savoir qui s'y installe ! s'écria sa femme impatientée. [...] Eh bien, mon ami, à ce que dit Mrs Long, le nouveau locataire de Netherfield serait un jeune homme très riche du nord de l'Angleterre. »

UN BEAU ROMAN QUI DÉPEINT AVEC SENSIBILITÉ UN MONDE À SON CRÉPUSCULE.

LE BEAU THÈME ! L'HOMME À LA RECHERCHE DE SON OMBRE. OU DE SON ÂME, C'EST TOUT COMME.

ADELBERT VON CHAMISSO (1781-1838)

L'ÉTRANGE HISTOIRE DE PETER SCHLEMIHL

PREMIÈRE PARUTION
1814
GENRE : récit fantastique

QUAND LIRE CE LIVRE ?
jeune adulte

DIFFICULTÉ
2

L'AVIS DE LECTEUR D'OLIVIER BARROT :
ombre du passé ? Réconciliation avec soi-même ? Chamisso ouvre la boîte de Pandore.

Les guerres de Religion, la révocation de l'édit de Nantes et la Révolution obligèrent bon nombre de familles françaises protestantes à l'exil en Angleterre, en Russie, en Afrique du Sud, en Allemagne. Ainsi de Chamissot, originaire de Champagne, dont l'un des fils devint officier dans l'armée prussienne à Berlin, et germanisa son nom en Adelbert von Chamisso. Toute sa vie, ce romantique se trouva déchiré entre ses deux patries, Français en Allemagne, Allemand en France. En 1814, Chamisso se retire à la campagne pour composer *L'Étrange Histoire de Peter Schlemihl*, qui se révèle ensuite comme un classique du romantisme allemand.

« Après une traversée heureuse, mais que je trouvai très fatigante, nous atteignîmes enfin le port. [...] j'entrai dans la première maison de modeste apparence où je vis pendre une enseigne. Je demandai une chambre, le garçon me toisa d'un regard et me conduisit sous le toit. Je me fis donner de l'eau fraîche et indiquer exactement où je trouverais M. Thomas John. "Devant la porte du Nord, la première maison de campagne à main droite. Une grande maison neuve en marbre rouge et blanc, avec beaucoup

de colonnes". Bien, il était encore de bonne heure, je défis aussitôt mon baluchon [...] pris sur moi ma lettre de recommandation et me dirigeais à l'instant vers l'homme, qui devait m'aider à réaliser mes modestes espoirs. »
Le narrateur Peter Schlemihl parvient effectivement chez ce Thomas John, qui lui réserve un accueil des plus cordiaux, lui et ses amis, parmi lesquels la belle Fanny, la reine du jour. Il y a là aussi un petit homme discret, taciturne, malingre, vêtu de gris, qui ne tarde pas à proposer un pacte à Peter Schlemihl : s'il accepte de lui céder son ombre, il recevra, en échange, une bourse perpétuellement garnie d'argent. Schlemihl, qui n'a pas reconnu le diable, lui pauvre hère à la recherche d'un travail, accepte le marché fatal, tel Faust vendant son âme à Méphistophélès. Les perspectives psychologiques de cette histoire, effectivement troublante, n'ont pas fini de solliciter les interprétations.

ALBUM D'HISTOIRES, À FORTE PORTÉE SYMBOLIQUE, LES *CONTES DE GRIMM* NE SONT PAS RÉSERVÉS AUX ENFANTS.

JACOB (1785-1863) et **WILHELM** (1786-1859) **GRIMM**

LES CONTES DE GRIMM

PREMIÈRE PARUTION
parus d'abord en deux volumes : le premier en 1812 et le second en 1815
GENRE : conte

QUAND LIRE CE LIVRE ?
jeune adulte

DIFFICULTÉ
2

L'AVIS DE LECTEUR D'OLIVIER BARROT :
pour tout dire, j'ai toujours trouvé assez effrayantes ces histoires de sortilèges où la mort règne, omniprésente.

Nous avons tous entendu parler des *Contes de Grimm*, sans savoir nécessairement qu'ils sont l'œuvre de deux frères inséparables : l'un, Jacob, né en 1785, et l'autre, Wilhelm, l'année suivante. Carrières parallèles après des études de droit, bibliothécaires à Cassel, puis à Göttingen, parutions conjointes, entre 1812 et 1822, de ces fameux *Contes* – deux cents environ –, puisés dans leurs souvenirs personnels, et une tradition venue du Moyen Âge, donc essentiellement orale et appelée à disparaître. Ce faisant, les frères Grimm ont fixé pour longtemps l'imaginaire germanique.
Beaucoup de ces histoires avaient été narrées au siècle précédent par le Français Charles Perrault : *Blanche-Neige*, *La Belle au bois dormant*, *Cendrillon*, *Le Petit Chaperon rouge*. Le style des frères Grimm est moins sophistiqué. Leurs histoires revêtent une portée morale. Ce sont souvent des récits d'initiation à forte visée symbolique, selon une tradition très ancrée dans les littératures de langue allemande.

« À LA TOMBÉE DU SOIR, IL S'ARRÊTA ET REGARDA AUTOUR DE LUI, ALORS IL VIT QU'IL S'ÉTAIT ÉGARÉ. »

« Un jour qu'il chassait dans une grande forêt, un roi se mit avec tant d'ardeur à la poursuite du gibier, que personne de ses gens ne put le suivre. À la tombée du soir, il s'arrêta et regarda autour de lui, alors il vit qu'il s'était égaré. Alors il chercha à sortir, mais ne trouva pas la moindre issue. Il vit alors une vieille femme au chef branlant qui se dirigeait vers lui. C'était une sorcière.

"Bonne femme, pouvez-vous me montrer le chemin qui traverse la forêt ?

– Oh oui, sire le roi, répondit-elle, je le peux fort bien, mais à une condition. Si vous ne la remplissez pas, vous ne sortirez jamais de la forêt et vous y périrez de faim." »

Classique entre tous en Angleterre, Keats reste méconnu dans notre pays. Ses vers dessinent un paysage de la campagne anglaise, tout de nostalgie.

JOHN KEATS (1795 – 1821)

Poèmes et Poésies

PREMIÈRE PARUTION
entre 1815 et 1819
GENRE : poésie

QUAND LIRE CE LIVRE ?
lecteur confirmé

DIFFICULTÉ
2

L'AVIS DE LECTEUR D'OLIVIER BARROT :
sans snobisme, c'est en anglais qu'il faudrait lire l'œuvre de Keats. Cependant, sa musique peut aussi émouvoir en français.

Que connaît-on, en France, de John Keats, ce poète romantique anglais, contemporain de Vigny et de Victor Hugo ? Peut-être un vers célèbre dans sa langue « *A thing of beauty is a joy forever* » (Un objet de beauté est bonheur de toujours), premier de son long recueil *Endymion* qui date d'environ deux siècles.

Keats appartient à la deuxième génération romantique, qui succède à celle des fondateurs Wordsworth et Coleridge. Médecin, il fréquente de loin son contemporain Shelley et puis, comme beaucoup d'Anglais attirés par le soleil, il s'installe à Rome où il meurt à l'âge de 25 ans. Ce grand sensible, si précoce puisque maître de son art à moins de 20 ans, lit Homère avec passion, vouant son œuvre à la célébration du beau. Un peu comme plus tard Oscar Wilde, qui avait perçu un frère en Keats, cet « artiste pur et serein, prêtre de la beauté ».

En 1818, Keats s'attarde sur la tombe du poète écossais du XVIIIe siècle Robert Burns, à Dumfries, qui lui inspire cette mélancolique élégie :

« La ville, le cimetière, le soleil couchant, les nuages, les arbres, les collines environnantes, tout cela semble
Quoique beau, froid, étrange comme dans un rêve
Que j'ai rêvé il y a longtemps et que je viens de reprendre.
Le court et pâle été est à peine sorti
Du frisson de l'hiver, pour briller l'espace d'une heure.
Quoique foyers de saphir, leurs étoiles ne scintillent jamais.
Tout est froide Beauté ; le chagrin ne passe jamais.
Qui, en effet, a le courage de savourer, sage comme Minos,
La réalité de la Beauté, libre de cette teinte de mort
Que l'imagination maladive et l'orgueil malade
Jettent blême sur elle ? Burns ! avec le respect qui t'est dû
Je t'ai toujours vénéré. Grand ombre,
Voile ta face ; je pèche contre les cieux qui t'ont vu naître. »

CE GRAND SENSIBLE, SI PRÉCOCE PUISQUE MAÎTRE DE SON ART À MOINS DE 20 ANS, LIT HOMÈRE AVEC PASSION, VOUANT SON ŒUVRE À LA CÉLÉBRATION DU BEAU.

LE XVIIIe SIÈCLE, DÉCIDÉMENT, SIÈCLE DE LA CRUAUTÉ DES SENTIMENTS EXPOSÉE AVEC UNE GRÂCE PARFAITE.

BENJAMIN CONSTANT (1767-1830)

ADOLPHE

PREMIÈRE PARUTION
1816
GENRE : roman court

ADAPTATION
au cinéma, en 2002, par Benoît Jacquot avec Isabelle Adjani et Stanislas Merhar

QUAND LIRE CE LIVRE ?
jeune adulte

DIFFICULTÉ
2

L'AVIS DE LECTEUR D'OLIVIER BARROT :
essayez d'isoler un mot ou une virgule inutiles dans le texte de Benjamin Constant : impossible.

En littérature française, il existe une tradition du bref roman d'amour, incisif et ciselé : *Point de lendemain* de Vivant Denon, *Dominique* d'Eugène Fromentin, *Fermina Márquez* de Valery Larbaud et *Adolphe* de Benjamin Constant.

Ce Benjamin Constant était un Suisse romand, réputé l'homme le plus intelligent de son époque. Il étudia à travers l'Europe, fréquenta Madame de Staël et Napoléon Bonaparte, excella en philosophie politique.

Quand *Adolphe* paraît, en 1816, l'ouvrage est reçu d'emblée comme un classique, d'abord par son style, d'une sécheresse parfaite, et par son intrigue mélodramatique qui caractérise le romantisme. *Adolphe*, en effet, c'est l'histoire d'un malentendu passionnel qui ne peut aboutir qu'au trépas. Adolphe croit s'éprendre d'Ellénore, de dix ans son aînée. Celle-ci est une femme installée dans l'existence, qui résiste longtemps à cet amour auquel elle ne croit guère. Puis, un beau jour, vaincue par la constance désespérée d'Adolphe, elle lui cède et lui sacrifie tout. Alors – et est-ce seulement du cynisme ? –, il se rend compte qu'il ne l'aime plus, pis, qu'elle l'indispose. Ellénore se laisse mourir de désespoir.

« Son attachement semblait s'être accru du sacrifice qu'elle m'avait fait. Elle ne me laissait jamais la quitter sans essayer de me retenir. Lorsque je sortais, elle me demandait quand je reviendrais. Deux heures de séparation lui étaient insupportables. Elle fixait avec une précision inquiète l'instant de mon retour. J'y souscrivais avec joie, j'étais reconnaissant, j'étais heureux du sentiment qu'elle me témoignait. Mais cependant, les intérêts de la vie commune ne se laissent pas plier arbitrairement à tous nos désirs. J'étais forcé de précipiter toutes mes démarches, de rompre avec la plupart de mes relations. »

C'EST L'HISTOIRE D'UN MALENTENDU PASSIONNEL QUI NE PEUT ABOUTIR QU'AU TRÉPAS.

Audace folle de cette gamine qui ose imaginer l'inédit : une machine à fabriquer des êtres humains !

MARY SHELLEY (1797-1851)

FRANKENSTEIN

PREMIÈRE PARUTION
1818
GENRE : roman

ADAPTATION
nombreuses adaptations au cinéma, mais on retient celle de James Whale, en 1931, avec Boris Karloff

QUAND LIRE CE LIVRE ?
jeune adulte

DIFFICULTÉ
2

L'AVIS DE LECTEUR D'OLIVIER BARROT :
continuatrice du romantisme, précurseur de la science-fiction, Mary Shelley appose son sceau, indélébile.

Plus qu'un livre, plus qu'un film, *Frankenstein* est un véritable mythe, au même titre que *Moby Dick*, *Faust*, ou *Don Juan*. Si puissant que l'on confond fréquemment la créature et son inventeur – Frankenstein n'est en aucune façon le nom du monstre, mais bel et bien celui de son concepteur.

Frankenstein ou le Prométhée moderne, c'est l'œuvre d'une toute jeune femme, Mary Shelley, épouse du poète romantique anglais, Percy Shelley. Le livre paraît en 1817 alors que Mary est tout juste âgée de 20 ans. *Frankenstein* avait été inspiré à Mary Shelley par ses conversations avec Byron, le poète, en même temps que par ses lectures de ce que l'on appelait les « romans gothiques » anglais et allemands du XVIIIe siècle.

Le docteur Frankenstein est fasciné par toutes les sciences, et il entend les rassembler en un seul acte complètement fou : fabriquer de toute pièce un être humain. Un acte insensé, un acte extrême, contre nature. Défi métaphysique et religieux. L'antéchrist avant la lettre.

« Ce fut par une lugubre nuit de novembre que je vis enfin mon œuvre terminée. Avec une anxiété mêlée de terreur, je rassemblai autour de moi les instruments qui devaient me permettre d'infuser l'étincelle de vie dans cette chose inerte gisant à mes pieds. Une heure du matin venait de sonner et la pluie frappait lugubrement contre les vitres. Ma bougie presque entièrement consumée jetait une lumière vacillante, lorsque tout à coup, je vis s'ouvrir l'œil jaune et vitreux de cet être. Sa poitrine se soulevait et il commença à respirer péniblement. Brusquement, un mouvement convulsif agita ses membres. Comment trouverais-je les mots suffisants pour vous décrire l'émotion qui me saisit ? Comment pourrais-je vous donner une idée à peu près exacte du misérable que j'avais entrepris de former avec tant de peine et tant de soins ? »

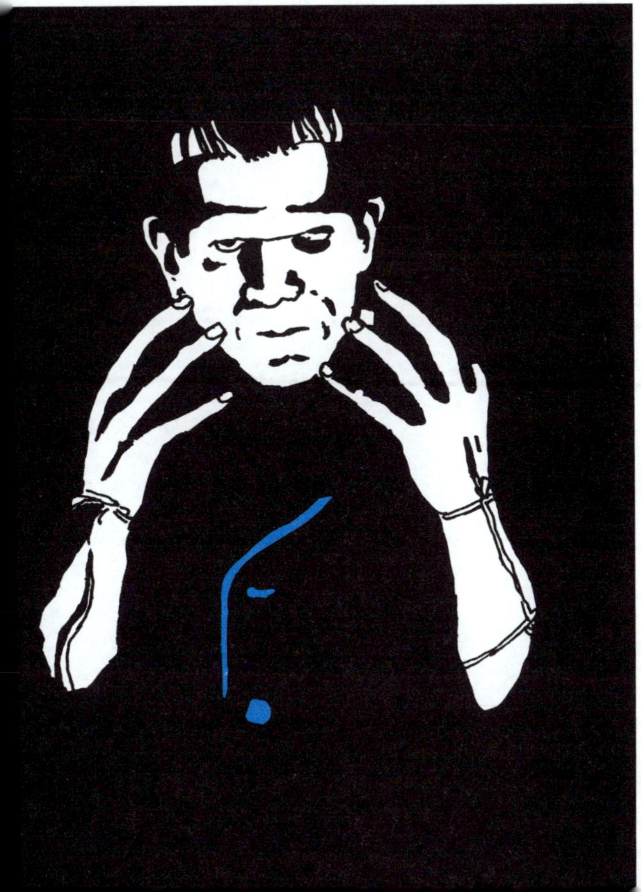

LE DOCTEUR FRANKENSTEIN EST FASCINÉ PAR TOUTES LES SCIENCES, ET IL ENTEND LES RASSEMBLER EN UN SEUL ACTE COMPLÈTEMENT FOU : FABRIQUER DE TOUTE PIÈCE UN ÊTRE HUMAIN.

Lamartine avait tout pour lui : la fortune, l'allure, le talent. On le néglige, à tort.

ALPHONSE DE LAMARTINE (1790-1869)

Méditations poétiques

Lamartine, un nom qui fleure bon les années de lycée, mais qui, convenons-en, ne nous dit plus grand-chose. Et pourtant, ce précurseur du romantisme à la française a connu une existence pour le moins contrastée, romanesque même. Fils d'aristocrates bourguignons, il voit le jour en 1790, et accomplit en 1811 un voyage en Italie qui forme sa sensibilité. Il écrira pour le théâtre, sans succès, il séduira les femmes, avec grand succès, et amorce une carrière diplomatique quand il fait paraître, en 1820, ses *Méditations poétiques*. Le poète, précisément, est acclamé, loué, porté en triomphe : il a 30 ans.

Une cinquantaine de poèmes de forme classique, présences divines, amours humaines, un je-ne-sais-quoi de mélancolique, bref, tous les ingrédients du romantisme. Je dois reconnaître qu'à la relecture, l'ensemble m'a paru quelque peu poussif, surtout de la part d'un homme qui, ensuite, s'engage dans une courageuse carrière politique comme député, ministre, président du gouvernement provisoire après la révolution de 1848.

Mais si tout le monde conserve en mémoire *Le Lac* :

« Ainsi, toujours poussés vers de nouveaux rivages,
Dans la nuit éternelle emportés sans retour,
Ne pourrons-nous jamais sur l'océan des âges
Jeter l'ancre un seul jour ? »,

qui se souvient du très joli *À une fleur séchée dans un album ?*

« À une fleur séchée dans un album
Il m'en souvient, c'était aux plages
Où m'attire un ciel du Midi,
Ciel sans souillure et sans orages,
Où j'aspirais sous les feuillages
Les parfums d'un air attiédi. »

PREMIÈRE PARUTION
1820
GENRE : poésie

QUAND LIRE CE LIVRE ?
adolescence

DIFFICULTÉ
1

L'AVIS DE LECTEUR D'OLIVIER BARROT :
écoutez les vers de Lamartine : ils dégagent un parfum désuet ou encore charmeur.

IL ÉCRIRA POUR LE THÉÂTRE, SANS SUCCÈS, IL SÉDUIRA LES FEMMES, AVEC GRAND SUCCÈS, ET AMORCE UNE CARRIÈRE DIPLOMATIQUE QUAND IL FAIT PARAÎTRE, EN 1820, SES MÉDITATIONS POÉTIQUES.

PREMIER « WESTERN » LITTÉRAIRE, *LE DERNIER DES MOHICANS* INAUGURE LA SAGA DE LA CONQUÊTE DE L'OUEST.

JAMES FENIMORE COOPER (1789-1851)

LE DERNIER DES MOHICANS

PREMIÈRE PARUTION
1826
GENRE : roman historique

ADAPTATION
au cinéma, en 1992, par Michael Mann avec Daniel Day-Lewis

QUAND LIRE CE LIVRE ?
jeune adulte

DIFFICULTÉ
2

L'AVIS DE LECTEUR D'OLIVIER BARROT :
dense, précis, documenté, ce roman fondateur érige en mythe l'aventure américaine.

Le Dernier des Mohicans fait partie de ces livres illustres dont l'auteur est finalement resté mal connu.

James Fenimore Cooper, né dans le New Jersey en 1789, était un contemporain de Vigny et de Lamartine. Après des études à l'université de Yale et un passage dans la marine, il commence à publier vers 1820, et c'est en compagnie de son épouse qu'il écrit *Le Dernier des Mohicans*, qui paraît en 1826 et connaît un succès qui ne s'est jamais démenti.

Nommé consul des États-Unis à Lyon, il est assez renommé dans notre pays où son livre a été traduit d'emblée. Ami de Lafayette, il est fort prisé de ses confrères, George Sand et Honoré de Balzac, entre autres.

Le Dernier des Mohicans, premier roman de l'Ouest sauvage et des grands espaces, fait de Cooper l'un des pionniers de la littérature américaine, du côté de Washington Irving, d'Emerson et d'Edgar Poe.

L'aventure se déroule en 1757, au temps des guerres franco-anglaises en Amérique. Les Anglais, guidés par l'Indien Magua, affrontent les Français de Montcalm et la tribu des Hurons.

Le fortin, où ils se sont réfugiés, finit par tomber ; trois Anglais sont faits prisonniers. Ils vont être sauvés par deux Mohicans et leur ami Bas-de-Cuir, alias Œil-de-Faucon.

« Enfin le soleil se coucha parmi des flots de lumière derrière les montagnes lointaines situées à l'Occident, et lorsque l'obscurité étendit son voile sur la terre dans cet endroit retiré, le bruit des préparatifs de départ diminua peu à peu. La dernière lumière s'éteignit enfin sous la tente de quelque officier ; les arbres jetèrent des ombres plus épaisses sur les fortifications et sur la rivière, et il s'établit dans tout le camp un silence aussi profond que celui qui régnait dans la vaste forêt. »

CE PREMIER ROMAN DE L'OUEST SAUVAGE ET DES GRANDS ESPACES, FAIT DE COOPER L'UN DES PIONNIERS DE LA LITTÉRATURE AMÉRICAINE.

Stendhal, un nom d'emprunt, allemand pour ce Dauphinois, amant de l'Italie, et de toutes les femmes.

STENDHAL (1783-1842)

Le Rouge et le Noir

PREMIÈRE PARUTION
1830

GENRE : roman

ADAPTATION
au cinéma, en 1954, par Claude Autant-Lara avec Gérard Philipe et Danielle Darrieux

QUAND LIRE CE LIVRE ?
jeune adulte

DIFFICULTÉ
2

L'AVIS DE LECTEUR D'OLIVIER BARROT :
pas de plus profonde initiation au sentiment amoureux. *Le Rouge et le Noir* pour toute la vie.

« La petite ville de Verrières peut passer pour l'une des plus jolies de la Franche-Comté. Ses maisons blanches avec leurs toits pointus de tuiles rouges s'étendent sur la pente d'une colline, dont les touffes de vigoureux châtaigniers marquent les moindres sinuosités. [...] Un torrent, qui se précipite de la montagne, traverse Verrières avant de se jeter dans le Doubs, et donne le mouvement à un grand nombre de scies à bois ; c'est une industrie fort simple et qui procure un certain bien-être à la majeure partie des habitants plus paysans que bourgeois. »

Quoi de plus benoîtement anodin que ces premières lignes du roman de Stendhal ? Une bourgade imaginaire, de modestes artisanats... Défions-nous de l'eau qui dort ! La suite du roman en fournit le saisissant contraste ! Inspiré d'un fait divers qui s'était déroulé trois années plus tôt, *Le Rouge et le Noir*, sous-titré *Chronique du XIX*^{e} *siècle*, paraît en 1830 et reçoit un assentiment immédiat. Roman de l'énergie, roman du vouloir-vivre, roman de la jeunesse, *Le Rouge et le Noir* demeure malgré sa fin tragique, et du fait de son épaisseur épique, une référence première en matière de littérature romanesque de langue française.

ROMAN DE L'ÉNERGIE, ROMAN DU VOULOIR-VIVRE, ROMAN DE LA JEUNESSE.

Monsieur de Rênal, maire de Verrières, engage le jeune séminariste, Julien Sorel, comme précepteur de ses enfants. Malgré sa timidité, celui-ci s'éprend de la très belle madame de Rênal qui finit par lui céder. Envoyé à Paris, auprès du marquis de La Mole, Julien noue une idylle avec la fille de celui-ci, Mathilde. Passion complexe, contradictoire même, tant sont mêlés les sentiments des deux jeunes héros. Écartelé entre madame de Rênal et Mathilde de La Mole, Julien finit par tirer sur la première. Il est arrêté, condamné à mort, exécuté. Mais l'anecdote romanesque et romantique occulte, tant soit peu, l'extraordinaire richesse de ce roman, diamant sombre aux mille facettes.

C'EST LE RÉNOVATEUR INCONTESTÉ DE LA POÉSIE ITALIENNE, QU'IL AFFRANCHIT DE SES PESANTEURS AU PROFIT D'UNE SALUTAIRE SIMPLICITÉ.

GIACOMO LEOPARDI (1798-1837)

CANTI

Contemporain de nos premiers poètes romantiques, Giacomo Leopardi n'avait pas 40 ans quand il disparut, vierge encore, dit-on, en 1837. Et pourtant, qu'elle fut dense, l'existence de ce fils d'aristocrates, né dans la province des Marches, et qui vécut à Naples, Florence, Bologne, Milan ! Leopardi connut des tocades amoureuses, féminines et surtout masculines, sur lesquelles on n'a jamais cessé de s'interroger. Peu importe au demeurant. Ce fou de littérature commença par vouer une admiration éperdue aux lettres antiques, au nom de leur intimité avec la nature. Un sentiment très romantique qui, pourtant, l'opposa à ses contemporains, ceux-ci, comme leurs collègues français, s'élevant contre la révérence obligée envers l'Antiquité et les Anciens. En 1831, Leopardi publie les *Canti*, les « Chants », un recueil de trente-six poèmes.

À la Lune.

« Je me souviens, ô Lune gracieuse,
Que l'an dernier, sur la même colline,
Plein d'angoisse, je te contemplais.
Et tu pendais alors sur la forêt
Comme aujourd'hui, l'éclairant tout entière.
Mais ta face m'apparaissait voilée,
Tremblante par les pleurs qui montaient à mes cils.
C'est que ma vie était blessée
Et l'est encor, rien de sa forme n'a changé,
Ô Lune bien aimée. Pourtant j'ai du plaisir
À ces rappels, à compter l'âge
De ma douleur. Ah ! qu'il est doux,
Au temps de la jeunesse, quand le cours de l'espoir
Est encor long, bref, celui de la mémoire,
De se ressouvenir des choses du passé
Quand même elles sont tristes, et que la peine dure. »

PREMIÈRE PARUTION
1831
GENRE : poésie

QUAND LIRE CE LIVRE ?
jeune adulte

DIFFICULTÉ
1

L'AVIS DE LECTEUR D'OLIVIER BARROT :
qu'il porte bien son nom, ce poète net et clair comme l'eau des sources !

CE FOU DE LITTÉRATURE COMMENÇA PAR VOUER UNE ADMIRATION ÉPERDUE AUX LETTRES ANTIQUES, AU NOM DE LEUR INTIMITÉ AVEC LA NATURE.

Éblouissante économie du style de Pouchkine : il narre bref, sec, aigu. L'enjeu : la vie, la mort, tout simplement.

ALEXANDRE SERGUEÏEVITCH POUCHKINE (1799-1837)

La Dame de pique

PREMIÈRE PARUTION
1834
GENRE : nouvelle

ADAPTATION
à l'opéra par Tchaïkovski ; nombreuses autres adaptations à l'opéra, au cinéma et à la télévision

QUAND LIRE CE LIVRE ?
jeune adulte

DIFFICULTÉ
2

L'AVIS DE LECTEUR D'OLIVIER BARROT :
que n'a-t-on glosé sur « l'âme russe » ! Du moins avec Pouchkine accède-t-on aux vertiges et aux tourments insolubles.

Pour les Russes, pas de doute, leur écrivain le plus considérable demeure Alexandre Sergueïevitch Pouchkine, né en 1799, comme Balzac, à Moscou, et disparu à l'âge de 37 ans, comme Bizet, Rimbaud, Apollinaire ou Gérard Philipe.

Vieille famille lettrée, ancêtres africains du côté de la mère, Pouchkine est un sang-mêlé, comme Alexandre Dumas. Génie précoce qui s'exprime aussi facilement en français que dans sa langue maternelle, Pouchkine s'essaie à tous les genres : la poésie, le roman, le théâtre, avec un égal bonheur, atteignant d'emblée à une perfection stylistique qui donne à son œuvre une musicalité immédiatement reconnaissable. Tous les honneurs, tous les superlatifs, Pouchkine invente une Russie des lettres, Gogol, Dostoïevski, Tourgueniev illustrent sa gloire, brisée net à la suite d'un duel provoqué par l'amant de sa femme.
Tout Pouchkine vaut d'être lu, ou relu, en particulier cette extraordinaire nouvelle, composée en 1833, *La Dame de pique*, et qui fut traduite en français par Mérimée, puis par André Gide. Existe-t-il aux cartes une martingale permettant de gagner à tous les coups ?

TOUT POUCHKINE VAUT D'ÊTRE LU OU RELU, EN PARTICULIER CETTE EXTRAORDINAIRE NOUVELLE.

Hermann, un Allemand émigré en Russie, croit savoir qu'une vieille aristocrate connaît le moyen de gagner à tous les coups, à ce jeu de cartes appelé le pharaon. Alors, une nuit, il lui rend visite.

« "Révélez-moi seulement votre secret. Songez que vous tenez le bonheur d'un homme entre vos mains. Que moi-même, mais aussi mes enfants, mes petits-enfants, mes arrière-petits-enfants béniront votre mémoire et la vénéreront comme celle d'une sainte".

La vieille femme demeurait muette, Hermann se mit debout.

"Vieille sorcière, fit-il entre ses dents, je t'obligerai bien à me répondre !"

Et sur ces mots, il tira un pistolet de sa poche. À la vue du pistolet, la comtesse laissa paraître un sentiment violent. Elle hocha la tête et leva la main comme pour se protéger d'un coup de feu, et puis elle roula à terre et resta étendue de tout son long, sans mouvement.

"Trêve d'enfantillage, dit Hermann en lui saisissant la main. Je vous le demande pour la dernière fois. Voulez-vous me désigner vos trois cartes, oui ou non ?"

La comtesse ne répondit pas, Hermann s'avisa qu'elle était morte. »

Dans la Russie des tsars, conservatrice et bornée, Gogol écrit des fables drolatiques. Au fait, qui est fou ?

NICOLAS GOGOL (1809-1852)

Le Journal d'un fou

PREMIÈRE PARUTION
1835
GENRE : nouvelle

QUAND LIRE CE LIVRE ?
adolescence/jeune adulte

DIFFICULTÉ
2

L'AVIS DE LECTEUR D'OLIVIER BARROT :
quand un ennemi de la sottise, des plus efficaces, s'arme d'une plume aussi caustique, il l'emporte.

Contemporain de nos romantiques, puisque né en 1809, Nicolas Gogol incarne pour les Russes le classique par excellence, à l'égal d'un Pouchkine ou d'un Tolstoï. Doué pour tous les genres littéraires – théâtre, roman, poésie –, c'est un nouvelliste hors pair, très familier du domaine fantastique et manifestement en phase avec la sphère diabolique. *Le Journal d'un fou*, paru en 1835, bref chef-d'œuvre d'une trentaine de pages, donne également la mesure de tout l'art de Gogol, à commencer par un irrésistible humour à froid !

« Je me suis promené incognito sur la Perspective Nevski. Sa Majesté l'Empereur a passé en voiture. Toute la ville a ôté ses bonnets et j'ai fait de même ; pourtant, je n'ai nullement laissé voir que j'étais le roi d'Espagne. J'ai jugé inconvenant de me faire connaître aussitôt devant tout le monde ; car il faut avant tout que je me présente à la Cour. Ce qui m'a arrêté, c'est que je n'ai pas encore le costume national espagnol. Si je pouvais au moins me procurer une cape. Je voulais en commander une à un tailleur, mais ce sont de véritables ânes. »

GOGOL EST UN NOUVELLISTE HORS PAIR, TRÈS FAMILIER DU DOMAINE FANTASTIQUE ET MANIFESTEMENT EN PHASE AVEC LA SPHÈRE DIABOLIQUE.

Le narrateur, un de ces innombrables bureaucrates qui fourmillent dans la sainte Russie des tsars, est tailleur de plumes dans une administration.
Il a un grain, c'est sûr. Il entend les chiens parler, se prend pour un aristocrate, et se demande pourquoi les humains s'obstinent à porter des vêtements. Le gros de son activité : allongé sur son lit, il réfléchit aux affaires de l'Espagne, dont il est – personne ne s'en est encore avisé – le souverain, et le seul à s'être rendu compte que l'Espagne et la Chine ne forment qu'un seul et même pays !

Contemporain du romantisme, Tocqueville lui est tout opposé. Il vise au jugement posé, à l'analyse comparative, à la réflexion de fond.

ALEXIS DE TOCQUEVILLE (1805-1859)

De la démocratie en Amérique

PREMIÈRE PARUTION
entre 1835 et 1840
GENRE : essai politique

QUAND LIRE CE LIVRE ?
jeune adulte/adulte

DIFFICULTÉ
2

L'AVIS DE LECTEUR D'OLIVIER BARROT :
inquiet de la première démocratie, Tocqueville l'admire et craint pour elle : certaines de ses alarmes ont encore un sens aujourd'hui.

Il faut en convenir, *De la démocratie en Amérique*, de Tocqueville, n'a rien d'un exercice de lecture facile. Je suggère, au reste, de se l'approprier par petites touches, un chapitre de temps en temps, car ce texte nourri, documenté, ambitieux, vaut d'être médité. De quoi s'agit-il ? À la fois d'un récit de voyage, et d'un essai de science politique considéré comme fondateur et auquel les Américains d'aujourd'hui continuent de se référer.

Né à Paris en 1805, dans une très ancienne famille de l'aristocratie conservatrice, Alexis de Tocqueville étudie le droit et l'histoire quand survient la révolution de 1830 à laquelle il se rallie. L'année d'après, âgé de 26 ans, il embarque pour les États-Unis avec son ami, Gustave de Beaumont, afin d'étudier sur place les institutions américaines. Son livre paraît en 1835, enrichi en 1840. Tocqueville est élu député en 1839 et membre de l'Académie française en 1841.

Des États-Unis, seule véritable démocratie de son temps, il trace un portrait admiratif mais quelque peu inquiet quant à son devenir, notamment à propos de la Constitution, de l'esclavage, du commerce, de la religion et du suffrage universel.

« Je serai comme le voyageur qui, en sortant des murs d'une vaste cité, gravit la colline prochaine. À mesure qu'il s'éloigne, les hommes qu'il vient de quitter disparaissent à ses yeux, leurs demeures se confondent, il ne voit plus les places publiques, il discerne avec peine le tracé des rues. Mais son œil suit plus aisément les contours de la ville et, pour la première fois, il en saisit la forme. Il me semble que je découvre de même devant moi l'avenir entier de la race anglaise dans le Nouveau Monde. Les détails de cet immense tableau sont restés dans l'ombre, mais mon regard en comprend l'ensemble et je conçois une idée claire du tout. »

DE QUOI S'AGIT-IL ? À LA FOIS D'UN RÉCIT DE VOYAGE, ET D'UN ESSAI DE SCIENCE POLITIQUE.

Une quintessence de Balzac à son meilleur, dans sa profusion jamais épuisée. Un homme-monde.

HONORÉ DE BALZAC (1799-1850)

ILLUSIONS PERDUES

BALZAC EST UN ENTREPRENEUR, UN VOYAGEUR, UN CAVALEUR, UN ÉCRIVAIN.

Balzac, c'est comme Simenon : tout est bien. Tout demeure digne de notre intérêt, intact. Le bonhomme, formidablement sympathique, abuse certes des descriptions et des adjectifs, mais qu'importe. Balzac est un entrepreneur, un voyageur, un cavaleur, un écrivain. Il est né à Tours en 1799 ; il meurt à Paris, épuisé, cinquante et un ans après. Victor Hugo était à son chevet.

Balzac a écrit trop de grands livres, alors, par lequel commencer ? D'évidence, *Illusions perdues*, l'épopée de Lucien Chardon, jeune poète d'Angoulême qui brûle de réussir à Paris. Il y fraiera avec le monde de la politique et du journalisme, connaîtra une célébrité éphémère, et puis, la dèche. Retour piteux à Angoulême.

« Lucien reconnut dans l'hôtel du ministère les différences qui existent entre le grand monde et le monde exceptionnel où il vivait depuis quelque temps. Ces deux magnificences n'avaient aucune similitude, aucun point de contact. La hauteur et la disposition des pièces dans cet appartement, l'un des plus riches du faubourg Saint-Germain ; les vieilles dorures des salons, l'ampleur des décorations, la richesse sérieuse des accessoires, tout lui était étranger, nouveau ; mais l'habitude s'étant promptement prise des choses de luxe empêcha Lucien de paraître étonné. »

PREMIÈRE PARUTION
entre 1837 et 1843
GENRE : roman

QUAND LIRE CE LIVRE ?
adulte

DIFFICULTÉ
2

L'AVIS DE LECTEUR D'OLIVIER BARROT :
c'est l'histoire d'un homme qui veut écrire, comme Balzac lui-même, et qui, lui, n'y parvient pas.

EXTRAORDINAIRE PARADE MACABRE VENUE DE L'AU-DELÀ, DANS LES FUMÉES D'OPIUM ET LES VAPEURS D'ENCENS.

ALOYSIUS BERTRAND (1807-1841)

GASPARD DE LA NUIT

PREMIÈRE PARUTION
1842 à titre posthume
GENRE : poésie

QUAND LIRE CE LIVRE ?
adolescence

DIFFICULTÉ
2

L'AVIS DE LECTEUR D'OLIVIER BARROT :
Gaspard de la nuit pourrait fournir le commentaire des tableaux de Jérôme Bosch.

Louis, dit Aloysius Bertrand, est l'homme d'un seul livre, le recueil poétique *Gaspard de la nuit*, qui n'a été publié qu'après sa mort. Un classique mineur, mais un classique tout à fait, dont Baudelaire et Mallarmé se réclameront. Aloysius Bertrand est né en 1807, entre Victor Hugo et Alfred de Musset. Il appartient à la génération romantique. Élevé à Dijon, il arrive à Paris et s'essaie à tous les genres : la poésie, le théâtre, le roman... échec total. Tuberculeux, il meurt inconnu en 1841. L'année d'après, ses amis publient son *Gaspard de la nuit*, préfacé par Sainte-Beuve. La gloire posthume lui est promise.

Gaspard de la nuit, c'est une quarantaine de visions inspirées au poète par la peinture flamande, l'Italie, l'Espagne, la nuit de Paris. Images grotesques ou gothiques, oniriques ou symboliques. Aloysius Bertrand se souvient de Nerval et de Gautier, des romantiques allemands, mais surtout, il préfigure le Baudelaire des *Petits Poèmes en prose*, un nouveau genre poétique précisément. Maurice Ravel s'est emparé de *Gaspard de la nuit* et l'a mis en musique.

« Départ pour le Sabbat
Ils étaient là une douzaine qui mangeaient la soupe à la bière, et chacun d'eux avait pour cuillère l'os de l'avant-bras d'un mort. La cheminée était rouge de braises, les chandelles champignonnaient dans la fumée, et les assiettes exhalaient une odeur de fosse au printemps.
Et lorsque Maribas riait ou pleurait, on entendait comme geindre un archet sur les trois cordes d'un violon démantibulé.
Cependant le soudard étala diaboliquement sur la table, à la lueur du suif, un grimoire où vint s'abattre une mouche grillée. Cette mouche bourdonnait encore lorsque de son ventre énorme et velu une araignée escalada les bords du magique volume. Mais déjà sorciers et sorcières s'étaient envolés par la cheminée, à califourchon qui sur le balai, qui sur les pincettes, et Maribas sur la queue de la poêle. »

UN CLASSIQUE MINEUR, MAIS UN CLASSIQUE TOUT À FAIT, DONT BAUDELAIRE ET MALLARMÉ SE RÉCLAMERONT.

Le séducteur se double d'un philosophe. Ils cheminent de conserve, fort plaisamment.

SØREN KIERKEGAARD (1813-1855)

Le Journal du séducteur

PREMIÈRE PARUTION
1843
GENRE : roman

ADAPTATION
au cinéma, en 1996, par Danièle Dubroux avec Chiara Mastroianni, Mathieu Amalric et Micheline Presle

QUAND LIRE CE LIVRE ?
adulte

DIFFICULTÉ
2

L'AVIS DE LECTEUR D'OLIVIER BARROT :
une initiation amoureuse et souriante à la philosophie romanesque.

Philosophe danois, né à Copenhague en 1813, contemporain donc de Dickens et de Musset, Søren Kierkegaard apparaît comme l'une des figures les plus séduisantes de sa discipline. Hanté par la religion, protestante, rigoriste en l'espèce, mais aussi follement attiré par la vie et par les figures mythiques de Don Juan et de Faust. Disparu prématurément à l'âge de 42 ans, Kierkegaard laisse une œuvre qui n'a jamais cessé d'intriguer par sa singularité et que l'on considère comme annonciatrice de l'existentialisme.

« Si c'était possible j'aimerais bien être derrière Cordélia quand elle reçoit une lettre de moi. Il me serait alors facile de vérifier à quel point elle parvient à la comprendre du point de vue strictement érotique. Les lettres, après tout, sont et seront toujours un moyen hors de prix pour faire impression sur une jeune fille ; les mots écrits ont souvent une influence beaucoup plus grande que le verbe vivant. Une lettre est une communication pleine de mystères... »

Le Journal du séducteur, ainsi que son nom l'indique, se présente comme un journal. Mais même s'il repose sur une expérience autobiographique, ce texte brûlant ressemble plutôt à un roman :

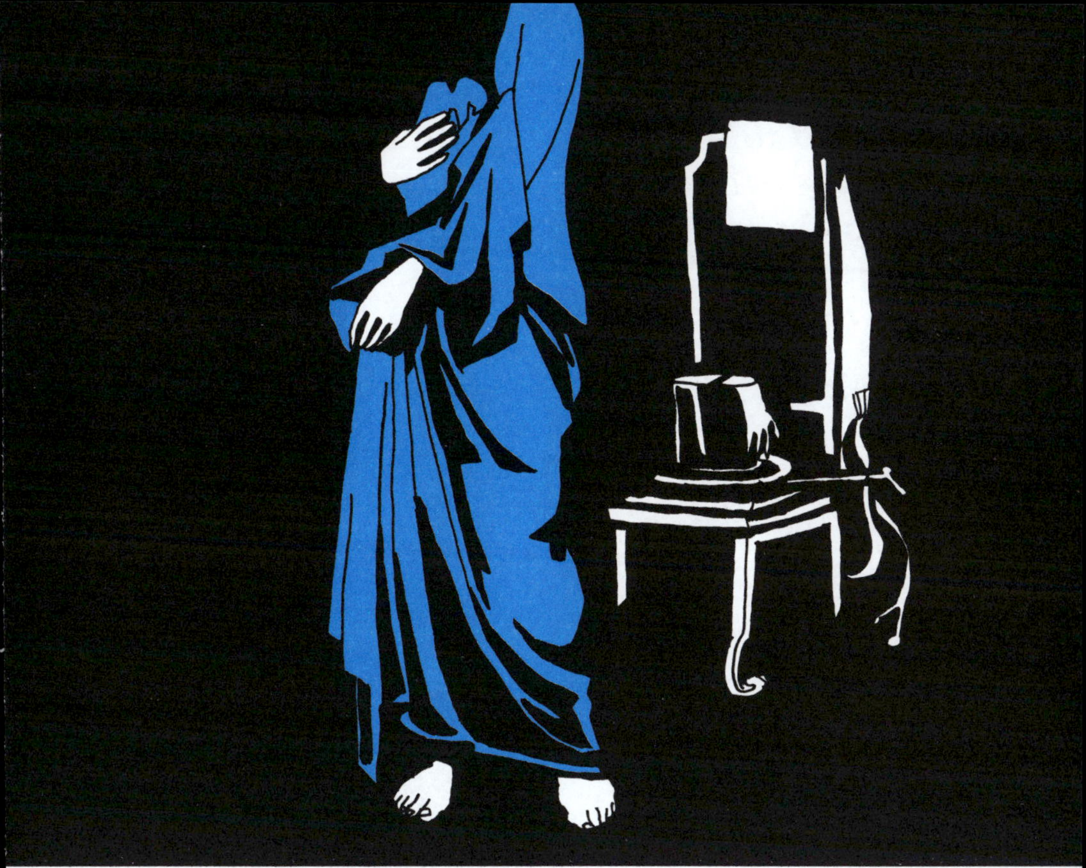

celui d'une manipulation amoureuse, cruelle et qui finit mal. Le narrateur convoite la jolie Cordélia qui finit par lui céder et accepte de l'épouser. Surgissent alors toutes sortes d'incompatibilités malignement décelées par l'impitoyable héros de cette histoire – ce qui rappelle, un peu, *Les Liaisons dangereuses*.

« J'ai connaissance de ses moindres sorties, des endroits et des moments où je la rencontrerai. Mais cela ne me sert pas à me ménager des tête-à-tête avec elle, au contraire, mon gaspillage à cet égard est énorme. Je peux prodiguer, comme de pures bagatelles, des rencontres qui souvent m'ont coûté des heures d'attente. Je ne la rencontre pas, je ne fais que toucher la périphérie de son existence. »

KIERKEGAARD LAISSE UNE ŒUVRE QUI N'A JAMAIS CESSÉ D'INTRIGUER PAR SA SINGULARITÉ.

L'HOMME À QUI NOUS DEVONS *LES TROIS MOUSQUETAIRES* ET *LE COMTE DE MONTE-CRISTO* MÉRITE LE PANTHÉON DES BIENFAITEURS DE L'HUMANITÉ.

ALEXANDRE DUMAS (1802-1870)

LE COMTE DE MONTE-CRISTO

PREMIÈRE PARUTION
sous forme de feuilleton entre 1844 et 1846

GENRE : roman

ADAPTATION
très nombreuses adaptations au cinéma, notamment par Robert Vernay, en 1954, avec Jean Marais ; à la télévision, en 1998, par Josée Dayan avec Gérard Depardieu

QUAND LIRE CE LIVRE ?
jeune adulte

DIFFICULTÉ
2

L'AVIS DE LECTEUR D'OLIVIER BARROT :
avec Dumas, même consigne qu'avec Balzac et Simenon : pas de déchet, tout est bon, tout est à lire.

Ce sont deux amis, deux romantiques, deux fondateurs, deux géants de notre littérature, deux exacts contemporains, puisque tous deux nés en 1802 et tous deux fils de généraux du Premier Empire : Victor Hugo et Alexandre Dumas – dit aussi Alexandre Dumas père. Auteur des *Misérables* pour le premier et du *Comte de Monte-Cristo* pour le second, deux œuvres monumentales, captivantes, tableaux picaresques d'une époque. Longtemps, la postérité critique a préféré Hugo à Dumas, elle avait tort. *Le Comte de Monte-Cristo,* on le sait, c'est le récit d'une vengeance à travers l'histoire de la société française, entre le Premier Empire et la Monarchie de Juillet.

« Après avoir passé en se courbant, mais cependant avec assez de facilité, par le passage souterrain, Dantès arriva à l'extrémité opposée du corridor qui donnait dans la chambre de l'abbé. Là, le passage se rétrécissait et offrait à peine l'espace suffisant pour qu'un homme pût se glisser en rampant. La chambre de l'abbé était dallée ; c'était en soulevant une de ces dalles placée dans le coin le plus obscur qu'il avait commencé la laborieuse opération dont Dantès avait vu la fin. »

Injustement emprisonné pendant quatorze années, le marin Edmond Dantès s'évade du château d'If, conquiert la fortune, revient à Paris et, en l'espace de six mois, règle leurs comptes à ceux qui l'ont trahi. Un véritable feuilleton, et c'est au reste, sous cette forme, que paraît l'ouvrage dans la presse, en 1844, qui connut un succès considérable ininterrompu jusqu'à nos jours. Une trame simple, linéaire, compréhensible par tous. Prodigieux. Vous allez vous régaler.

LONGTEMPS, LA POSTÉRITÉ CRITIQUE A PRÉFÉRÉ HUGO À DUMAS, ELLE AVAIT TORT.

Personne, strictement, ne s'approprie l'Histoire comme Michelet. Sous sa plume, elle atteint à la suprématie de l'opéra.

JULES MICHELET (1798-1874)

Histoire de la Révolution française

PREMIÈRE PARUTION
entre 1847 et 1853
GENRE : histoire

QUAND LIRE CE LIVRE ?
adulte

DIFFICULTÉ
3

L'AVIS DE LECTEUR D'OLIVIER BARROT :
œuvre d'un pédagogue autant que d'un « metteur en scène », son *Histoire de la Révolution française* n'a cessé d'inspirer des vocations.

Exact contemporain d'Eugène Delacroix, né comme lui en 1798, quelques années avant Victor Hugo et Hector Berlioz, Jules Michelet appartient donc en plein à la plus féconde génération romantique française. Mais s'il n'a pas œuvré dans les beaux-arts ou la poésie, son œuvre d'historien, emportée lyrique, le classe sans contredit parmi l'école du romantisme, en particulier avec cette extraordinaire *Histoire de la Révolution française*, composée entre 1847 et 1853, cinq années pendant lesquelles il interrompt, pour l'écrire, la rédaction d'une autre de ses œuvres maîtresses : *L'Histoire de France*.
Michelet est un surdoué ! Enfant de pauvres, il est élevé par des maîtres jacobins et passe, sans coup férir, examens et concours. Sous la Restauration, il est précepteur des enfants de la famille royale, il est élu membre de l'Institut, nommé professeur au Collège de France. Mais le Second Empire, auquel il s'oppose, le voit déchoir. Il perd son enseignement, s'exile en province et se remarie, sans cesser d'écrire l'histoire, à sa façon si personnelle, n'hésitant pas à mêler son sentiment propre à des récits extrêmement documentés qu'il appelle « résurrections ».

Son *Histoire de la Révolution française* s'arrête significativement en thermidor, à la chute de Robespierre.

« Robespierre avait bu du fiel tout ce que contient le monde. Il toucha enfin le port, la place de la Révolution. Il monta d'un pas ferme les degrés de l'échafaud. Tous, de même, se montrèrent calmes, forts de leurs intentions, de leur ardent patriotisme et de leur sincérité. Faut-il dire une chose infâme ? Un valet de la guillotine (était-ce le même qui souffletait à Charlotte Corday ?), voyant dans la place cette fureur, cet emportement de vengeance contre Robespierre, lâche et misérable flatteur de la foule, arracha brutalement le bandeau qui soutenait sa pauvre mâchoire brisée... Il poussa un rugissement... On le vit un moment pâle, hideux, la bouche ouverte toute grande et ses dents brisées qui tombaient... Puis, il y eut un coup sourd... Ce grand homme n'était plus. »

JULES MICHELET APPARTIENT DONC EN PLEIN À LA PLUS FÉCONDE GÉNÉRATION ROMANTIQUE FRANÇAISE.

Dumas fils n'est plus qu'un nom, celui de sa création, de sa créature Marguerite Gautier : allons voir.

ALEXANDRE DUMAS FILS (1824-1895)

La Dame aux camélias

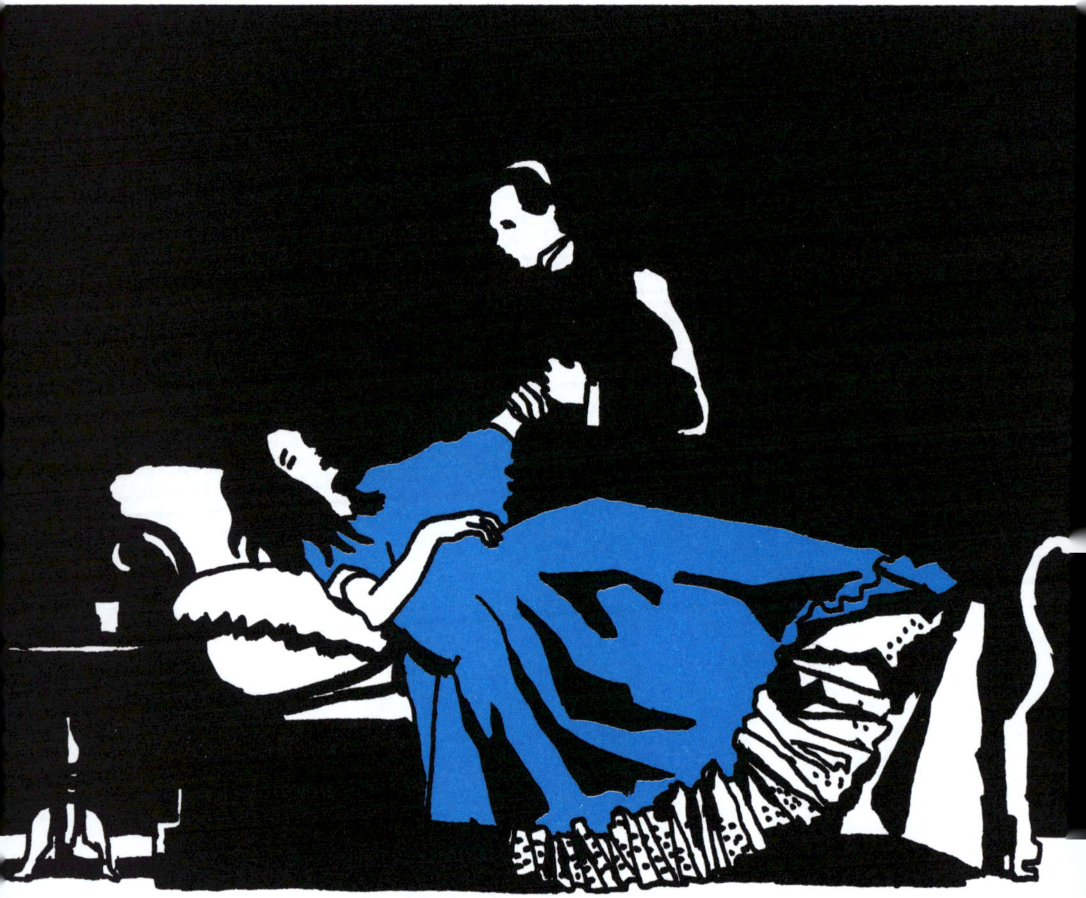

PREMIÈRE PARUTION
1848
GENRE : roman

ADAPTATION
à l'opéra, *La Traviata*, en 1853, par Verdi ; nombreuses adaptations au théâtre et au cinéma : en 1936, *Le Roman de Marguerite Gautier*, par George Cukor avec Greta Garbo ; en 1981, par Mauro Bolognini avec Isabelle Huppert et Bruno Ganz

QUAND LIRE CE LIVRE ?
adolescence/jeune adulte

DIFFICULTÉ
1

L'AVIS DE LECTEUR D'OLIVIER BARROT :
pour un peu crispante qu'elle apparaisse, notre Marguerite recèle les atouts de l'absolu romanesque : pas si mal.

La Dame aux camélias, Marguerite Gautier, Greta Garbo, *La Traviata*. Qui n'a entendu parler de cet ouvrage illustre, de son interprète de légende au cinéma, de l'opéra fameux de Verdi qui en a été tiré ? *La Dame aux camélias*, le roman d'abord, en 1848, la pièce, quatre ans plus tard, confèrent à leur auteur une gloire quasi universelle, éclipsant tout le reste de son œuvre. C'est qu'Alexandre Dumas junior, fils illégitime et reconnu du grand Alexandre Dumas père – l'auteur des *Trois Mousquetaires* –, ne survit dans nos mémoires, et fort injustement, que par la destinée tragique de son héroïne.

Ce beau mélodrame s'inspire de l'existence authentique d'Alphonsine Plessis, une courtisane de haut vol dont Dumas fils fut l'amant. Celui-ci qui se plaisait à dire que, ne sachant rien faire, il s'était tourné vers la littérature, mena longtemps la vie oisive d'un héritier fortuné, publiant de-ci de-là de petits vers et quelques pièces de théâtre. Jusqu'à ce jour de 1848 où les amours funestes d'Armand Duval et de Marguerite Gautier entraient par la grande porte dans l'histoire littéraire.

CE BEAU MÉLODRAME S'INSPIRE DE L'EXISTENCE AUTHENTIQUE D'ALPHONSINE PLESSIS, UNE COURTISANE DE HAUT VOL DONT DUMAS FILS FUT L'AMANT.

« Marguerite est entrée en agonie cette nuit à deux heures environ. Jamais martyre n'a souffert pareilles tortures, à en juger par les cris qu'elle poussait. Deux ou trois fois elle s'est dressée tout debout dans son lit, comme si elle eût voulu ressaisir sa vie qui remontait vers Dieu.

Deux ou trois fois aussi, elle a dit votre nom, puis tout s'est tu, elle est retombée épuisée sur son lit. Des larmes silencieuses ont coulé de ses yeux et elle est morte. »

Comment ne pas appeler à la révolution mondiale ? Cette œuvre véhémente et radicale fournit l'argumentaire.

KARL MARX (1818-1883) et **FRIEDRICH ENGELS** (1820-1895)

Le Manifeste du parti communiste

PREMIÈRE PARUTION
1848
GENRE : essai politique

QUAND LIRE CE LIVRE ?
jeune adulte/adulte

DIFFICULTÉ
2

L'AVIS DE LECTEUR D'OLIVIER BARROT :
limpide, *Le Manifeste du parti communiste* a modelé les consciences pendant un siècle et demi. Il vaut d'être discuté ou combattu, mais connu en tout cas.

Un cas probablement unique. Il n'est pas exagéré d'affirmer que ce bref texte d'une cinquantaine de pages a véritablement changé la face du monde. Publié en langue allemande, à Londres, en 1848, *Le Manifeste du parti communiste* est l'œuvre de deux jeunes philosophes exilés, Karl Marx, né en 1818, et Friedrich Engels, en 1820. Et autant l'œuvre théorique et économique de Marx, *Le Capital* en particulier, est difficile d'accès, autant *Le Manifeste*, texte d'application politique, se lit aisément.

Le Manifeste pose en termes simples la question de la prise du pouvoir par les communistes, émanation de cette classe ouvrière appelée inexorablement, selon les auteurs, à se substituer à la bourgeoisie, et ce, dans les grandes puissances économiques de l'Europe : la France, la Pologne, l'Angleterre, l'Allemagne avant tout, la plus développée, et qui compte le plus fort contingent de prolétaires exploités.

L'avenir n'a pas donné raison aux auteurs du *Manifeste* qui cependant, auront fait lever, de par le monde, une immense espérance.

« Les communistes appuient partout tout mouvement révolutionnaire contre l'état de choses sociales et politiques existant. Dans tous ces mouvements, ils mettent en avant la question de la propriété, quelle que soit la forme plus ou moins développée qu'elle ait revêtue, comme la question fondamentale du mouvement. Enfin, les communistes travaillent à l'union et à l'entente des partis démocratiques de tous les pays.

[...] Que les classes régnantes tremblent à l'idée d'une révolution communiste. Les prolétaires n'ont rien à y perdre, hors leurs chaînes. Ils ont un monde à gagner. Prolétaires de tous les pays, unissez-vous ! »

IL N'EST PAS EXAGÉRÉ D'AFFIRMER QUE CE BREF TEXTE D'UNE CINQUANTAINE DE PAGES A VÉRITABLEMENT CHANGÉ LA FACE DU MONDE.

S'IL FALLAIT CLASSER PAR ORDRE DE PRÉFÉRENCE LES OUVRAGES PRÉSENTÉS DANS CE VOLUME, JE PLACERAIS CELUI-CI EN PREMIÈRE POSITION.

FRANÇOIS-RENÉ DE CHATEAUBRIAND (1768-1848)

MÉMOIRES D'OUTRE-TOMBE

PREMIÈRE PARUTION
publié en 12 volumes
en 1849 et 1850

GENRE : mémoires

QUAND LIRE CE LIVRE ?
adulte

DIFFICULTÉ
3

L'AVIS DE LECTEUR D'OLIVIER BARROT :
appauvri à la fin de ses jours, Chateaubriand vendit cher le droit de publier ses *Mémoires* en volume. Elles n'avaient pourtant pas de prix.

Chateaubriand, ce monument de notre histoire littéraire, n'a sans doute pas laissé que de bons souvenirs aux potaches que nous avons été. Ce contemporain de Napoléon a pu paraître solennel, ennuyeux, immodeste et, pour tout dire, insupportable. En ce cas, il faut l'aborder par un autre biais que celui des souvenirs scolaires et accepter ce simple fait que je vous soumets : *Les Mémoires d'outre-tombe*, c'est le plus prodigieux ouvrage jamais rédigé dans notre langue, équivalent et annonciateur de *À la recherche du temps perdu* de Marcel Proust.

Les *Mémoires d'outre-tombe* est un livre composite, conçu dès 1803 par un homme de 35 ans, qui ne va pas cesser pendant quarante-cinq années de le reprendre, le corriger, le remodeler, le transformer, et ce, jusqu'à la veille de sa mort. Les *Mémoires d'outre-tombe*, ce sont à la fois une vision historique et littéraire, des récits de voyages, des portraits de personnalités, un livre de chevet, un journal intime, bref, tout à la fois. C'est le livre d'une vie, qu'il faut prendre et reprendre, ouvrir à n'importe quelle page.

« En traçant ces derniers mots, ce 16 novembre 1841, ma fenêtre qui donne à l'ouest sur les jardins des Missions étrangères est ouverte : il est six heures du matin ; j'aperçois la lune pâle et élargie ; elle s'abaisse sur la flèche des Invalides à peine révélée par le premier rayon doré de l'Orient : on dirait que l'ancien monde finit, et que le nouveau commence. Je vois les reflets d'une aurore dont je ne verrai pas se lever le soleil. Il ne me reste qu'à m'asseoir au bord de ma fosse ; après quoi je descendrai hardiment, le crucifix à la main, dans l'éternité. »

C'EST LE LIVRE D'UNE VIE, QU'IL FAUT PRENDRE ET REPRENDRE, OUVRIR À N'IMPORTE QUELLE PAGE.

« La bohème, ça voulait dire on est heureux » comme dit la chanson. Mais qui se souvient que Murger avait inventé l'expression ?

HENRI MURGER (1822-1861)

Scènes de la vie de bohème

PREMIÈRE PARUTION
sous forme de feuilleton entre 1845 et 1849, dans un tout en 1851
GENRE : roman/courtes histoires

ADAPTATION
au cinéma, *La Bohème*, en 1926, film muet de King Vidor avec Lillian Gish et John Gilbert ; en 2001, *Moulin Rouge*, par Baz Luhrmann

QUAND LIRE CE LIVRE ?
jeune adulte

DIFFICULTÉ
2

L'AVIS DE LECTEUR D'OLIVIER BARROT :
la jeunesse, les espérances, les passions : un sourire, une larme, c'est la formule de Murger.

Contemporain de Baudelaire et de Flaubert, Henri Murger vit le jour à Paris en 1822, et il y acheva sa vie trente-neuf ans plus tard. D'origine modeste, son père était concierge, Murger connaît la vie de bohème des écrivains fauchés jusqu'à ce que, s'inspirant de certaines de ses chroniques parues dans la presse, le dramaturge Théodore Barrière en tire une pièce *La Vie de bohème*, qui triomphe en 1849. La gloire et la fortune de Murger sont assurées, dédoublées, deux ans plus tard, par la publication livresque des *Scènes de la vie de bohème*. Quant aux opéras *La Bohème* de Puccini et de Donizetti, ils achèvent de garantir la postérité de Murger dans les toutes dernières années du XIXe siècle.

Le roman se présente comme une charmante évocation chorale d'artistes à la marge, vivant de peu et buvant sec au Café Momus, au temps des lorettes et des rapins. Il y a là Schaunard, le musicien, Rodolphe, le poète, Marcel, le peintre, et Colline, le philosophe, mais aussi Musette, l'inconstante, et Mimi, la délicate. Les illusions romantiques ont passé. Mais quoi ! Il faut bien que jeunesse et passion se vivent.

« – Bien, moi je profite, euh, que nous soyons réunis pour porter un premier toast à notre rencontre, et à notre cénacle.
Et à notre cénacle le... euh, alors là, comment pourrions-nous l'appeler ?
– Euh...
– De la bohème.
– De la bohème.
– À la vie de bohème !
– (*Tous en chœur*) À la vie de bohème !
– À la vie de bohème ! »

LE ROMAN SE PRÉSENTE COMME UNE CHARMANTE ÉVOCATION CHORALE D'ARTISTES À LA MARGE, VIVANT DE PEU ET BUVANT SEC AU CAFÉ MOMUS, AU TEMPS DES LORETTES ET DES RAPINS.

PROFESSION : GÉNIE. JE N'EXAGÈRE PAS. LABICHE POSSÈDE LE GÉNIE DE LA RÉPLIQUE ET DE L'INCONGRUITÉ : « QUAND J'AI VU QUE TOUT LE MONDE ÉTAIT DE MON AVIS, J'EN AI CHANGÉ. »

EUGÈNE LABICHE (1815-1888)

UN CHAPEAU DE PAILLE D'ITALIE

Eugène Labiche, un heureux homme, dont la vie ne connut aucune aspérité. Né en 1815, après les romantiques, il a le goût d'écrire. Il voyage, encore jeune, en Italie, et consigne ses impressions dans de savoureux carnets. Mais sa veine à lui, c'est le théâtre, le dialogue. Il a écrit près de deux cents pièces, connu le triomphe sous le Second Empire et fini à l'Académie française. Par son sens étourdissant du dialogue et de l'intrigue, on a pu, à bon titre, faire d'Eugène Labiche un précurseur involontaire du théâtre de l'absurde.

Prenez *Un chapeau de paille d'Italie*, qui date de 1851, ou comment un objet, somme toute banal, un chapeau de paille, va empoisonner l'existence du malheureux Fadinard.

Voici le début de l'histoire : poussée par la gourmandise, la monture de Fadinard – celui-ci est à quelques heures d'épouser Hélène – a croqué le chapeau d'une belle, Anaïs, alors en compagnie de son amant, Émile. Il faut absolument retrouver un autre couvre-chef à l'identique, car c'est le mari d'Anaïs, au demeurant fort jaloux, qui lui a offert ce chapeau – et il finira bien par se poser des questions au sujet de sa disparition... Suivi des invités de la noce, qui ne le lâchent pas d'une semelle, et sur un rythme pétaradant, Fadinard se promène de commerces en salons bourgeois, jusqu'à l'inéluctable résolution finale. À travers cette course-poursuite effrénée, c'est tout le génie de Labiche qui enchante sur scène et s'apprécie aussi à la lecture.

« Fadinard : [...] Mon cabriolet avait disparu... Je questionne, j'interroge... On me dit qu'il y en a un d'arrêté au coin du bois... J'y cours, et qu'est-ce que je trouve ?... Mon cheval en train de mâchonner une espèce de bouchon de paille, orné de coquelicots... Je m'approche... aussitôt une voix de femme part de l'allée voisine et s'écrie : "Ciel ! mon chapeau !..." Le bouchon de paille était un chapeau !... Elle l'avait suspendu à un arbre, tout en causant avec un militaire... »

PREMIÈRE PARUTION
1851
GENRE : comédie

ADAPTATION
au cinéma, en 1928, par René Clair avec Albert Préjean et Jim Gérald ; en 1941, par Maurice Cammage avec Fernandel

QUAND LIRE CE LIVRE ?
jeune adulte

DIFFICULTÉ
2

L'AVIS DE LECTEUR D'OLIVIER BARROT :
du vaudeville à poursuite considéré comme un des beaux-arts.

L'UN DE CES ROMANS, FORT RARES, QUI ONT CONTRIBUÉ À L'ÉVOLUTION DES CONSCIENCES.

HARRIET BEECHER-STOWE (1811-1896)

LA CASE DE L'ONCLE TOM

Il ne s'agit pas simplement du roman peut-être le plus réputé de toute la littérature des États-Unis. Au-delà de ses qualités littéraires propres, celles d'un feuilleton passionnant publié au long d'une année dans *The National Era*, un journal antiesclavagiste, *La Case de l'oncle Tom* a joué un rôle considérable dans la campagne abolitionniste menée notamment par le président Abraham Lincoln. Son auteur, Harriet Beecher-Stowe, elle-même abolitionniste convaincue, était originaire de Nouvelle-Angleterre, cette région puritaine du nord-est des États-Unis. Ce livre, succès mondial colossal – il fut le deuxième livre le plus vendu après la Bible au XIXe siècle –, est une fresque ample comme les méandres des fleuves du sud de l'Amérique. Tous les ingrédients du romanesque s'y trouvent rassemblés : un propriétaire terrien, humain, et ruiné, contraint de vendre son esclave préféré, le vieux Tom, qui se trouve désormais séparé de sa famille. Une jeune fille pure et compréhensive, Evangeline ; une abominable brute, Simon Legree, qui rachète Tom et l'emmène dans sa plantation de coton.

Fin du roman : Tom, sur son lit de mort, a pardonné, ouvrant la voie à une Amérique réconciliée. Éloge funèbre :

« C'est sur son tombeau, mes amis, que j'ai résolu devant Dieu que je ne posséderais jamais un esclave, tant qu'il me serait possible de l'affranchir... et que personne, à cause de moi, ne courrait le risque d'être arraché à son foyer, à sa famille, pour aller mourir comme il est mort, sur une plantation solitaire... Amis ! Chaque fois que vous vous réjouirez d'être libres, songez que votre liberté, vous la devez à cette pauvre bonne âme, et payez votre dette en tendresse à sa femme et à ses enfants... Pensez à votre liberté, chaque fois que vous verrez la case de l'oncle Tom ; qu'elle vous rappelle l'exemple qu'il vous a laissé, marchez sur ses traces, et, comme lui, soyez honnêtes, fidèles et chrétiens. »

PREMIÈRE PARUTION
publié d'abord sous forme de feuilleton en 1852

GENRE : roman

QUAND LIRE CE LIVRE ?
adolescence

DIFFICULTÉ
1

L'AVIS DE LECTEUR D'OLIVIER BARROT :
parabole limpide de l'Histoire américaine, l'histoire de l'oncle Tom n'a jamais réellement vieilli.

« PENSEZ À VOTRE LIBERTÉ, CHAQUE FOIS QUE VOUS VERREZ LA CASE DE L'ONCLE TOM ; QU'ELLE VOUS RAPPELLE L'EXEMPLE QU'IL VOUS A LAISSÉ. »

UN PROPHÈTE SÛR DE SON DESTIN : L'HOMME NE DOIT PLUS S'ÉLOIGNER DE LA NATURE.

HENRY DAVID THOREAU (1817-1862)

WALDEN OU LA VIE DANS LES BOIS

PREMIÈRE PARUTION
1854
GENRE : roman autobiographique/ philosophique

QUAND LIRE CE LIVRE ?
jeune adulte

DIFFICULTÉ
3

L'AVIS DE LECTEUR D'OLIVIER BARROT :
peu d'écrivains de son temps ont connu une telle reconnaissance posthume.

Natif de Concord, dans le Massachusetts, en Nouvelle-Angleterre, Henry David Thoreau était le fils d'un marchand de crayons, ces objets faits d'une mine enserrée dans du bois. Prédisposition ? Toujours est-il qu'alors âgé de 28 ans, Henry David pousse son amour de la nature jusqu'à se retirer dans une cabane qu'il a construite de ses mains, au bord du lac Walden. Il demeure deux ans au milieu des bois, y rédigeant précisément *Walden*, qui est à la fois un journal et un manifeste appelé à devenir un classique de l'écologie et du retour à la nature.

La lecture de *Walden* pourra désarmer le lecteur. C'est une œuvre dense, impérieuse, le ton de l'auteur ne souffrant guère la contradiction. Thoreau ne semble jamais effleuré par le doute dans son entreprise, le retrait du monde, celui des hommes en tout cas, un devoir moral, tout comme l'observation des plantes et des bêtes. C'est qu'à ses yeux, l'homme doit se suffire à lui-même, et comme disait Voltaire « cultiver son jardin ». Précis de la solitude et du vrai luxe, *Walden* est l'œuvre parfois hautaine d'un poète de l'exigence spirituelle.

« De tous les personnages que j'ai connus, Walden est-il peut-être celui qui porte le mieux, et le mieux conserve, sa pureté. Bien des hommes lui ont été comparés, mais il en est peu qui méritent cet honneur. Quoique les bûcherons aient mis à nu d'abord cette rive, puis cette autre, et que les Irlandais aient bâti à proximité de lui leurs étables à porcs, que le chemin de fer ait violé sa frontière, et que les hommes de la glace l'aient un jour écumé, il demeure, lui, immuable, telle eau sur laquelle tombèrent les yeux de ma jeunesse ; tout le changement est en moi. »

PRÉCIS DE LA SOLITUDE ET DU VRAI LUXE, *WALDEN* EST L'ŒUVRE PARFOIS HAUTAINE D'UN POÈTE DE L'EXIGENCE SPIRITUELLE.

Un sabbat ? Une parade de fantômes ? Une pléiade de monstres sanguinaires ? Poe c'est tout cela et bien davantage.

EDGAR ALLAN POE (1809-1849)

Histoires extraordinaires

PREMIÈRE PARUTION
réuni par Baudelaire sous ce titre, traduit et publié en 1856
GENRE : nouvelles

ADAPTATION
certaines histoires inspirèrent des films comme *La Tombe de Ligeia*, en 1965, par Roger Corman

QUAND LIRE CE LIVRE ?
jeune adulte

DIFFICULTÉ
2

L'AVIS DE LECTEUR D'OLIVIER BARROT :
je ne puis reprendre Edgar Poe sans frémir. Comme s'il avait connu l'expérience de la mort avant que de se saisir de sa plume.

Historiquement l'un des premiers écrivains de la toute jeune Amérique, Edgar Allan Poe connaît une destinée en tout point singulière. Né à Boston, en 1809, d'une famille de comédiens fauchés, il est élevé par de riches négociants. Cadet à l'école militaire de West Point, il s'en fait renvoyer pour indiscipline ; c'est qu'il entend écrire des articles, des nouvelles, des contes. Quelques succès, beaucoup d'échecs, une vie privée chaotique, et la mort, à 40 ans. Mais, si j'ose dire, la postérité l'attend avec impatience, car il advient à Edgar Poe une prodigieuse gratification posthume, en France tout du moins.

Le jeune Charles Baudelaire, qui n'est point encore le poète des *Fleurs du mal*, découvre son œuvre en 1855. Il s'éprend des *Histoires extraordinaires* qu'il entreprend de traduire en français. Au génie neuf de Poe correspond celui de son interprète qui a tout compris. Poe, l'inventeur du roman policier ; Poe, l'analyste de la peur et de ses mécanismes ; Poe, qui ose défier la mort en la représentant à l'œuvre, ainsi que les plus subtiles dispositions de l'esprit humain. Après Baudelaire, c'est Mallarmé qui se penchera

AU GÉNIE NEUF DE POE CORRESPOND CELUI DE SON TRADUCTEUR QUI A TOUT COMPRIS.

sur Poe en traduisant ses non moins admirables poèmes.
Voici un extrait de *Ligeia* :
« Il est néanmoins un sujet très cher sur lequel ma mémoire n'est pas en défaut. C'est la personne de Ligeia. Elle était d'une grande taille, un peu mince, et même, dans les derniers jours, très amaigrie. J'essayerai en vain de dépeindre la majesté, l'aisance tranquille de sa démarche et l'incompréhensible légèreté, l'élasticité de son pas. Elle venait et s'en allait comme une ombre. Je ne m'apercevais jamais de son entrée dans mon cabinet de travail que par la chère musique de sa voix douce et profonde, quand elle posait sa main de marbre sur mon épaule. »

Les vers de Baudelaire doivent se lire comme une gamme de sensations, éternellement inédits.

CHARLES BAUDELAIRE (1821-1867)

Les Fleurs du mal

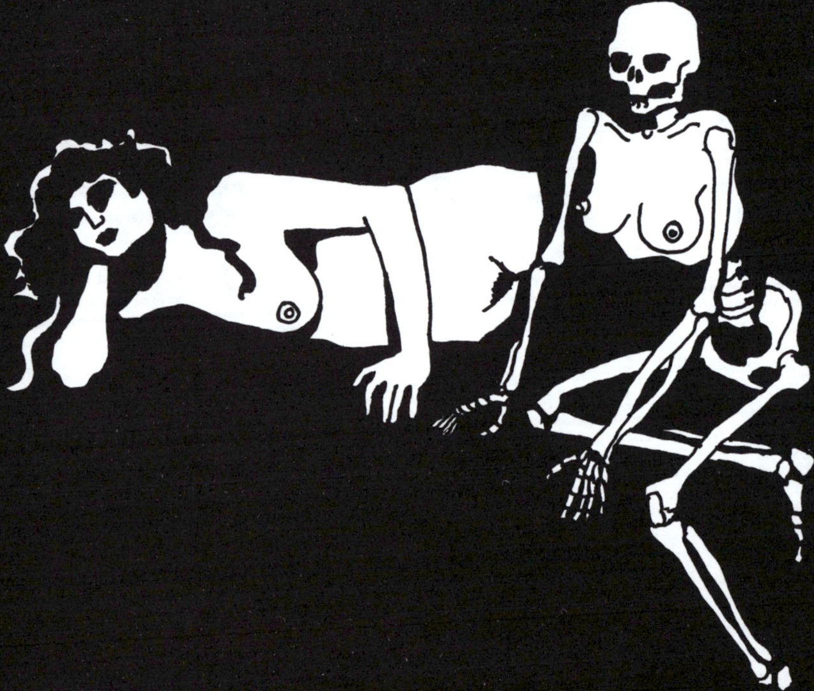

Baudelaire est un poète à risque, je veux dire qu'il est impossible d'exprimer à son sujet quoi que ce soit de nouveau et que c'est donc, en l'évoquant, prendre le risque de ressasser. Mais plus sérieusement, lire Baudelaire, c'est aussi prendre un risque existentiel. C'est plonger dans les abîmes, cheminer au plus près, en même temps qu'au plus profond, de ce que nous sommes. À mes yeux, pas de doute : Baudelaire dont les traits magnifiques furent fixés par des photographes comme Carjat ou Nadar, demeure le plus grand.

Ainsi que l'a écrit Sainte-Beuve, avant Baudelaire, tout avait déjà été traité : Lamartine avait pris les cieux, Hugo la terre, Musset les passions. Restait la beauté, toujours bizarre. *Les Fleurs du mal* paraît en 1857, trois ans après la traduction, par le même Baudelaire, des *Histoires extraordinaires* d'Edgar Poe. Le recueil, que le poète considère comme un livre, avec un commencement et une fin, davantage que comme un album, fait scandale. L'auteur et son éditeur sont poursuivis et condamnés pour outrage aux bonnes mœurs.

PREMIÈRE PARUTION
1857
GENRE : poésie

QUAND LIRE CE LIVRE ?
adolescence/jeune adulte

DIFFICULTÉ
1

L'AVIS DE LECTEUR D'OLIVIER BARROT :
comme très peu, Baudelaire conjugue l'art poétique avec une acception philosophique du monde sensible.

La Beauté

« Je suis belle, ô mortels ! comme un rêve de pierre,
Et mon sein, où chacun s'est meurtri tour à tour,
Est fait pour inspirer au poète un amour
Éternel et muet ainsi que la matière.
Je trône dans l'azur comme un sphinx incompris ;
J'unis un cœur de neige à la blancheur des cygnes ;
Je hais le mouvement qui déplace les lignes,
Et jamais je ne pleure et jamais je ne ris.
Les poètes, devant mes grandes attitudes,
Que j'ai l'air d'emprunter aux plus fiers monuments,
Consumeront leurs jours en d'austères études ;
Car j'ai, pour fasciner ces dociles amants,
De purs miroirs qui font toutes choses plus belles :
Mes yeux, mes larges yeux aux clartés éternelles ! »

IL N'EST PAS UN SEUL VERS DE BAUDELAIRE QUI N'ATTEIGNE AU TRÉFONDS DE NOTRE ÊTRE.

À L'EAU DE ROSE, LE RÉCIT DE LA COMTESSE DE SÉGUR ? JE N'EN SUIS PAS SI SÛR.

COMTESSE DE SÉGUR (1799-1874)

LES MALHEURS DE SOPHIE

Elle était russe, la comtesse Sophie de Ségur, née Rostopchine, à Saint-Pétersbourg en 1799. Arrivée en France à l'âge de 18 ans, mariée deux années plus tard au comte de Ségur, elle s'installe définitivement au château des Nouettes, en Normandie, où elle compose, à partir de 1858 environ, des histoires, des contes, des récits pour ses petits-enfants, appelés à un succès durable et international : *Le Général Dourakine*, *Les Mémoires d'un âne*, *L'Auberge de l'Ange gardien*.
Les Malheurs de Sophie, le plus célèbre peut-être, est le premier opus d'une trilogie qui se poursuit avec *Les Petites Filles modèles* et *Les Vacances*.
L'œuvre de la comtesse de Ségur, souvent dialoguée, a d'abord charmé, puis quelque peu intrigué. C'est que, l'air de rien, elle exprime une opinion sur son époque, le Second Empire, dont les valeurs évoluent avec la politique de Napoléon III. La comtesse défend l'obéissance, le courage des opinions, et aussi une certaine générosité à l'endroit des classes sociales moins favorisées que ses héroïnes Sophie de Réan et ses cousines Camille et Madeleine de Fleurville, le tout non sans une certaine dose, parfois, de perversité.
« "[...] Je vais lui couper la tête, se dit-elle, pour la punir de toutes les piqûres qu'elle a faites."
En effet, Sophie posa l'abeille par terre en la tenant toujours à travers le mouchoir, et d'un coup de couteau elle lui coupa la tête ; puis, comme elle trouva que c'était très amusant, elle continua de la couper en morceaux.
Elle était si occupée de l'abeille, qu'elle n'entendit pas entrer sa maman, qui, la voyant à genoux et presque immobile, s'approcha tout doucement pour voir ce qu'elle faisait ; elle la vit coupant la dernière patte de la pauvre abeille.
Indignée de la cruauté de Sophie, Mme de Réan lui tira fortement l'oreille. »

PREMIÈRE PARUTION
1858
GENRE : roman pour enfants

ADAPTATION
au cinéma, en 1946, par Jacqueline Audry ; en 1979, par Jean-Claude Brialy

QUAND LIRE CE LIVRE ?
enfance

DIFFICULTÉ
1

L'AVIS DE LECTEUR D'OLIVIER BARROT :
les enfants ne sont pas (tous) des anges. En voici la preuve.

LA COMTESSE DÉFEND L'OBÉISSANCE, LE COURAGE DES OPINIONS, ET AUSSI UNE CERTAINE GÉNÉROSITÉ À L'ENDROIT DES CLASSES SOCIALES MOINS FAVORISÉES.

HUGO COMPRIT TOUT DE SON ÉPOQUE.
IL ÉTAIT PLUS GRAND QU'ELLE, QUE TOUTES.
LE VRAI EMPEREUR DE SON TEMPS, C'EST LUI.

VICTOR HUGO (1802-1885)

LES MISÉRABLES

PREMIÈRE PARUTION
1862
GENRE : roman

ADAPTATION
au cinéma, en 1934, par Raymond Bernard avec Harry Baur ; en 1958, par Jean-Paul Le Chanois avec Jean Gabin ; en 1982, par Robert Hossein avec Lino Ventura ; en 1995, par Claude Lelouch avec Jean-Paul Belmondo

QUAND LIRE CE LIVRE ?
jeune adulte

DIFFICULTÉ
2

L'AVIS DE LECTEUR D'OLIVIER BARROT :
entrer sans précaution dans cette traversée au long cours et sans temps mort. Agrément à chaque page.

« Était-il possible que Napoléon gagnât cette bataille ? Nous répondons non. Pourquoi ? À cause de Wellington ? À cause de Blücher ? Non. À cause de Dieu. Bonaparte vainqueur à Waterloo, ceci n'était plus dans la loi du XIXe siècle. Une autre série de faits se préparait, où Napoléon n'avait plus de place. La mauvaise volonté des événements s'était annoncée de longue date. Il était temps que cet homme vaste tombât. »

J'en conviens, on peut éprouver quelques réticences à se colleter aux *Misérables* de Victor Hugo. Trop long, deux mille pages, trop connu par le cinéma et par la télévision. Eh bien, je vous assure qu'il faut surmonter ses réserves et se plonger – c'est le mot – dans ce roman unique de la littérature française, par son ambition et sa portée indémodable. Victor Hugo l'entreprend en 1847, déjà illustre, quatre ans, donc, avant le coup d'État de Louis-Napoléon Bonaparte qui le verra s'expatrier pendant quelque vingt années. L'ouvrage est terminé pendant l'exil et paraît en 1862. Il connaît un triomphe ininterrompu jusqu'à ce jour.

Les Misérables, c'est à la fois *La Comédie humaine* de Balzac et

Les Mystères de Paris d'Eugène Sue. Bien au-delà de la seule destinée de Jean Valjean, ce forçat accablé par une société injuste, c'est tout simplement le grand roman de la classe ouvrière qu'entreprend Victor Hugo.
L'œuvre abonde en visions d'histoires saisissantes : la bataille de Waterloo, les barricades à Paris lors de l'insurrection de juin 1832, sans oublier cette plongée vertigineuse dans le ventre de la capitale. Et quels personnages ! Javert, Fantine, Cosette, Marius, Jean Valjean, les Thénardier, Monseigneur Myriel, monsieur Gillenormand et mille autres encore. Construit en brefs chapitres, facilitant la lecture, *Les Misérables* transcende toutes les préventions.

ROMAN UNIQUE DE LA LITTÉRATURE FRANÇAISE, PAR SON AMBITION ET SA PORTÉE INDÉMODABLE.

**J'ai toujours trouvé Théophile Gautier extrêmement sympathique.
C'est un ami de l'amitié, un conteur épatant, un très bon poète.**

THÉOPHILE GAUTIER (1811-1872)

Le Capitaine Fracasse

Le Capitaine Fracasse, auquel Théophile Gautier songea trente années durant, date de 1863. Inspiré du *Roman comique* de Scarron, c'est la plus extraordinaire aventure de cape et d'épée qui se déroule sous le règne de Louis XIII, à l'exception, bien entendu, des *Trois Mousquetaires* d'Alexandre Dumas.

Théophile Gautier est un écrivain inclassable, qui fut à la fois un romantique et un présymboliste, un maître du fantastique et un poète, l'ami de Victor Hugo, tout comme celui de Charles Baudelaire. Né à Tarbes, en 1811, il figure au premier rang lors de la célèbre bataille d'*Hernani* à la Comédie-Française, en 1830, où il apparaît revêtu de son fameux gilet rouge... Il voyage en Espagne, dont les couleurs éblouissent l'apprenti peintre qu'il fut. Il donne dans le récit historique, avec *Le Roman de la momie*, avant de confectionner, en 1852, un recueil de poèmes à la forme parfaite, *Émaux et Camées,* qui fait de lui un maître.

Le baron de Sigognac s'ennuie dans son château de Gascogne en ruine. Survient une troupe de comédiens ambulants qui lui demande asile. Parmi eux, l'exquise Zerbine et la touchante Isabelle. Sigognac reprend la route avec tous, finissant même par remplacer Matamore défunt. Mais le picaresque s'installe, les rivalités s'aiguisent, les passions s'exacerbent. Gautier, d'autre part virtuose du fantastique, n'en oublie pas les ressorts dans cette farandole pétaradante.

« Si je n'ai pas le talent de ce pauvre Matamore, j'en ai presque la maigreur. Je prendrai son emploi et le remplacerai de mon mieux. Je suis votre camarade et veux l'être tout à fait. Aussi bien j'ai honte d'avoir profité de votre bonne fortune et de vous être inutile en l'adversité. D'ailleurs, qui se soucie des Sigognac au monde ? Mon manoir croule en ruine sous la tombe de mes aïeux. L'oubli recouvre mon nom jadis glorieux, et le lierre efface mon blason sur mon porche désert. Peut-être un jour les trois cigognes secoueront-elles joyeusement leurs ailes argentées et la vie reviendra-t-elle avec le bonheur à cette triste masure où se consumait ma jeunesse sans espoir. En attendant, vous qui m'avez tendu la main pour sortir de ce caveau, acceptez-moi franchement pour l'un des vôtres. Je ne m'appelle plus Sigognac. [...] je succède à Matamore et prends pour nom de guerre : le capitaine Fracasse ! »

PREMIÈRE PARUTION
1863

GENRE : roman

ADAPTATION
au cinéma, en 1960, par Pierre Gaspard-Huit avec Jean Marais, Philippe Noiret et Geneviève Grad ; *Le Voyage du Capitaine Fracasse*, en 1990, par Ettore Scola avec Vincent Pérez, Emmanuelle Béart et Ornella Mutti

QUAND LIRE CE LIVRE ?
jeune adulte

DIFFICULTÉ
2

L'AVIS DE LECTEUR D'OLIVIER BARROT :
le début du roman pèche par excès de description, mais dès que Sigognac a rejoint les comédiens, il prend son envol.

THÉOPHILE GAUTIER EST UN ÉCRIVAIN INCLASSABLE, QUI FUT À LA FOIS UN ROMANTIQUE ET UN PRÉSYMBOLISTE, UN MAÎTRE DU FANTASTIQUE ET UN POÈTE.

TOLSTOÏ VOULAIT LE BONHEUR DE L'HUMANITÉ. À CETTE FIN, ÉDIFIER UNE ŒUVRE-MONDE, *LA GUERRE ET LA PAIX*.

LÉON TOLSTOÏ (1828-1910)

LA GUERRE ET LA PAIX

La Guerre et la Paix impose les superlatifs, ne serait-ce que par son volume, bien plus de mille pages – on pense à Cervantès, Musil, Proust, Joyce –, et c'est loin d'être l'œuvre unique de son auteur, Lev Nikolaïevitch Tolstoï, né en 1828 dans une riche famille de propriétaires terriens. Quand il entreprend *La Guerre et la Paix*, qui lui demandera cinq ans, Tolstoï a derrière lui bien des succès. Mais ce livre-là, c'est tout autre chose. *La Guerre et la Paix*, c'est le roman de la Russie, de toutes les Russie, ses paysages, et son histoire, ses tourments et ses hommes.

« On a exécuté Louis XVI parce qu'ils disaient qu'il était un criminel, [...] et ils avaient raison de leur point de vue, comme avaient raison aussi ceux qui subissaient pour lui le martyre et le mettaient au nombre des saints. Puis on a exécuté Robespierre parce que c'était un tyran. Qui avait raison ? Qui avait tort ? Personne. Tu es vivant, eh bien vis ! Demain tu mourras, comme j'aurais pu mourir il y a une heure. Est-ce la peine de te torturer, alors que ce qu'il te reste à vivre n'est qu'une seconde en face de l'éternité ? »

Deux familles principales, les Bolkonsky et les Rostov, traversent le XIXᵉ siècle semé d'événements historiques majeurs, à commencer par les campagnes napoléoniennes. Des protagonistes innombrables s'impriment de façon durable, peut-être même indélébile dans la mémoire du lecteur. Ainsi, Natacha Rostov paraît d'une grâce divine dont Tolstoï semble le premier témoin. Du détail infime – la boucle d'un uniforme – à une vision globale d'une société, *La Guerre et la Paix* dessine un monde, LE monde, dans son entier.

PREMIÈRE PARUTION
entre 1865 et 1869

GENRE : roman historique

ADAPTATION
au cinéma, en 1956, par King Vidor avec Audrey Hepburn et Henry Fonda ; en 1967, par et avec Sergueï Bondartchouk

QUAND LIRE CE LIVRE ?
adulte

DIFFICULTÉ
2

L'AVIS DE LECTEUR D'OLIVIER BARROT :
arc-en-ciel des émotions, *La Guerre et la Paix*, comme l'indique son titre, exhausse la condition humaine, comme la 9ᵉ *Symphonie* de Beethoven.

« TU ES VIVANT, EH BIEN VIS ! DEMAIN TU MOURRAS, COMME J'AURAIS PU MOURIR IL Y A UNE HEURE. »

Que se cache-t-il de l'autre côté du miroir ? Lewis Carroll débordait d'intuitions à cet égard.

LEWIS CARROLL (1832-1898)

Alice au pays des merveilles

UN EXCENTRIQUE, COMME SEULE SAIT EN PRODUIRE LA GRANDE-BRETAGNE, QUE CE PROFESSEUR À OXFORD.

L'excellent Tim Burton a tourné pour le cinéma une adaptation d'*Alice au pays des merveilles* en 3D. Fort bien, mais c'est en quatre, en cinq, en dix dimensions que peut se lire l'œuvre la plus renommée de Charles Dodgson, né près de Manchester en 1832, et plus connu sous son pseudonyme : Lewis Carroll. Un excentrique, comme seule sait en produire la Grande-Bretagne, que ce professeur à Oxford, mathématicien d'envergure par ailleurs, passionné par les sciences occultes et aussi, en pionnier, par la photographie.

En 1855 – il a donc 23 ans –, Lewis Carroll se lie avec les trois petites filles de son voisin, le doyen de la faculté : Lorina, Edith et Alice, qui n'a pas 4 ans. Il les emmène en promenade, les photographie d'abondance, leur raconte des histoires. La plus connue d'entre elles, *Alice au pays des merveilles*, paraît en volume en 1865, l'année même où Lewis Carroll se brouille avec les parents d'Alice.

« Alice ne trouva pas non plus très extraordinaire d'entendre le Lapin dire entre ses dents : "Oh, là là ! Oh, là là ! Je vais être en retard !" (Lorsqu'elle y repensa par la suite, elle admit qu'elle eût dû s'en étonner, mais, sur le moment, cela lui parut tout naturel.) Pourtant quand le Lapin s'avisa de tirer de son gousset une montre, de consulter cette montre, puis de se remettre à courir de plus belle, Alice se dressa d'un bon, car l'idée lui était tout à coup venue qu'elle n'avait jamais vu de lapin pourvu d'un gousset, ou d'une montre à tirer de celui-ci. Brûlant de curiosité, elle s'élança à travers champs à la poursuite de l'animal, et elle eut la chance de le voir s'engouffrer dans un large terrier qui s'ouvrait sous la haie. »

Lewis et Alice se retrouveront (elle a grandi, elle s'est mariée) quelque vingt-cinq ans plus tard, alors qu'*Alice au pays des merveilles* a gagné sa place éminente dans la littérature du non-sens, du burlesque, de l'imagination onirique. Non sans provoquer aussi un aimable effroi. Carroll, qui fait parler les animaux et les objets, met en garde : le monde ne se limite pas à ce qu'il laisse voir.

PREMIÈRE PARUTION
1865

GENRE : roman fantastique

ADAPTATION
nombreuses adaptations au cinéma, notamment en 1951 par les studios Disney ; en 2010, par Tim Burton avec Mia Wasikowska et Johnny Depp

QUAND LIRE CE LIVRE ?
une première lecture dans l'enfance, l'autre plus profonde à l'adolescence

DIFFICULTÉ
2

L'AVIS DE LECTEUR D'OLIVIER BARROT :
il est avéré que les enfants ont inspiré Carroll. Mais son livre ne leur est pas réservé. Un tel foisonnement d'images fantasmées fait songer aux tableaux de Dalí.

L'ÉCRIVAIN DES SOMMETS ET DES ABYSSES, DOSTOÏEVSKI PLONGE SES PERSONNAGES AU CŒUR DES TOURMENTS DE L'ÂME, TOUT EN INSCRIVANT LEUR DESTINÉE DANS UNE APOGÉE MYSTIQUE. TRÈS GRAND, TRÈS DIFFICILE.

FEDOR DOSTOÏEVSKI (1821-1881)

LE JOUEUR

PREMIÈRE PARUTION
1866

GENRE : roman

ADAPTATION
nombreuses adaptations au cinéma, notamment *Le Joueur*, en 1958, par Claude Autant-Lara avec Gérard Philipe

QUAND LIRE CE LIVRE ?
adulte

DIFFICULTÉ
2

L'AVIS DE LECTEUR D'OLIVIER BARROT :
infiniment plus accessible que les grands romans de Dostoïevski, *Le Joueur* offre une heureuse initiation à son œuvre.

Fedor Mikhaïlovitch Dostoïevski voit le jour à Moscou, en 1821, en même temps, à peu près, que Flaubert et Baudelaire. Il est le fils d'un médecin alcoolique et tyrannique, et d'une mère malade et soumise. Celle-ci meurt jeune, comme son père qui, lui, est assassiné. Le fils en conçoit un sentiment de culpabilité et plonge dans l'écriture, avec quarante années de productions intenses qui haussent Dostoïevski au rang le plus élevé de la littérature mondiale.

Il n'est pas une ligne de lui qui ne soit profonde et inspirée, dense, difficile aussi parfois, il faut en convenir. Il est de ceux qui savent sonder l'âme humaine, dans ses tumultes comme dans ses exaltations. Il faut oser affronter Dostoïevski, et à cette fin, je vous conseille *Le Joueur*, un roman bref que Dostoïevski dicta à une sténographe en 1865, en même temps qu'il écrivait *Crime et Châtiment*.

Le Joueur, c'est l'histoire d'une double passion. Celle du narrateur, en premier lieu pour le jeu, qu'il partage avec tous les protagonistes du roman qui traversent l'Europe des tapis verts ; et pour Paulina Alexandrovna qui ne cesse de le manipuler.

Ses deux passions se chevauchent, se substituent l'une à l'autre en une farandole fascinante de sentiments exacerbés et le mènent à sa perte.

« "Faites vos jeux. Les jeux sont faits. Rien ne va plus." Une journée comique, affreuse, ridicule. Il est onze heures du soir, je suis dans mon cagibi et je récapitule. Tout a commencé par le fait que ce matin, j'ai quand même été forcé d'aller à la roulette jouer pour Paulina Alexandrovna. J'ai pris ses cent-soixante-dix Frédéric d'or, mais à deux conditions : la première, c'est que je refusais de jouer pour moitié, c'est-à-dire que si je gagnais, je refusais de prendre quoi que ce soit ; et la seconde, c'est que le soir même, Paulina m'expliquerait pourquoi elle avait tant besoin de gagner et de gagner autant d'argent. Parce que quand même, je ne veux pas supposer qu'elle veut tout simplement de l'argent. »

IL N'EST PAS UNE LIGNE DE LUI QUI NE SOIT PROFONDE ET INSPIRÉE, DENSE, DIFFICILE AUSSI PARFOIS, IL FAUT EN CONVENIR.

PRÉDÉCESSEUR DE MAURICE LEBLANC, ÉMILE GABORIAU, LE PIONNIER, DÉNOUE LES FILS DE L'INTRIGUE ET EXCELLE DANS LE DIALOGUE.

ÉMILE GABORIAU (1832-1873)

LES ENQUÊTES DE MONSIEUR LECOQ

PREMIÈRE PARUTION
L'Affaire Lerouge
publiée en 1866
GENRE : roman policier

QUAND LIRE CE LIVRE ?
adolescence

DIFFICULTÉ
2

L'AVIS DE LECTEUR D'OLIVIER BARROT :
des polars conçus sous le Second Empire, à l'époque d'Offenbach et de Labiche : le même entrain.

Redécouvrons, et avec quel plaisir, l'excellent Émile Gaboriau, qui fut sans doute, la chronologie le démontre, l'un des tout premiers auteurs de romans policiers écrits en français. Charentais, né en 1832, il fut d'abord soldat, puis journaliste fauché. Enviant la réussite de Dumas, tout en saluant le génie de Flaubert, et admirant, un peu plus qu'un peu, le talent, la gloire populaire de Paul Féval et de Ponson du Terrail, il se promet d'atteindre un jour à la même notoriété qu'eux. Ce sera le cas avec *L'Affaire Lerouge*, d'abord publiée en feuilleton dans la presse, et qui, recueillie en volume, connaît un triomphe en 1866.

L'Affaire Lerouge, dans laquelle apparaît déjà le personnage symbolique de Lecoq, l'enquêteur, est, en l'occurrence, dominée par l'extraordinaire figure du père Tabaret, alias Tirauclair, un retraité à l'œil particulièrement acéré, qui, de temps à autre, supplée la police.

D'autres romans, de la même veine, jailliront de la plume féconde et alerte d'Émile Gaboriau : *Monsieur Lecoq*, *Le Petit Vieux des Batignolles* – qui sera adapté au cinéma par Claude Chabrol.

« Il s'appelait Lecoq. C'était un garçon de vingt-cinq à vingt-six

« IL S'APPELAIT LECOQ. C'ÉTAIT UN GARÇON DE VINGT-CINQ À VINGT-SIX ANS, PRESQUE IMBERBE, PÂLE, AVEC LA LÈVRE ROUGE ET D'ABONDANTS CHEVEUX NOIRS ONDULÉS. »

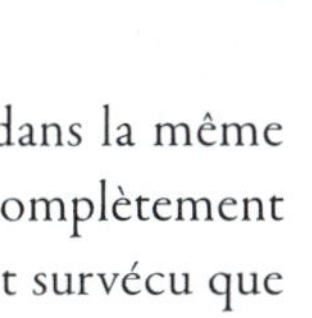

ans, presque imberbe, pâle, avec la lèvre rouge et d'abondants cheveux noirs ondulés. Il était un peu petit, mais bien pris, et ses moindres mouvements trahissaient une vigueur peu commune. En lui, d'ailleurs, rien de remarquable, sinon l'œil, qui selon sa volonté, étincelait ou s'éteignait comme le feu d'un phare à éclipses, et le nez, dont les ailes larges et charnues avaient une surprenante mobilité. Fils d'une riche et honorable famille de Normandie, Lecoq avait reçu une bonne et solide éducation. Il commençait son droit à Paris, quand dans la même semaine, coup sur coup, il apprit que son père, complètement ruiné, venait de mourir, et que sa mère ne lui avait survécu que quelques heures. Désormais il était seul au monde, sans ressources... et il fallait vivre. Il put apprécier sa juste valeur : elle était nulle. »

Avant et après *Maldoror* : cette incantation grandiose ne ressemble à rien d'autre.

COMTE DE LAUTRÉAMONT (1846-1870)

Les Chants de Maldoror

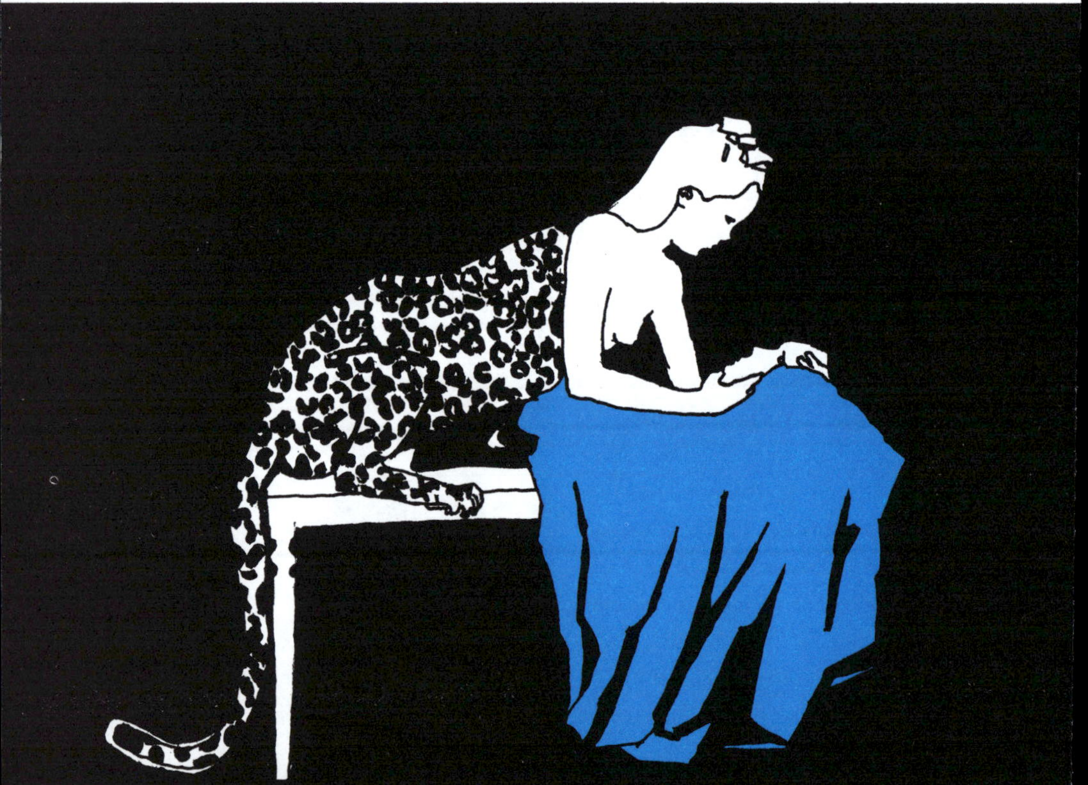

À coup sûr, Lautréamont figure le plus étrange des auteurs classiques de notre littérature. Tout, chez lui, défie la raison, à commencer par son œuvre principale, *Les Chants de Maldoror*. Il ne faut ni s'en offusquer ni en avoir peur, mais cette épopée de l'imaginaire demeure difficile, voire impossible à comprendre littéralement. Elle paraît chue d'un désastre obscur, comme disait Mallarmé, pierre noire inviolable et cependant fascinante. Tout, chez Lautréamont, apparaît hors norme : il est né Isidore Ducasse, en 1846 à Montevideo, en Uruguay, de parents français, et fait ses études en France, à Bordeaux, où il surprend par sa précocité. Alors qu'il est âgé de 22 ans, paraît à compte et sans nom d'auteur le premier des *Chants de Maldoror*, un titre magnifique, que le jeune écrivain adresse sans complexe à Victor Hugo, exilé à Guernesey. Puis viennent les cinq autres chants, signés cette fois d'un pseudonyme non moins magnifique : « Comte de Lautréamont », lequel disparaît, de façon mystérieuse, à l'âge de 24 ans. Et ce sont les Valery Larbaud, Max Jacob, Léon-Paul Fargue et les surréalistes qui élèveront Lautréamont au rang éminent qui est le sien, à l'égal, ou presque, de Baudelaire et Rimbaud.

« Plût au ciel que le lecteur, enhardi et devenu momentanément féroce comme ce qu'il lit, trouve, sans se désorienter, son chemin abrupt et sauvage, à travers les marécages désolés de ces pages sombres et pleines de poison ; car, à moins qu'il n'apporte dans sa lecture une logique rigoureuse et une tension d'esprit égale au moins à sa défiance, les émanations mortelles de ce livre imbiberont son âme comme l'eau le sucre. Il n'est pas bon que tout le monde lise les pages qui vont suivre ; quelques-uns seuls savoureront ce fruit amer sans danger. »

PREMIÈRE PARUTION
1869
GENRE : chants en prose

QUAND LIRE CE LIVRE ?
adulte

DIFFICULTÉ
2

L'AVIS DE LECTEUR D'OLIVIER BARROT :
ce ne sont que des mots imprimés sur du papier, et pourtant il se dégage de ces pages des effluves et des images inconnues.

TOUT, CHEZ LAUTRÉAMONT, APPARAÎT HORS NORME.

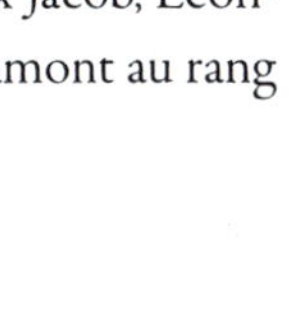

C'EST LE MEILLEUR ROMAN DE JULES VERNE, SANS CONTREDIT, OÙ L'OPPOSITION FEUTRÉE ENTRE LA FRANCE ET L'ANGLETERRE SE LIT EN FILIGRANE.

JULES VERNE (1828-1905)

LE TOUR DU MONDE EN 80 JOURS

PREMIÈRE PARUTION
1873
GENRE : roman

ADAPTATION
au cinéma, en 1956, par Michael Anderson avec David Niven et Shirley MacLaine

QUAND LIRE CE LIVRE ?
adolescence

DIFFICULTÉ
1

L'AVIS DE LECTEUR D'OLIVIER BARROT :
tout comme ces automates à mécanismes, *Le Tour du monde en 80 jours* recèle, pur délice, ses secrets et ses coups de théâtre.

Tout comme Alexandre Dumas, Jules Verne paie son prodigieux et ininterrompu succès de l'ingratitude de l'histoire littéraire. Il ne figure point dans les manuels scolaires, on lui dénie la qualité de classique. Mais tout ceci ne revêt aucune importance. Jules Verne continue d'emporter ses lecteurs depuis *Cinq semaines en ballon*, paru en 1863, et immédiatement traduit en toutes langues. S'ensuivirent toutes sortes de romans, d'inspirations scientifique ou picaresque : *Voyage au centre de la Terre*, *Vingt mille lieues sous les mers*, *Michel Strogoff*, *L'Île mystérieuse*, et tant d'autres. Mais son succès, son triomphe le plus universel, ce fut évidemment *Le Tour du monde en 80 jours*, qui date de 1873.

Voici comment Phileas Fogg, parfait gentleman londonien, engage son domestique français, Jean Passepartout.

« – Mais voilà cinq ans que j'ai quitté la France et que, voulant goûter de la vie de famille, je suis valet de chambre en Angleterre. Or, me trouvant sans place et ayant appris que M. Phileas Fogg était l'homme le plus exact et le plus sédentaire du Royaume-Uni, je me suis présenté chez monsieur avec l'espérance d'y vivre

tranquille et d'oublier jusqu'à ce nom de Passepartout...
– Passepartout me convient, répondit le gentleman. Vous m'êtes recommandé. J'ai de bons renseignements sur votre compte. Vous connaissez mes conditions ?
– Oui, monsieur.
– Bien. Quelle heure avez-vous ?
– Onze heures vingt-deux, répondit Passepartout, en tirant des profondeurs de son gousset une énorme montre d'argent.
[...]
– Vous retardez de quatre minutes. N'importe. Il suffit de constater l'écart. Donc, à partir de ce moment, onze heures vingt-neuf du matin, ce mercredi 2 octobre 1872, vous êtes à mon service. »

JULES VERNE PAIE SON PRODIGIEUX ET ININTERROMPU SUCCÈS DE L'INGRATITUDE DE L'HISTOIRE LITTÉRAIRE.

Vous voulez plaire, cette juste obsession de Molière le patron ? Montez du Feydeau. À tous les coups, on gagne.

GEORGES FEYDEAU (1862-1921)

Théâtre

PREMIÈRE PARUTION
plusieurs pièces parues entre 1873 et 1916
GENRE : théâtre

ADAPTATION
nombreuses adaptations au théâtre, à la télévision et au cinéma

QUAND LIRE CE LIVRE ?
jeune adulte

DIFFICULTÉ
1

L'AVIS DE LECTEUR D'OLIVIER BARROT :
petit jeu : déceler chez Feydeau à quel moment la machine s'emballe et le vaudeville manque de basculer dans le drame.

On n'y pense pas nécessairement, mais Georges Feydeau fut un ami proche de Marcel Proust, avec lequel il mena une existence, disons, délurée. Ainsi que l'a si bien écrit Sacha Guitry, dont le père, Lucien, fut lui aussi lié à Feydeau : « Je pense qu'aucun homme, jamais, ne fut plus favorisé que lui par le Destin. Il avait, dans son jeu, tous les atouts : la beauté, la distinction, le charme, le goût, le talent, la fortune et l'esprit. Puis, le Destin voulant parachever son œuvre, il eut ce pouvoir prodigieux de faire rire des personnes assemblées dans ce but. [...] de faire rire infailliblement, mathématiquement, à tel instant choisi par lui et pendant un nombre défini de secondes. » Sacha Guitry, *Pensées, Maximes et Anecdotes*.
Feydeau, qui n'a jamais cessé d'être joué, à l'instar de son aîné Labiche ou de Sacha Guitry lui-même, ne bénéficie pas du crédit littéraire qu'il mérite. Pourtant, auteur, entre autres, de *L'Hôtel du libre échange*, *Un fil à la patte*, *Chat en poche*, *La Puce à l'oreille*, *Occupe-toi d'Amélie*, Georges Feydeau était un constructeur hors pair, inquiet, ô combien, que ses intentions soient respectées, au point de farcir ses manuscrits de ce qu'on appelle des

didascalies : instructions, conseils destinés aux metteurs en scène et aux interprètes.

Roi couronné de la Belle Époque, habité par le doute, Georges Feydeau disparaît en 1921, à l'âge de 58 ans, tombé dans une sorte de démence causée par la syphilis.

Voici un extrait d'*Un fil à la patte* :

« De Chenneviette, *au-dessus de la table* : – C'est ce Bouzin qui envoie ça ?

Bois-d'Enghien : – Ah ! çà, il est donc riche ?

Lucette : – Dame ! À le voir, je ne m'en serais jamais doutée ! Il est toujours mis ! On lui donnerait deux sous !

De Chenneviette : – Enfin, il est évident qu'il doit être riche pour faire des cadeaux pareils.

De Fontanet : – Je dirai même plus : riche et amoureux !

Lucette, *riante* : – Vous croyez ?

Bois d'Enghien, *qui a gagné la droite, à part* : – Tiens, tiens ! Mais si on pouvait lancer ce Bouzin sur Lucette ! C'est ça qui me faciliterait ma retraite.

Lucette : – Mais, c'est cette chanson ! Voyons ! Il doit bien y avoir un moyen de l'arranger ?... avec un collaborateur qui la referait par exemple. »

« JE PENSE QU'AUCUN HOMME, JAMAIS, NE FUT PLUS FAVORISÉ QUE LUI PAR LE DESTIN. IL AVAIT, DANS SON JEU, TOUS LES ATOUTS : LA BEAUTÉ, LA DISTINCTION. »

Barbey l'incommode aimait et exécrait à l'excès. En matière de style, il règne, incontesté.

JULES BARBEY D'AUREVILLY (1808-1889)

Les Diaboliques

PREMIÈRE PARUTION
1874
GENRE : nouvelle

ADAPTATION
au cinéma, *Le Rideau cramoisi*, en 1952, par Alexandre Astruc avec Anouk Aimée

QUAND LIRE CE LIVRE ?
jeune adulte

DIFFICULTÉ
2

L'AVIS DE LECTEUR D'OLIVIER BARROT :
Les Diaboliques, variations en noir majeur, convertiront tout lecteur en admirateur farouche.

Il était normand, Jules Barbey d'Aurevilly, né à Saint-Sauveur-le-Vicomte en 1808, c'est-à-dire contemporain des romantiques et de l'écrivain américain Edgar Poe. Dans sa jeunesse, il mène une existence de dandy débauché, royaliste, extrémiste. Spécialiste de la mode, favorable, dans un premier temps, au coup d'État de Louis-Napoléon Bonaparte, il se fait critique littéraire redouté, défendant Balzac et Baudelaire, tout en publiant ses premiers textes d'un style souverain : *La Vieille Maîtresse* ou *Le Chevalier des Touches*.

La maturité transforme Barbey d'Aurevilly en un imprécateur, vomissant indistinctement les tièdes, l'Académie, la mauvaise littérature et la décadence qu'il décèle en son époque. Adulé par la jeunesse, qui le qualifie de connétable, c'est un maître de l'effroi et du surnaturel.

Son chef-d'œuvre, *Les Diaboliques*, est un prodigieux recueil de six histoires amorales qui n'ont pas fini de saisir par leur audace glacée. La plus nocturne, la plus somptueuse à mes yeux, c'est la première : *Le Rideau cramoisi*. Le capitaine vicomte de Brassard raconte son séjour en garnison chez des bourgeois de province, dont la fille, Alberte, d'une beauté à faire peur, l'ignore complètement.

« Un soir, il y avait à peu près un mois que Mlle Alberte était revenue à la maison, et nous nous mettions à table pour souper. Je l'avais à côté de moi, et je faisais si peu attention à elle que je n'avais pas encore pris garde à ce détail de tous les jours qui aurait dû me frapper : qu'elle fût à table auprès de moi au lieu d'être entre sa mère et son père, quand, au moment où je dépliai ma serviette sur mes genoux... non, jamais je ne pourrai vous donner l'idée de cette sensation et de cet étonnement ! Je sentis une main qui prenait hardiment la mienne par-dessous la table. »

LES DIABOLIQUES **EST UN PRODIGIEUX RECUEIL DE SIX HISTOIRES AMORALES QUI N'ONT PAS FINI DE SAISIR PAR LEUR AUDACE GLACÉE.**

N'EÛT-IL ÉCRIT QUE *UN CŒUR SIMPLE* QUE FLAUBERT EÛT ACCÉDÉ AU PANTHÉON DES LETTRES. ÉPURÉE, CETTE SCULPTURE ATTEINT AU SUBLIME.

GUSTAVE FLAUBERT (1821-1880)

UN CŒUR SIMPLE

Je donnerais tout Flaubert pour sa correspondance et ce mince ouvrage de quarante pages *Un cœur simple*, composé en 1876, quelques années avant la fin de sa vie, par un écrivain qui a déjà produit ses trois romans majeurs : *L'Éducation sentimentale*, *Madame Bovary* et *Salammbô*. Un moment de grâce que cette biographie d'une domestique, prénommée Félicité.

L'humble existence de Félicité dont le dévouement n'a pas de bornes repose sur ses liens avec les enfants de Mme Aubain, Paul et Virginie, ainsi qu'avec son neveu Victor. Mais plusieurs drames vont venir anéantir la pauvre servante : la mort de Victor, engagé dans la marine et parti faire le tour du monde, ainsi que celle de la petite Virginie. Après le départ de Paul pour Paris, Félicité et Mme Aubain vieillissent seules dans la trop grande maison, jusqu'à ce jour tardif où un perroquet, nommé Loulou, entre dans son univers, cristallisant toutes ses raisons de survivre. Le malheureux finira empaillé, piteusement, et Félicité l'emportera dans ses ultimes pensées. Alexandre Dumas avait bien raison de noter : « Flaubert, c'est un géant qui abattait une forêt pour faire une

boîte. » En l'espèce, un court roman ou une longue nouvelle dont il serait impossible de retirer un mot, une virgule.

« Pendant un demi-siècle, les bourgeoises de Pont-l'Évêque envièrent à Mme Aubain sa servante Félicité. Pour cent francs par an, elle faisait la cuisine et le ménage, cousait, lavait, repassait, savait brider un cheval, engraisser les volailles, battre le beurre, et restait fidèle à sa maîtresse qui, cependant, n'était pas une personne agréable. [...] En toute saison, elle portait un mouchoir d'indienne fixé dans le dos par une épingle, un bonnet lui cachant les cheveux, des bas gris, un jupon rouge et par-dessus sa camisole, un tablier bavette comme les infirmières d'hôpital. À vingt-cinq ans, on lui en donnait quarante. »

ALEXANDRE DUMAS AVAIT BIEN RAISON DE NOTER : « FLAUBERT, C'EST UN GÉANT QUI ABATTAIT UNE FORÊT POUR FAIRE UNE BOÎTE. »

PREMIÈRE PARUTION
1876

GENRE : nouvelle

ADAPTATION
au cinéma, en 2007, par Marion Laine avec Sandrine Bonnaire

QUAND LIRE CE LIVRE ?
adolescence

DIFFICULTÉ
1

AVIS DE LECTEUR D'OLIVIER BARROT :
c'est l'apogée du genre court, qui vous accompagne la vie entière. Félicité appartient définitivement à chacun de ses lecteurs.

Le courage de Zola, qui prend le parti de Dreyfus et réfute en profondeur toutes les hypocrisies.

ÉMILE ZOLA (1840-1902)

NANA

PREMIÈRE PARUTION
1880

GENRE : roman

ADAPTATION
au cinéma, en 1926, par Jean Renoir avec Catherine Hessling ; en 1955, par Christian-Jaque avec Martine Carole et Charles Boyer

QUAND LIRE CE LIVRE ?
jeune adulte / adulte

DIFFICULTÉ
2

L'AVIS DE LECTEUR D'OLIVIER BARROT :
Nana et le monde de la nuit. La luxure et le monde du spectacle sont également fardés.

« À CETTE HEURE, SES MOINDRES MOUVEMENTS SOUFFLAIENT LE DÉSIR, ELLE RETOURNAIT LA CHAIR D'UN GESTE DE SON PETIT DOIGT. »

À l'instar d'un Stefan Zweig au siècle suivant, Émile Zola fut longtemps regardé avec quelque dédain par les beaux esprits de son temps. Trop de succès, de facilités, de supposées vulgarités. C'est que l'ancien condisciple de Paul Cézanne, au collège Bourbon d'Aix-en-Provence, ne croyait guère au génie mais, avant tout, au travail. On sait à quel point Zola se documenta pour écrire en forçat, tel Balzac ou Dumas, les vingt volumes de son cycle *Les Rougon-Macquart*. Et puis, le chef de fil de l'école naturaliste professait des opinions avancées qui multiplièrent le nombre de ses ennemis.

« Un murmure grandit, comme un soupir qui se gonflait. Quelques mains battirent, toutes les jumelles étaient fixées sur Vénus. Peu à peu, Nana avait pris possession du public, et maintenant chaque homme la subissait. Le rut qui montait d'elle, ainsi qu'une bête en folie, s'était épandu toujours davantage, emplissant la salle. À cette heure, ses moindres mouvements soufflaient le désir, elle retournait la chair d'un geste de son petit doigt. »

Nana est la fille de Gervaise et de Coupeau. Elle déserte la misère familiale pour vivre de ses charmes en fille du trottoir, avant que de passer à la condition, beaucoup plus en vue, mais très méprisée, de théâtreuse au franc-parler. Parée de toutes les séductions, Nana triomphe de l'autre sexe qu'elle humilie, et ruine volontiers. Figure moderne de la femme fatale, détenant comme une sorte de secret, d'attrait irrésistible, corrupteur, délétère, mortel, Nana révolte et révolutionne la société.

Conte moral dont le héros est atteint d'une douce folie. *L'Aliéniste* prête au sourire et à la perplexité.

JOAQUIM MARIA MACHADO DE ASSIS (1839-1908)

L'ALIÉNISTE

PREMIÈRE PARUTION
1881
GENRE : roman

ADAPTATION
au cinéma, en 1970,
par Nelson Pereira dos Santos
(film brésilien)

QUAND LIRE CE LIVRE ?
jeune adulte

DIFFICULTÉ
2

L'AVIS DE LECTEUR D'OLIVIER BARROT :
fou ? Vous ? Moi ? Tous ?
Et qui le décrète ? Et est-on sûr du diagnostic ?

Pour les Brésiliens, Joaquim Maria Machado de Assis apparaît comme le premier de leurs écrivains classiques. Né à Rio de Janeiro, alors capitale du pays, en 1839, Machado de Assis est un contemporain de Verlaine et d'Anatole France. C'est un styliste fortement porté vers l'ironie, et qui aime à composer ses romans en tableaux plutôt qu'en chapitres. Cependant, *L'Aliéniste*, qui date de 1881, se présente selon la forme classique et son intrigue n'est pas sans rappeler celle de *Knock*, la pièce de Jules Romains qui lui est largement postérieure.

De retour dans sa ville, Simon Bacamarte constate que l'on n'y soigne pas les fous. Aussi convainc-t-il les édiles de construire un asile que l'on baptise la Maison Verte et dont il prend la direction. Mais ne voilà-t-il pas que pris d'un zèle exagéré, l'aliéniste y envoie de plus en plus de malades ou supposés tels ! C'est bientôt la ville entière qui se trouve internée !

« C'est cette nuit que s'est déclarée la démence. Peu après le dîner, la voyant silencieuse et préoccupée :

"Qu'y a-t-il, lui ai-je demandé ?

C'EST BIENTÔT LA VILLE ENTIÈRE QUI SE TROUVE INTERNÉE !

– Je voudrais mettre le collier de grenat, mais le collier de saphir est si joli.
– Eh bien, mets-le.
– Mais alors celui de grenat..."
Finalement, la soirée a couru sans autre nouveauté. Nous avons soupé, nous nous sommes mis au lit. Au milieu de la nuit, vers les une heure, une heure et demi du matin, je me suis réveillé et, ne la voyant pas auprès de moi, je suis allé voir dans sa garde-robe où je l'ai trouvée devant la glace aux prises avec ses deux colliers, essayant l'un, puis l'autre. Cette fois, à n'en pas douter, c'était la démence. Je l'ai aussitôt hospitalisée ! »

Mais comme les soins du médecin se révèlent efficaces, les malades guérissent et quittent la Maison Verte. Désormais inoccupé, le médecin ne trouve qu'une issue, s'auto-hospitaliser.

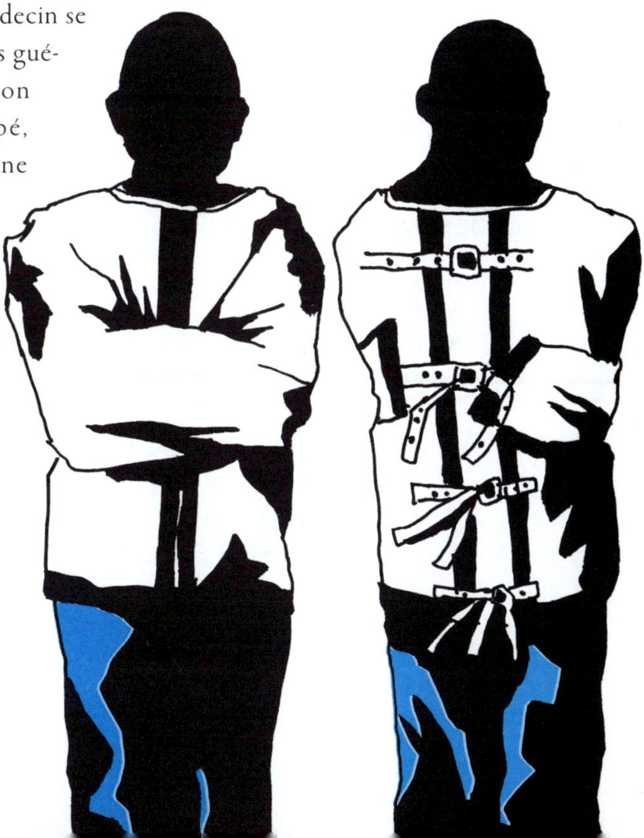

Noblesse d'une âme libre exerçant son jugement : un texte suprême.

ERNEST RENAN (1823-1892)

Souvenirs d'enfance et de jeunesse

PREMIÈRE PARUTION
1883
GENRE : autobiographie

QUAND LIRE CE LIVRE ?
lecteur confirmé

DIFFICULTÉ
3

L'AVIS DE LECTEUR D'OLIVIER BARROT :
où l'on comprend que Renan ait pu incarner si longtemps l'intelligence critique.

Je tiens *Souvenirs d'enfance et de jeunesse* pour l'un des plus beaux récits autobiographiques jamais écrits dans notre langue. Quand il les fait paraître en 1883, Ernest Renan a 60 ans, une vie remplie, une œuvre dense et la reconnaissance de ses contemporains.

Fils d'un capitaine au long cours breton disparu en mer, élevé avec amour par sa mère et par sa sœur Henriette, Ernest Renan est un surdoué que l'on destine à la prêtrise, mais ses doutes l'en éloignent. Familier de toutes les langues anciennes et de la philosophie allemande, professeur d'hébreu au Collège de France, il en est chassé par Napoléon III pour avoir insisté sur la nature essentiellement humaine du Christ. Sa *Vie de Jésus*, dont il bannit tout surnaturel, transporte l'Europe entière. Biographe inspiré de saint Paul, historien du christianisme et d'Israël, Ernest Renan, cet esprit universel, styliste souverain comme Chateaubriand, poète égal des romantiques, est aussi l'auteur des *Souvenirs d'enfance et de jeunesse*, ce journal d'une âme en lumière. La IIIe République rétablit Renan au Collège de France avant son élection à l'Académie française.

« Selon la règle, après avoir terminé la rhétorique à Saint-Nicolas-du-Chardonnet, j'allai à Issy, maison de campagne du séminaire Saint-Sulpice. [...] La théologie et l'étude de la Bible allaient bientôt m'absorber, me donner les vraies raisons de croire au christianisme et aussi les vraies raisons de ne pas y adhérer. Durant quatre ans, une terrible lutte m'occupa tout entier, jusqu'à ce que ce mot, que je repoussai longtemps comme une obsession diabolique : "Cela n'est pas vrai !" retentît à mon oreille intérieure avec une persistance invisible. »

L'UN DES PLUS BEAUX RÉCITS AUTOBIOGRAPHIQUES JAMAIS ÉCRITS DANS NOTRE LANGUE.

Prière ? Prophétie ? Confession ?
Ainsi parlait Zarathoustra n'en finira jamais d'interroger son lecteur.

FRIEDRICH NIETZSCHE (1844-1900)

Ainsi parlait Zarathoustra

PREMIÈRE PARUTION
entre 1883 et 1885
GENRE : poésie philosophique

QUAND LIRE CE LIVRE ?
lecteur confirmé

DIFFICULTÉ
3

L'AVIS DE LECTEUR D'OLIVIER BARROT :
il faut proférer ce texte à haute voix, comme un oratorio parlé.

SOUS-TITRÉ « UN LIVRE POUR TOUS ET POUR PERSONNE », *AINSI PARLAIT ZARATHOUSTRA* A INFLUENCÉ DES GÉNÉRATIONS ENTIÈRES !

Zarathoustra, également connu sous le nom de Zoroastre, était un prophète persan du VIe siècle avant notre ère. Composé vers 1884, alors que Nietzsche a une quarantaine d'années, *Ainsi parlait Zarathoustra* – ou *Ainsi parla Zarathoustra* – s'apparente davantage à un long poème qu'à un traité philosophique. Un livre de vie sans égal, dont son auteur affirmait : « Je crois pouvoir dire de mon Zarathoustra, que c'est l'œuvre la plus profonde qui existe en langue allemande. » Des accents de la Bible, d'Homère, de Dante, et qui annonce aussi *Les Nourritures terrestres* de Gide. Longue mélopée parfois obscure, sous-titré « Un livre pour tous et pour personne », *Ainsi parlait Zarathoustra* a influencé des générations entières !

« Quand Zarathoustra fut à la ville la plus proche, en lisière des forêts, il trouva sur la grand-place un peuple rassemblé, car on avait annoncé le spectacle d'un funambule. Et ainsi parla Zarathoustra à la foule : "Je vous apprends le surhomme. L'homme est quelque chose qu'il faut dépasser. Qu'avez-vous fait pour le dépasser ? Voyez, je vous apprends le surhomme ! Je vous en conjure, mes frères, restez fidèles à la terre et ne croyez pas ceux qui vous parlent d'espérances d'au-delà de la terre ! Ils vous empoisonnent, qu'ils l'ignorent ou ne l'ignorent pas." »

UN REMARQUABLE CAS D'ARRIVISME. CE BEL-AMI EST UN SALE TYPE, MAIS QU'IL DEMEURE SÉDUISANT, CE ROMAN DE SA RÉUSSITE !

GUY DE MAUPASSANT (1850-1893)

BEL-AMI

PREMIÈRE PARUTION
1885
GENRE : roman

ADAPTATION
au cinéma, *The Private Affairs of Bel Ami*, en 1947, par Albert Lewin avec George Sanders ; *Les Dents longues*, en 1952, par et avec Daniel Gélin et Danièle Delorme

QUAND LIRE CE LIVRE ?
jeune adulte

DIFFICULTÉ
2

L'AVIS DE LECTEUR D'OLIVIER BARROT :
on ne résiste pas à la fluidité du style de Maupassant.

Qui s'étonne que ce bonhomme extraordinairement sympathique continue de ravir ses lecteurs depuis cent trente ans, et que l'adaptation télévisuelle de ses œuvres – romans, contes, nouvelles – séduise autant le public ? Économie d'un style parfait, aptitude prodigieuse à saisir le réel et à ébaucher des personnages, ce gentilhomme normand parle à tous, dans tous les pays. Mort de la syphilis à 43 ans, Maupassant travaillait comme un bœuf et détestait, en bon disciple de Flaubert – qu'à mes yeux il surpasse – que l'on négligeât son œuvre au profit de sa personne. Maupassant a écrit six romans, dont *Bel-Ami*, pour lequel je confesse une certaine préférence. Ce précis de l'arrivisme par les femmes, est construit sur un rythme effréné, comme si Maupassant avait gommé tous les possibles temps morts.

Georges Duroy, modeste employé aux écritures d'une compagnie des chemins de fer du Nord, s'ennuie. Solitaire, à Paris, il regrette l'époque où il servait sous l'uniforme, en Algérie, quand, un beau jour, sur le boulevard, il croise un ancien compagnon d'armes devenu un prospère journaliste, lequel lui propose de débuter à ses côtés. Ainsi commence l'ascension sociale et mondaine du beau Duroy, bientôt surnommé Bel-Ami. Comme Maupassant, il s'impose par les femmes. Mais son auteur ne lui réserve aucune complaisance.

« La pièce était assez grande, peu meublée et d'aspect négligé. Les fauteuils, défraîchis et vieux, s'alignaient le long des murs, selon l'ordre établi par la domestique, car on ne sentait en rien le soin élégant d'une femme qui aime le chez-soi. [...]

Duroy s'assit et attendit. Il attendit longtemps. Et puis une porte s'ouvrit et Mme de Marelle entra en courant, vêtue d'un peignoir japonais en soie rose où étaient brodés des paysages d'or, des fleurs bleues et des oiseaux blancs, et elle s'écria :

– Figurez-vous que j'étais encore couchée. Que c'est gentil à vous de venir me voir. J'étais persuadée que vous m'aviez oubliée. »

ÉCONOMIE D'UN STYLE PARFAIT, APTITUDE PRODIGIEUSE À SAISIR LE RÉEL ET À ÉBAUCHER DES PERSONNAGES, CE GENTILHOMME NORMAND PARLE À TOUS, DANS TOUS LES PAYS.

RÉCIT LACONIQUE, TOUT DE NON-DITS. LE THÈME DU DOUBLE, SI FÉCOND, PORTÉ À INCANDESCENCE.

ROBERT LOUIS STEVENSON (1850-1894)

L'ÉTRANGE CAS DU DR JEKYLL ET DE MR HYDE

PREMIÈRE PARUTION
1886

GENRE : roman fantastique

ADAPTATION
au cinéma, en 1941, par Victor Fleming avec Spencer Tracy, Ingrid Bergman et Lana Turner

QUAND LIRE CE LIVRE ?
adolescence

DIFFICULTÉ
2

L'AVIS DE LECTEUR D'OLIVIER BARROT :
comme tant d'écrivains britanniques, l'Écossais s'éloigna des brumes natales pour gagner les mers chaudes. Un écartèlement dont ce texte forme le symbole.

C'est un titre tellement célèbre qu'il est devenu une formule du langage courant. Tout le monde sait que Dr Jekyll et Mr Hyde, c'est l'histoire d'un personnage qui se dédouble et qui révèle deux facettes : l'une bonne, l'autre mauvaise. De fait, c'est bel et bien de cela qu'il s'agit, dans ce texte prodigieux, dû à l'Écossais Robert Louis Stevenson. Ce dernier vit le jour à Édimbourg en 1850 et disparut, quarante-quatre ans plus tard, aux îles Samoa, dans le Pacifique Sud, laissant une œuvre profuse, considérable, invraisemblablement variée.
Stevenson est l'auteur, entre autres, de *L'Île au trésor*, de *Voyage avec un âne dans les Cévennes*, de *Maître de Ballantrae*, et donc en 1886, de *L'Étrange Cas du Dr Jekyll et de Mr Hyde*, au terme, dit-on, d'une nuit de cauchemar.
Comme souvent, dans les textes d'effroi, l'ouvrage débute à mi-voix, sans le moindre effet horrifique.
Maître Utterson, notaire, s'étonne simplement des sautes d'humeur de son ami le docteur Jekyll, qui vient de lui confier son testament. Dr Jekyll le savant, devient, grâce à des poudres, Mr Hyde le criminel. Comment choisir ?

L'OUVRAGE DÉBUTE À MI-VOIX, SANS LE MOINDRE EFFET HORRIFIQUE.

Dr Jekyll laisse un testament dans lequel il atteste de sa double nature. Mais quoi ! Ne sommes-nous pas tous des êtres déchirés ? Et Dr Jekyll de conclure :
« Hyde mourra-t-il sur l'échafaud ? Ou trouvera-t-il, au dernier moment, le courage de se supprimer ? Dieu le sait ; et cela m'est égal. Pour moi, c'est maintenant l'heure véritable de ma mort, et ce qui va survenir par la suite en concerne un autre que moi. Ici donc, et dans le moment que je repose ma plume, en appliquant mon sceau sur cette confession, je mets un point final à l'humaine existence du malheureux. »

Coupantes comme des lames effilées, les pièces de Strindberg pénètrent dans le secret des âmes et dans nos mémoires.

AUGUST STRINDBERG (1849-1912)

MADEMOISELLE JULIE

PREMIÈRE PARUTION
1888
GENRE : théâtre

ADAPTATION
au cinéma, en 1951, par Alf Sjöberg avec Anita Björk et Ulf Palme

QUAND LIRE CE LIVRE ?
jeune adulte

DIFFICULTÉ
2

L'AVIS DE LECTEUR D'OLIVIER BARROT :
hautaine et contradictoire, glaçante et brûlante, Julie porte en elle le désir et la mort, ce vieux couple...

« Jean : À franchement parler, et sans offense naturellement, je me demande s'il est très sage pour mademoiselle Julie de danser deux danses de suite avec le même cavalier ? Surtout que les gens d'ici sont toujours prêts à interpréter à leur façon les...
Julie, *furieuse* : Qu'est-ce que c'est ? Qu'est-ce que cette histoire d'interprétation ? Que veut-il dire ? »
Telle apparaît Mademoiselle Julie aux yeux de son valet Jean, à l'orée de la célèbre pièce écrite en 1888, par le Suédois August Strindberg. Il a 39 ans et l'on pourrait définir ainsi et son œuvre et sa personnalité : de la névrose considérée comme un des beaux-arts.

Né à Stockholm, dans une famille bourgeoise, Strindberg écrit sa première pièce à l'âge de 20 ans. Quarante années semées d'échecs, de divorces, de maladies mentales, mais aussi de triomphes, comme celui de cette *Mademoiselle Julie* quand la pièce est reprise en 1906.

Le théâtre de Strindberg, comme celui de son devancier Ibsen le Norvégien, ou de ses successeurs l'Italien Pirandello, l'Américain Tennessee Williams, ce sont des affrontements psycholo-

giques d'une violence extrême entre des personnages qui ne peuvent jamais se comprendre ou se retrouver. Les hommes et les femmes de Strindberg sont en situation de rivalité sexuelle et sociale.
Mademoiselle Julie provoque Jean, elle se livre à lui puis, par crainte du scandale, elle se donne la mort. Nul ne s'étonnera que le grand cinéaste Ingmar Bergman, Suédois lui aussi, ait de tout temps rappelé ce qu'il devait à Strindberg.

L'ON POURRAIT DÉFINIR AINSI ET SON ŒUVRE ET SA PERSONNALITÉ : DE LA NÉVROSE CONSIDÉRÉE COMME UN DES BEAUX-ARTS.

LES LETTRES SCANDINAVES FORMENT UN CONTINENT LITTÉRAIRE SPÉCIFIQUE ET NÉGLIGÉ. *FAIM* EN EST LE JOYAU ROMANESQUE.

KNUT HAMSUN (1859-1952)

FAIM

PREMIÈRE PARUTION
parution partielle en 1888 dans le magazine danois *Ny Jord* et dans sa version complète en 1890

GENRE : roman

ADAPTATION
au cinéma, en 1966, par Henning Carlsen avec Per Oscarsson

QUAND LIRE CE LIVRE ?
adulte

DIFFICULTÉ
2

L'AVIS DE LECTEUR D'OLIVIER BARROT :
Faim, expérience de l'âme et du corps. Comme un vitrail aux couleurs sombres et cependant lumineuses.

Né Knud Pedersen en 1859, à Vāgā en Norvège, Hamsun est élevé par un oncle pasteur d'une rigidité absolue. Il sera cantonnier, cordonnier, et migrera aux États-Unis, se retrouvera contrôleur de tramway, avant que de revenir au pays où il exercera la profession mal rétribuée de journaliste. La consécration lui vient autour de 1900 avec des romans comme *Faim*, précisément, ou comme *Pan* et *Un vagabond joue en sourdine*, qui lui valent le prix Nobel de littérature en 1920.

« Les rues étaient luisantes de la pluie qui était tombée en cette heure matinale, le ciel était suspendu, humide et froid sur la ville, nulle part une lueur de soleil. Quelle heure pouvait-il bien être ? Je me rendis comme d'habitude en direction du poste de police, et vit qu'il était huit heures [...].

Au demeurant, je ne craignais pas d'aller au lit affamé ce jour-là, ces temps étaient passés, Dieu soit loué, c'était un stade révolu, un mauvais rêve, désormais je remontais la pente. »

Comme son nom l'indique, *Faim*, sans article, le mot brut, tourne autour de cette seule obsession. Le narrateur erre dans les rues de

Christiania – qui ne s'appelle pas encore Oslo –, essayant d'oublier ce ventre vide qui le tenaille. La douleur est telle qu'elle altère sa perception sensitive. Des fantasmes se profilent, des rêves, des souvenirs apparaissent. Et puis, peu à peu, une sorte de résignation mentale et physique supplante la haine et la colère. Le narrateur semble accepter son sort, confiant qu'un jour une bonne étoile luira pour lui.
Composé à la fin du XIXe siècle, *Faim* fait songer à cet univers hostile, absurde, que dévoilera Albert Camus.

ET PUIS, PEU À PEU, UNE SORTE DE RÉSIGNATION MENTALE ET PHYSIQUE SUPPLANTE LA HAINE ET LA COLÈRE.

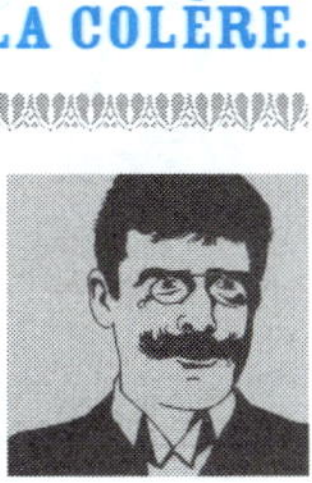

Ennemi caustique du conformisme de l'Angleterre victorienne, Wilde compose de séduisants contes moraux, ou immoraux.

OSCAR WILDE (1854-1900)

Le Portrait de Dorian Gray

OSCAR WILDE OU LE CULTE DU BEAU. ET DE L'INSOLENCE VÉCUE COMME L'UN DES BEAUX-ARTS À SON DÉTRIMENT.

Oscar Wilde ou la complexité. Cet Irlandais né à Dublin en 1854, fils d'intellectuels et formé au meilleur collège, aimait à arborer une excentricité plaisante et à proférer des mots d'esprit qui firent de lui une légende de son vivant. Journaliste lancé, dramaturge fêté, homosexuel vilipendé, père de famille attentif, Oscar Wilde paya sa liberté de deux ans de prison et d'un exil à Paris, où il mourut en 1900. Pas de tolérance à l'époque, il y a des maisons pour ça, expliqua un bel esprit. Oscar Wilde demeure avant tout un maître styliste du bien et du mal.

Voici *Le Portrait de Dorian Gray*, roman qui date de 1890.

Le peintre Basil Hallward dévoile sa dernière création à son ami Lord Henry Wotton. « C'est ton chef-d'œuvre », décrète celui-ci en découvrant ce portrait d'un jeune homme aux traits et à l'élégance éblouissants, le sulfureux Dorian Gray. Ce dernier, assez épris de lui-même et d'une morale personnelle contestable, imagine le pacte faustien suivant : c'est le portrait, le tableau qui vieillira à sa place, lui-même demeurant éternellement jeune. Et ce vœu impur sera exhaussé.

« Lorsqu'ils pénétrèrent dans la pièce, ils découvrirent, accroché au mur, un splendide portrait de leur maître tel qu'ils l'avaient vu la veille encore, dans tout l'éclat de sa merveilleuse jeunesse et de sa resplendissante beauté. En habit de soirée, un couteau planté dans le cœur, un mort gisait sur le sol. Son visage était flétri, ridé, repoussant. Ce ne fut qu'après avoir examiné ses bagues qu'ils le reconnurent. »

PREMIÈRE PARUTION
1890

GENRE : roman

ADAPTATION
au cinéma, en 1945, par Albert Lewin avec George Sanders et Angela Lansbury ; en 2009, par Oliver Parker avec Colin Firth et Ben Barnes

QUAND LIRE CE LIVRE ?
jeune adulte

DIFFICULTÉ
2

L'AVIS DE LECTEUR D'OLIVIER BARROT :
je le vois en redingote, haut-de-forme et lavallière violines, certain d'attirer l'attention et d'en sourire.

Le théâtre d'Ibsen repose sur l'incompréhension. Celle-ci paraît souvent douloureuse, mais parfois aussi presque comique.

HENRIK IBSEN (1828-1906)

Hedda Gabler

PREMIÈRE PARUTION
1890-1891
GENRE : théâtre

QUAND LIRE CE LIVRE ?
adulte

DIFFICULTÉ
2

L'AVIS DE LECTEUR D'OLIVIER BARROT :
on peut se demander pourquoi Hedda a épousé son triste mari. Mais tel est le point de départ de bien des pièces.

Pour fixer les idées, le dramaturge norvégien Henrik Ibsen fut un contemporain de notre Baudelaire, de notre Flaubert. Avec le Suédois August Strindberg, ils représentent pour beaucoup, et à eux seuls, le théâtre scandinave qui repose sur une profonde intensité psychologique, saisissable dans les relations toujours difficiles, voire conflictuelles, entre les hommes et les femmes.

De son vivant, Ibsen est reconnu à travers toute l'Europe, et ses grandes pièces, *Rosmersholm*, *Les Revenants*, *Le Petit Eyolf*, *Une maison de poupée*, sont jouées sur toutes les scènes et par les plus illustres interprètes.

Hedda Gabler, à mes yeux son œuvre la plus accomplie, date de 1890. Pour de mystérieuses raisons, la belle et brillante Hedda Gabler a épousé un parfait médiocre, un obscur chercheur, toujours en mal d'archives, Jörgen Tesman, qui espère vaguement une nomination à un poste de professeur. C'est un régal, véritablement comique, que de le voir ne jamais rien comprendre, à rien. Quand revient dans la ville un ancien condisciple de Tesman, un écrivain, lui, un vrai, qui n'est ennemi ni du crime ni du libertinage.

« – Répondez seulement à une question Hedda.
– Oui.
– N'y avait-il pas non plus d'amour dans votre relation avec moi ? Une parcelle, une lueur d'amour ?
– Oui, c'est une question. Pour moi, c'est comme si nous étions des camarades. Deux amis intimes. Vous, surtout, vous parliez à cœur ouvert.
– C'est vous qui le vouliez !
– Quand j'y repense, il y avait tout de même quelque chose de beau. D'attirant. Quelque chose d'audacieux, dans... dans cette intimité secrète. »

KIPLING PRÊTAIT UNE HAUTE MISSION CIVILISATRICE À L'HOMME BLANC, BRITANNIQUE DE PRÉFÉRENCE. IL CONSERVAIT L'ESPRIT D'ENFANCE.

RUDYARD KIPLING (1865-1936)

LE LIVRE DE LA JUNGLE

PREMIÈRE PARUTION
1894
GENRE : roman d'aventure

ADAPTATION
au cinéma, en 1967, par les studios Disney

QUAND LIRE CE LIVRE ?
enfance/adolescence

DIFFICULTÉ
1

L'AVIS DE LECTEUR D'OLIVIER BARROT :
du plus réputé des écrivains anglais de son temps, *Le Livre de la jungle* célèbre l'aventure du passage à l'âge adulte.

Publié en Angleterre en 1894, *Le Livre de la jungle* fut presque immédiatement traduit en français par Louis Fabulet et Robert d'Humières, qui surent remarquablement trouver, dans notre langue, l'équivalent poétique du texte original. Rudyard Kipling naquit en 1865, dans les Indes alors britanniques. Il parcourut le monde anglo-saxon, dont il se fit le chantre, avant que de se fixer, en 1892, sur la côte est des États-Unis, où il composa ceux de ses livres qu'il destinait au jeune public, notamment *Puck, Capitaines courageux* et *Le Livre de la jungle*.
« La loi de la jungle, qui n'ordonne rien sans raisons, défend à toute bête de manger l'homme, sauf lorsqu'elle tue pour montrer à ses enfants comment on tue, auquel cas elle doit chasser hors des réserves de son clan ou de sa tribu. La raison vraie en est que meurtre d'homme signifie, tôt ou tard, invasion d'hommes blancs armés de fusils et montés sur des éléphants, et d'hommes bruns, par centaines, munis de gongs, de fusées et de torches. Alors tout le monde souffre dans la jungle… »
Mowgli, « le petit d'homme », comme l'écrit Kipling, abandonné dans la forêt, est découvert et recueilli par une famille de

loups qui le protège de Shere Khan, le tigre aux yeux jaunes. Peu à peu, l'enfant apprend à discerner amis et ennemis, auxquels Kipling donne des noms merveilleux et mémorables : voici Baloo l'ours brun, Bagheera la panthère noire, Kaa le serpent, les Bandar Log les singes, sans oublier les éléphants que Kipling qualifie, plaisamment, de pachydermes anachroniques.

VOICI BALOO L'OURS BRUN, BAGHEERA LA PANTHÈRE NOIRE, KAA LE SERPENT, LES BANDAR LOG LES SINGES, SANS OUBLIER LES ÉLÉPHANTS.

Ils parlent peu, les paysans de Jules Renard qui les connaît bien. Des phrases martelées comme par le maréchal-ferrant.

JULES RENARD (1864-1910)

Poil de Carotte

Jules Renard ou l'économie des mots. Il les choisit avec discernement. Il écrit au présent, son célèbre *Journal*, ses pièces de mœurs, *Le Plaisir de rompre*, *Le Pain de ménage*, ainsi que ses romans, *L'Écornifleur* et *Poil de Carotte* – qui paraît en 1894 et dont son auteur tirera un acte pour le théâtre.

Cette histoire d'un petit garçon, malheureux et cruel devant faire preuve de ruse pour contrer les humiliations et méchancetés quotidiennes, sera souvent adaptée au cinéma et à la télévision.

Mais François Lepic, surnommé Poil de Carotte, n'est pas simplement la victime d'une mère indifférente et d'un père timoré, il ressemble beaucoup à l'enfant que fut Jules Renard... Il a un frère, Félix, et une sœur, Ernestine, à la fois présents et éloignés, peu solidaires en tout cas. Il faut dire que Poil de Carotte sait se montrer sale et sournois. Il vit à la campagne et sa mère lui ordonne d'aller enfermer les poules pour la nuit.

Alors, Poil de Carotte défie la nuit, la pluie glacée et sa propre peur. Le voici de retour :

« Quand il rentre, haletant, et fier de lui, dans la chaleur et la lumière, il lui semble qu'il échange des loques pesantes de boue et de pluie contre un vêtement neuf et léger. Il sourit, se tient droit, dans son orgueil, attend les félicitations, et maintenant hors de danger, cherche sur le visage de ses parents la trace des inquiétudes qu'ils ont eues. Mais grand frère Félix et sœur Ernestine continuent tranquillement leur lecture, et Mme Lepic lui dit, de sa voix naturelle :

"Poil de Carotte, tu iras les fermer tous les soirs." »

PREMIÈRE PARUTION

1894

GENRE : roman autobiographique

ADAPTATION

au cinéma, en 1932, par Julien Duvivier avec Robert Lynen et Harry Baur ; en 1972, par Henri Graziani avec Philippe Noiret et Monique Chaumette

QUAND LIRE CE LIVRE ?

adolescence

DIFFICULTÉ

2

L'AVIS DE LECTEUR D'OLIVIER BARROT :

comme elle semble ingrate, la vie quotidienne du plus fameux rouquin de notre littérature ! Mais Poil de Carotte a de la ressource.

POIL DE CAROTTE N'EST PAS SIMPLEMENT LA VICTIME D'UNE MÈRE INDIFFÉRENTE ET D'UN PÈRE TIMORÉ, IL RESSEMBLE BEAUCOUP À L'ENFANT QUE FUT JULES RENARD...

UN PHARE, QUI ILLUMINERA DE TOUT TEMPS LES LECTEURS ASSOIFFÉS DE LA VIE ET DE SON OPACITÉ. RIMBAUD LEUR PARLE ET NOUS PARLE D'UNE VOIX DÉFINITIVEMENT CLAIRE, INÉGALÉE.

ARTHUR RIMBAUD (1854-1891)

POÉSIES COMPLÈTES

PREMIÈRE PARUTION
1895
GENRE : poésie

QUAND LIRE CE LIVRE ?
jeune adulte

DIFFICULTÉ
2

L'AVIS DE LECTEUR D'OLIVIER BARROT :
vital !

Fatalité de la trente-septième année, le compositeur de *Carmen*, Georges Bizet, le comédien Gérard Philipe, les poètes français, Apollinaire et Rimbaud, tous, ont disparu à l'âge de 37 ans. Rimbaud, l'enfant des Ardennes, l'élève plus que doué qui publie des poèmes encore adolescent. Rimbaud, le fugueur et l'aventurier, le débauché et le trafiquant. Rimbaud, le voyant qui, à 19 ans, a achevé son œuvre mince et foudroyante à laquelle on peut, on doit revenir au cours de l'existence comme pour s'abreuver de poésies au cristal le plus pur.

La souveraineté de Rimbaud tient à l'impossibilité de le ranger, à tous les sens du terme. Il faut le lire à haute voix, le proférer, le clamer. À de telles hauteurs, le poète se fait prophète. Rimbaud, à qualifier à bon droit de voyant, perçoit les gouffres de l'inconscient, du rêve, du souvenir.

Le Bateau ivre

« Comme je descendais des fleuves impassibles,
Je ne me sentis plus guidé par les haleurs :

**IL FAUT LE LIRE
À HAUTE VOIX,
LE PROFÉRER,
LE CLAMER. À DE TELLES
HAUTEURS, LE POÈTE
SE FAIT PROPHÈTE.**

Des Peaux-Rouges criards les avaient pris pour cibles,
Les ayant cloués nus aux poteaux de couleurs
J'étais insoucieux de tous les équipages,
Porteur de blés flamands ou de cotons anglais
Quand avec mes haleurs ont fini ces tapages,
Les fleuves m'ont laissé
descendre où je voulais. »

Apôtre méconnu de la subversion anarchiste, Georges Darien tire dans le tas, sur la société. À bout portant.

GEORGES DARIEN (1862-1921)

Le Voleur

PREMIÈRE PARUTION
1897
GENRE : roman

ADAPTATION
au cinéma, en 1967, par Louis Malle avec Jean-Paul Belmondo et Geneviève Bujold

QUAND LIRE CE LIVRE ?
jeune adulte

DIFFICULTÉ
1

L'AVIS DE LECTEUR D'OLIVIER BARROT :
violent, grinçant, cocasse, *Le Voleur* a tout d'une bombe explosive. Lecteur, à tes risques et périls !

On ne connaît pas forcément Georges Darien, pas davantage que son plus célèbre roman *Le Voleur*, mais tous nous avons entendu, au moins une fois, la fameuse formule de son héros, lui-même voleur : « Je fais un sale métier, c'est vrai, mais j'ai une excuse, je le fais salement. »
Georges Adrien, dit Darien, était l'exact contemporain du dramaturge Georges Feydeau, tous deux nés en 1862 et disparus en 1921. Réfugié à Versailles pendant la Commune, Darien s'engage dans l'armée en 1881, un paradoxe pour cet anarchiste révolté qui finit au conseil de guerre et au bagne !
De ses expériences il tire ses premiers livres admirables et violents : *Bas les cœurs* et *Biribi*. Pendant son exil à Londres, il commence *Le Voleur*, qui paraît en 1897.
Faite à la première personne, la confession supposée de Georges Randal ressemble pas mal au destin de l'auteur : un fils de bonne famille qui choisit délibérément le métier de voleur, pour échapper au conformisme et à la morale bourgeoise.
Roman picaresque, *Le Voleur* rappelle parfois Arsène Lupin, sans jamais cesser de plaider, l'air de rien, en faveur de l'indispensable

FAITE À LA PREMIÈRE PERSONNE, LA CONFESSION SUPPOSÉE DE GEORGES RANDAL RESSEMBLE PAS MAL AU DESTIN DE L'AUTEUR.

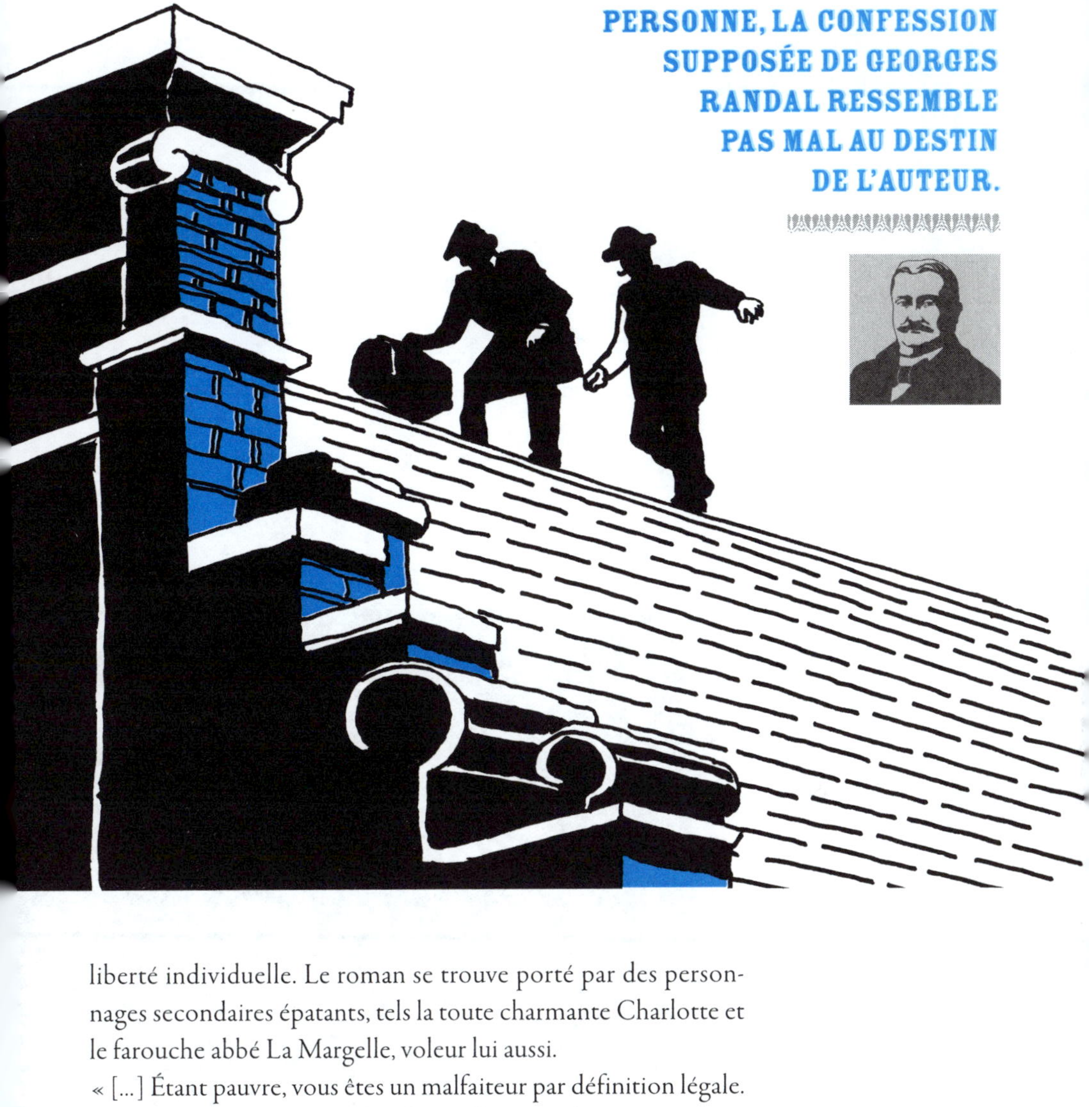

liberté individuelle. Le roman se trouve porté par des personnages secondaires épatants, tels la toute charmante Charlotte et le farouche abbé La Margelle, voleur lui aussi.

« [...] Étant pauvre, vous êtes un malfaiteur par définition légale. Dans une société où tous les désirs d'actes et les appétits sont réglés d'avance, le crime sous toutes ses formes, de la débauche à la révolte, est la seule échappatoire prévue, et implicitement permise par la loi, aux forces vives qui ne peuvent trouver leur emploi dans le mécanisme réglementé de la machine sociale, et auxquelles la pauvreté défend l'isolement. »

TRAGICOMÉDIE HÉROÏQUE, RÔLE EN OR POUR SON INTERPRÈTE, *CYRANO DE BERGERAC* PROVOQUE RIRES ET PLEURS CONTINÛMENT DEPUIS SA CRÉATION.

EDMOND ROSTAND (1868-1918)

CYRANO DE BERGERAC

PREMIÈRE PARUTION
créée en 1897
GENRE : théâtre

ADAPTATION
au cinéma, en 1990, par Jean-Paul Rappeneau avec Gérard Depardieu et Jacques Weber ; à la télévision, en 1960, par Claude Barma avec Daniel Sorano

QUAND LIRE CE LIVRE ?
adolescence

DIFFICULTÉ
1

L'AVIS DE LECTEUR D'OLIVIER BARROT :
s'apprécie aisément à la seule lecture.

Créée au théâtre de la Porte-Saint-Martin à Paris, en décembre 1897, la pièce du Marseillais Edmond Rostand, *Cyrano de Bergerac*, est une comédie en cinq actes et en vers. Ce fut un triomphe immédiat : 500 représentations, d'autant plus inattendu pour l'auteur, désormais glorieux, qu'il ne croyait pas au succès d'une pièce de théâtre. Dès lors illustre, Rostand poursuit son œuvre sur scène et connaît de moindres succès : *L'Aiglon*, toujours héroïque, et *Chanteclerc* qui n'échappent pas au patriotisme un peu ridicule. C'est l'homme d'une seule œuvre, et cela suffit. *Cyrano de Bergerac* est, au premier acte, une pièce sur le théâtre et dans le théâtre, avec la fameuse « tirade des nez ».

« "C'est un roc !... c'est un pic... c'est un cap !
Que dis-je, c'est un cap ?... c'est une péninsule !"
Curieux : "de quoi sert cette oblongue capsule ?
D'écritoire, monsieur, ou de boîte à ciseaux ?"
Gracieux : "aimez-vous à ce point les oiseaux
Que paternellement vous vous préoccupâtes
De tendre ce perchoir à leurs petites pattes ?"
Truculent : "ça, monsieur, lorsque
vous pétunez,
La vapeur du tabac
vous sort-elle du nez
Sans qu'un voisin
ne crie au feu de cheminée ? »

CYRANO DE BERGERAC EST, AU PREMIER ACTE, UNE PIÈCE SUR LE THÉÂTRE ET DANS LE THÉÂTRE.

Cyrano de Bergerac est autant une intrigue amoureuse tragique : la passion muette de Cyrano pour sa cousine Roxane, qui s'éprend du pâle Christian dont Cyrano écrit les lettres d'amour. Cette pièce déborde de forts caractères : le pâtissier Ragueneau, les cadets de Gascogne, et de scènes de guerre pendant le siège d'Arras (1640). Et, la mort de Cyrano, scène finale du dernier acte, est véritablement sublime et propice aux larmes.

Je vous promets la chair de poule quand vous lirez le passage où Harker arrive chez le comte Dracula.

BRAM STOKER (1847-1912)

Dracula

PREMIÈRE PARUTION
1897
GENRE : roman fantastique épistolaire

ADAPTATION
au cinéma, *Nosferatu le vampire,* en 1922, par Murnau avec Max Schreck ;
Le Cauchemar de Dracula, en 1958, par Terence Fisher avec Christopher Lee ; en 1992, par Francis Ford Coppola avec Gary Oldman

QUAND LIRE CE LIVRE ?
adolescence/jeune adulte

DIFFICULTÉ
2

L'AVIS DE LECTEUR D'OLIVIER BARROT :
on ne résiste pas à cette magistrale leçon d'horreur, que l'on croie ou non aux vampires.

Qui savait que l'inventeur du personnage de Dracula était un Irlandais ? Bram Stoker, qui est né en 1847, a beaucoup écrit pour les enfants et sur le théâtre avant que de se passionner pour le surnaturel à la suite d'une rencontre avec un orientaliste hongrois. Fruit de dix années de travail et d'écriture, *Dracula* paraît en 1897, à la fin d'un siècle qui a vu bien d'autres auteurs se pencher sur le sujet : Charles Nodier et Théophile Gautier en France, Sheridan Le Fanu et Robert Louis Stevenson en Angleterre. Mais le triomphe du roman, postérieur à la mort de son auteur, éclipse toutes les autres histoires de vampires, et pour cause : *Dracula*, le roman, diffuse une lumière sourde, extrêmement impressionnante.

En dépit des mises en garde des paysans, qu'il croise sur son chemin, et d'une nature sauvage de plus en plus hostile, Jonathan Harker s'obstine à vouloir rendre visite au comte Dracula, en son château isolé des Carpates. Dracula accueille son hôte fort civilement et l'installe très confortablement :

DRACULA ACCUEILLE SON HÔTE FORT CIVILEMENT ET L'INSTALLE TRÈS CONFORTABLEMENT.

« J'avais accroché une petite glace de mon nécessaire à l'espagnolette de ma fenêtre, et je commençais à me raser quand soudain, je sentis une main se poser sur mon épaule et reconnus la voix du comte qui me disait bonjour. Je sursautais, fort étonné de ne pas l'avoir vu venir puisque dans le miroir je voyais refléter toute l'étendue de la chambre qui se trouvait derrière moi. Lorsque j'eus répondu au comte, je regardais à nouveau dans le miroir, essayant de comprendre comment j'avais pu me tromper, et cette fois il n'y avait pas d'erreur possible, je savais que l'homme était tout près de moi, il me suffisait de tourner légèrement la tête pour le voir contre mon épaule et pourtant, son image n'était pas reproduite dans la glace. »

Portrait de l'éternel féminin ?
Éloge du masochisme pervers ?
À vous de choisir.

PIERRE LOUŸS (1870-1925)

La Femme et le Pantin

Ô le vilain sujet que ce Pierre Louÿs ! Ami intime et contemporain de deux écrivains majeurs de son temps, André Gide et Paul Valéry, fou de littérature et de débauche, il associe ses passions dans une foultitude d'écrits et d'orgies. Mais au-delà des excès auxquels il se livre, avec esprit et talent, Pierre Louÿs ne néglige ni l'érudition ni le style. Ses *Chansons de Bilitis* inspirent Debussy et on lui doit au moins une œuvre majeure : *La Femme et le Pantin*, publiée en 1898, et qui inspira au cinéma, excusez du peu, Marlène Dietrich et Brigitte Bardot.

La Femme et le Pantin fixe pour longtemps le personnage de la femme fatale, provocatrice, inaccessible, qui refuse l'incarnation et rend littéralement fous ses soupirants. Ainsi de Concha, la Sévillane, aux charmes de laquelle succombent le Français André Stévenol et l'Espagnol Mateo Diaz. Avec une cruauté raffinée, Concha chorégraphie un ballet pervers dans lequel s'affronte un couple d'éternité, Éros et Thanatos – l'Amour et la Mort. Pas difficile d'augurer lequel des deux l'emportera.

« "Alors, je vous plais ?"

Je la repris dans mes bras.

"Non, tout à l'heure.

– Qu'y a-t-il encore ?

– Je ne suis pas disposée, voilà tout."

Et elle referma son corsage. Ah vraiment je souffrais. Maintenant, je la suppliais presque, et avec brusquerie, en luttant contre ses mains qui redevenaient protectrices. Je l'aurais chérie et malmenée à la fois. Son obstination à me séduire et à me repousser, ce manège qui durait depuis un an déjà et redoublait à la suprême minute où j'en attendais le dénouement arrivait à exaspérer ma tendresse la plus patiente. »

PREMIÈRE PARUTION
1898

GENRE : roman

ADAPTATION
au cinéma, en 1935, par Josef von Sternberg avec Marlene Dietrich ; en 1959, par Julien Duvivier avec Brigitte Bardot ; *Cet obscur objet du désir*, en1977, par Luis Buñuel avec Carole Bouquet

QUAND LIRE CE LIVRE ?
adulte

DIFFICULTÉ
2

L'AVIS DE LECTEUR D'OLIVIER BARROT :
Pierre Louÿs n'a pas seulement conçu un caractère resté dans les mémoires, il a forgé une expression définitive.

MAIS AU-DELÀ DES EXCÈS AUXQUELS IL SE LIVRE, AVEC ESPRIT ET TALENT, PIERRE LOUŸS NE NÉGLIGE NI L'ÉRUDITION NI LE STYLE.

Un phare de la pensée, respecté partout, auquel on revient peu à peu, étonné et stimulé.

HENRI BERGSON (1859-1941)

Le Rire

PREMIÈRE PARUTION
1900
GENRE : essai

QUAND LIRE CE LIVRE ?
adulte

DIFFICULTÉ
2

L'AVIS DE LECTEUR D'OLIVIER BARROT :
Le Rire exige une attention légitime, c'est de la philosophie. Mais intelligible et très gratifiante.

Le grand philosophe français, né à Paris en 1859 et disparu en 1941, est tombé dans l'oubli relatif, et pourtant, quelle gloire fut la sienne ! Ancien condisciple de Jean Jaurès à l'École normale supérieure, professeur au Collège de France à l'âge de 41 ans, membre de l'Académie française, lauréat du prix Nobel de littérature en 1928, Henri Bergson a pu incarner l'intelligence dont il s'est fait l'analyste subtil, avant que de se tourner vers le mysticisme.

Bergson, c'est un style et un art oratoire. Au travers de ses œuvres toujours intelligibles, on a pu établir un parallèle avec les compositions musicales de Debussy, ou encore avec l'obsession proustienne de *À la recherche du temps perdu*. C'est que Bergson sait aussi s'adresser à un public de non-spécialistes, comme par exemple dans *Le Rire*, sous-titré « Essai sur la signification du comique », paru en 1900, et qui se trouve nourri de références en tout genre : à des romans populaires, comme *Tartarin de Tarascon*, à des écrivains étrangers, Dickens ou Gogol, ou encore au théâtre de boulevard tel que le propose Eugène Labiche.

Bergson définit finement la différence entre le comique et le tragique :
« Voici comment Napoléon, qui était psychologue à ses heures, s'exprimait à propos d'une entrevue avec la reine de Prusse : "Elle me reçut sur un ton tragique : – Sir, justice ! Justice ! Elle continuait sur ce ton qui m'embarrassait fort ; enfin, pour la faire changer, je la priais de s'asseoir : rien ne coupe mieux une scène tragique, car quand on est assis, cela devient comédie." »

BERGSON, C'EST UN STYLE ET UN ART ORATOIRE.

Toujours en pétard, Mirbeau fulmine à bon ou mauvais escient, ce qui compromet sa postérité. Mais quelle visite tonique !

OCTAVE MIRBEAU (1848-1917)

Le Journal d'une femme de chambre

PREMIÈRE PARUTION
1900
GENRE : roman

ADAPTATION
au cinéma, en 1964, par Luis Buñuel avec Jeanne Moreau et Michel Piccoli

QUAND LIRE CE LIVRE ?
jeune adulte

DIFFICULTÉ
2

L'AVIS DE LECTEUR D'OLIVIER BARROT :
elle n'est pas reluisante, la bourgeoisie de province vue par Mirbeau. Attention, alcool puissant, ravageur !

Grand écrivain, Octave Mirbeau ne jouit pas de la reconnaissance incontestable qui devrait être la sienne. Mais il est vrai que c'est un drôle de zig, ce fils d'un médecin normand né en 1848, élevé chez les jésuites, et passé de l'extrême droite antisémite au parti dreyfusard antimilitariste, anticlérical, et puis à l'anarchisme. Forcené de la plume, jouisseur invétéré, fou de peinture, Mirbeau, ami de Rodin et de Monet, défend les impressionnistes et achète des tableaux de Van Gogh. Chroniqueur au vitriol des mœurs de son temps, dans ses pièces et dans ses romans, Mirbeau meurt insurgé en 1917. Admiré, entre autres, par Apollinaire, par Tolstoï et Zola. Dans son œuvre romanesque qui n'épargne aucune bassesse de la bourgeoisie de la calotte et de l'uniforme, un livre hors du commun : *Le Journal d'une femme de chambre*. D'abord publié en feuilleton dans la presse, puis en volume, en 1900, l'ouvrage se présente comme l'autobiographie de Célestine, une fort séduisante jeune personne, qui se remémore les familles chez qui elle a servi. Presque toujours exploitée, Célestine a conservé son ironie mordante pour relever l'hypocrisie et surtout la frustration

d'une société fermée et sordide. *Le Journal d'une femme de chambre* est le roman le plus sexué de notre littérature.

« Aujourd'hui, 14 septembre, à trois heures de l'après-midi, par un temps doux, gris et pluvieux, je suis entrée dans ma nouvelle place. C'est la douzième en deux ans. Ah ! Je puis me vanter que j'en ai vu des intérieurs et des visages, et de sales âmes… Et ça n'est pas fini… À la façon, vraiment extraordinaire, vertigineuse, dont j'ai roulé, ici et là, successivement, de maisons en bureaux et de bureaux en maisons, du bois de Boulogne à la Bastille, de l'Observatoire à Montmartre, des Ternes aux Gobelins, partout, sans pouvoir jamais me fixer nulle part, faut-il que les maîtres soient difficiles à servir maintenant !… C'est à ne pas croire. »

L'OUVRAGE SE PRÉSENTE COMME L'AUTOBIOGRAPHIE DE CÉLESTINE.

AVEC CONRAD, L'AVENTURE MARITIME DEVIENT ÉPOPÉE. MAIS AU MOINS AUTANT INTÉRIEURE QUE STRICTEMENT ROMANESQUE.

JOSEPH CONRAD (1857-1924)

TYPHON

PREMIÈRE PARUTION
1903
GENRE : roman

QUAND LIRE CE LIVRE ?
jeune adulte

DIFFICULTÉ
2

L'AVIS DE LECTEUR D'OLIVIER BARROT :
une leçon de vie. « *Never explain, never complain* » (Ne jamais expliquer, ne jamais se plaindre).

L'un des écrivains anglais les plus reconnus du XXe siècle n'a pourtant appris cette langue qu'à partir de sa vingtième année. En effet, Teodor Konrad Korzeniowski, qui deviendra Joseph Conrad, est né en Pologne en 1857. Il n'apprend alors qu'une langue étrangère, celle familière au Polonais cultivé : le français. Il sera marin, il le sait, et c'est en toute logique qu'il gagne Marseille et s'embarque pour les Antilles. En 1875, un cargo anglais l'emporte vers Newcastle. Il apprend la langue du pays où il se fixe entre deux escales, et adopte la nationalité britannique en 1886.

Capitaine de la marine marchande, il sillonne les mers du globe et commence à écrire autour de la trentaine, d'un anglais très pur, qu'il écrit bien mieux qu'il ne le parle, et qui apparaît très tôt comme classique : *Au cœur des ténèbres*, *La Ligne d'ombre*, *La Folie Almayer*, *Le Nègre du Narcisse*, *Lord Jim*..., autant d'aventures, de mers surtout, aux succès universels.

Conrad disparaît à l'âge de 66 ans. Et de tous ses romans, c'est *Typhon*, paru en 1903, qui m'apparaît comme le plus épuré et le plus facile d'accès.

Le capitaine Mac Whirr commande le *Nan-Shan* qui croise en mer de Chine. Un ouragan s'abat. Le capitaine, impassible, domestique en quelque sorte l'ouragan. *Typhon*, c'est un roman émaillé de magnifiques descriptions marines – avec de somptueux tableaux lorsque les éléments se déchaînent – et aussi une belle galerie de personnages. Cette œuvre fut traduite, entre autres, par André Gide en 1918.

« Le pire était donc encore à venir et si les livres disaient vrai, il fallait vraiment s'attendre au pire du pire. L'expérience des six dernières heures avait élargi sa conception de ce que le gros temps pouvait représenter. "Ça va être terrifiant" se dit-il intérieurement. Il n'avait pas le souvenir d'avoir fixé autre chose que les baromètres à la lumière des allumettes. Et pourtant, il avait vu que son flacon d'eau et ses deux gobelets n'étaient plus en place sur leur support. Ce qui lui fit apparaître la violence des secousses endurées par son navire sous un jour plus personnel. L'ouragan avait fait irruption dans le tranquille ordonnancement de son intimité »

« LE PIRE ÉTAIT DONC ENCORE À VENIR ET SI LES LIVRES DISAIENT VRAI, IL FALLAIT VRAIMENT S'ATTENDRE AU PIRE DU PIRE. »

UN THÉÂTRE TYPIQUEMENT BELLE ÉPOQUE, UN PEU DÉMODÉ CERTES, MAIS BIEN CONSTRUIT, OBSERVÉ ET DIALOGUÉ.

GEORGES COURTELINE (1858-1929)

LA PAIX CHEZ SOI

PREMIÈRE PARUTION
1903
GENRE : théâtre

QUAND LIRE CE LIVRE ?
jeune adulte

DIFFICULTÉ
1

L'AVIS DE LECTEUR D'OLIVIER BARROT :
Courteline préférait la forme brève, la saynète. Il a inventé le « ministère des Dons et Legs » : à ce titre, il mérite notre estime.

On l'a quelque peu oublié, le facétieux Georges Courteline, fils d'un humoriste et auteur de théâtre. Et pourtant, Georges Moinaux, dit Courteline, né à Tours le 25 juin 1858 et mort à Paris – le même jour – soixante et onze ans plus tard, connut, autour de 1900, une notoriété considérable comme dramaturge, mis en scène par le grand André Antoine, et reçu à la Comédie-Française. Au point que certains de ses romans – *Les Gaietés de l'escadron*, *Le train de 8 heures 47* –, certaines de ses pièces – *Le commissaire est bon enfant*, *La Paix chez soi* –, apparurent longtemps comme des classiques voués à la postérité.

D'où vient, dès lors, qu'il se soit éloigné ? Sans doute du cadre dans lequel il aime à inscrire ses œuvres : la caserne et l'administration, qui, convenons-en, ont beaucoup changé. Tout comme, espérons-le, les rapports entre hommes et femmes : dans *La Paix chez soi*, Trielle, écrivain, inflige des amendes à son épouse, fort exaspérante, avouons-le !

« *Trielle, seul, debout devant son pupitre et comptant du bout de sa plume le nombre des lignes qu'il vient de pondre.* – 274, 276, 278, 280 et 285. – Encore trente lignes sensationnelles, dont une vingtaine d'alinéas, une décoction de points suspensifs et une coupure à effet pour finir ; si, avec cela, le lecteur ne se déclare pas satisfait, il pourra s'aller coucher. Quel métier ! (*Il trempe sa plume dans l'encre, se dispose à écrire, soupire, s'étire, bâille longuement.*) Ça t'ennuie, hein ?... Allons, vieux, du courage. Prends ton huile de foie de morue ! »

ON L'A QUELQUE PEU OUBLIÉ, LE FACÉTIEUX GEORGES COURTELINE.

MONUMENT D'HUMBLE DENSITÉ QUE CET ALMANACH CAMPAGNARD DEMEURÉ À PEU PRÈS UNIQUE EN SON GENRE.

ÉMILE GUILLAUMIN (1873-1951)

LA VIE D'UN SIMPLE

PREMIÈRE PARUTION
1904
GENRE : roman

QUAND LIRE CE LIVRE ?
jeune adulte

DIFFICULTÉ
1

L'AVIS DE LECTEUR D'OLIVIER BARROT :
qu'il est intéressant, ce témoignage conçu de façon romanesque ! Et sympathique, son auteur !

Il y a un peu plus d'un siècle, en 1904, un paysan du Bourbonnais, âgé d'une trentaine d'années, Émile Guillaumin, publiait un livre ! La chose est en elle-même suffisamment exceptionnelle pour que l'on s'y attarde. Dans les années de l'affaire Dreyfus, un cultivateur prend la plume et raconte son existence dans cette *Vie d'un simple* qui produisit une forte impression et demeure, aujourd'hui encore, un classique à peu près unique de la littérature de la terre par l'un de ses serviteurs.

Émile Guillaumin écrit à la veillée, ou pendant le jour du Seigneur, consignant dans un style ferme et sans fioriture les saisons et les jours, les petits faits d'un quotidien maussade et borné. Les parents sont métayers, c'est-à-dire sous la dépendance d'un maître. La pauvreté prévaut, la ville est loin, ce qui n'empêche nullement les sentiments, le désir – sensuel en particulier –, non plus que l'acceptation d'un sort contraire, des rites et des rythmes immuables : le marché, la noce, le deuil... Émile Guillaumin fait une vie de lumières sourdes et touchantes.

« Je ne demande qu'une chose : c'est de rester jusqu'au bout à peu près valide. Aussi longtemps que je rendrai des services à mes enfants, ils me supporteront aisément. Ils me seront encore humains, sans doute, s'y j'en arrive à n'être bon à rien. Mais j'appréhende de leur être à charge, de devenir paralytique ou aveugle ou de tomber dans l'enfance ou encore de souffrir longtemps de quelques maladies de langueur. Que la mort survienne, elle ne m'effraie pas. Je songe à elle sans amertume et sans crainte. [...] Qu'elle me frappe à l'œuvre encore afin qu'on puisse dire : "Il a cassé sa pipe, il était bien vieux, bien usé, mais point à charge, jusqu'au bout il a travaillé." »

ÉMILE GUILLAUMIN ÉCRIT À LA VEILLÉE, OU PENDANT LE JOUR DU SEIGNEUR, CONSIGNANT DANS UN STYLE FERME ET SANS FIORITURE LES SAISONS ET LES JOURS, LES PETITS FAITS D'UN QUOTIDIEN MAUSSADE ET BORNÉ.

Est-il chien ? Est-il loup ? Croc-Blanc devra choisir d'instinct. La nature l'y amènera : thème sublime.

JACK LONDON (1876-1916)

Croc-Blanc

PREMIÈRE PARUTION
1906
GENRE : roman d'aventure

ADAPTATION
au cinéma, en 1991, par Randal Kleiser avec Ethan Hawke

QUAND LIRE CE LIVRE ?
adolescence

DIFFICULTÉ
1

L'AVIS DE LECTEUR D'OLIVIER BARROT :
on le sent dès les premières lignes, Jack London aurait entrevu d'expérience les constituants du monde animal.

Peu d'écrivains ont, comme Jack London, composé une œuvre aussi proche de leur propre existence. Enfant adopté, né à San Francisco en 1876, il mène une existence précaire, faite de lectures et de petits boulots. Embarquant à l'âge de 17 ans à bord d'un chalutier, chassant le phoque, socialiste convaincu et alcoolique invétéré, il devient chercheur d'or au Klondike vers 1896, et commence à publier intensément.

L'Appel de la forêt lui apporte la gloire ; *Croc-Blanc*, qui paraît en 1906, la fortune. Partisan résolu de la révolution mexicaine à laquelle il assiste sur le terrain, il meurt à l'âge de 40 ans, en 1916. Longtemps on a considéré Jack London comme un auteur pour la jeunesse. Mais c'est d'abord et avant tout l'un des tout premiers parmi les grands écrivains américains, et *Croc-Blanc*, œuvre de légende, vaut d'être lu, ou relu, par tous les publics. C'est l'histoire d'une métamorphose, véritable roman d'initiation à forte portée symbolique.

Croc-Blanc est un chien-loup, que les circonstances historiques – la ruée vers l'or dans le Grand Nord canadien – placent successivement du côté des loups sauvages, puis des chiens domestiqués.

Il lui faudra choisir son camp, et ce, par l'entremise de son contact avec les humains, ses maîtres. Un thème admirable, narré avec un sens unique de l'épopée et de la nature.

« Croc-Blanc n'avait encore jamais vu de chiens, mais il sentit qu'ils appartenaient à la même espèce que lui, avec toutefois une certaine différence. Mais cela ne parut guère influencer leur comportement quand ils découvrirent la présence du louveteau et de sa mère. Ce fut la ruée. Croc-Blanc, le poil hérissé, se mit à gronder et accueillit à coups de dents les gueules menaçantes des assaillants. Mais il fut rapidement submergé, et la douleur aiguë des morsures fouailla sa chair, tandis que lui-même déchirait et tailladait les pattes et les ventres qui s'offraient à sa portée. Le vacarme était assourdissant. »

C'EST L'HISTOIRE D'UNE MÉTAMORPHOSE, VÉRITABLE ROMAN D'INITIATION À FORTE PORTÉE SYMBOLIQUE.

ON A PU AFFIRMER QU'AVEC LES ALLEMANDS MARX ET EINSTEIN, L'AUTRICHIEN FREUD AVAIT CHANGÉ LE MONDE.

SIGMUND FREUD (1856-1939)

CINQ LEÇONS SUR LA PSYCHANALYSE

PREMIÈRE PARUTION
1910
GENRE : essai

QUAND LIRE CE LIVRE ?
jeune adulte

DIFFICULTÉ
2

L'AVIS DE LECTEUR D'OLIVIER BARROT :
contrairement à celle de beaucoup de ses disciples, la prose de Freud se pénètre sans difficulté. C'est peu dire qu'elle touche à l'essentiel.

« La malade du Dr Breuer était une jeune fille de vingt et un ans, très intelligente, qui manifesta au cours des deux années de sa maladie une série de troubles physiques et mentaux plus ou moins graves. Elle présenta une contracture des deux extrémités droites avec anesthésie ; de temps en temps la même affection apparaissait au membre du côté gauche. [...] Elle présentait aussi une altération de la fonction du langage, ne pouvait ni comprendre ni parler sa langue maternelle. Enfin, elle était sujette à des "absences", à des états de confusion, de délire, d'altération de toute la personnalité ; ce sont là des troubles auxquels nous aurons à accorder toute notre attention. »

Voici le début de la première des *Cinq leçons sur la psychanalyse*, le premier texte de Freud traduit en français en 1921, et qui reprend les conférences données en 1909 aux États-Unis par le grand médecin autrichien, dont la réputation avait alors déjà franchi l'Atlantique. Né en 1856, à Freiberg en Moravie (Empire austro-hongrois), Freud étudie la neurologie et la psychologie, à Paris notamment, au côté du professeur Charcot qui soigne l'hystérie par l'hypnose à la Salpêtrière. Mais surtout, surtout, Freud, en 1896, invente et baptise une nouvelle discipline : la psychanalyse, dont ce livre fondateur résume les enjeux.

Les *Cinq leçons* se lisent avec facilité, car Freud avance avec méthode et clarté, appuyant son exposé sur des cas extrêmement concrets. On l'a combattu, mais quelle émotion que de voir décrites pour la première fois des notions qui, depuis, ont été largement acceptées : le complexe d'Œdipe, la libido, l'inconscient, l'interprétation des rêves, les perversions, la sexualité infantile… Freud les approche avec une pondération qui exclut tout jugement, mais donne la pleine mesure de l'extraordinaire audace dont il a fait preuve.

QUELLE ÉMOTION QUE DE VOIR DÉCRITES POUR LA PREMIÈRE FOIS DES NOTIONS QUI, DEPUIS, ONT ÉTÉ LARGEMENT ACCEPTÉES.

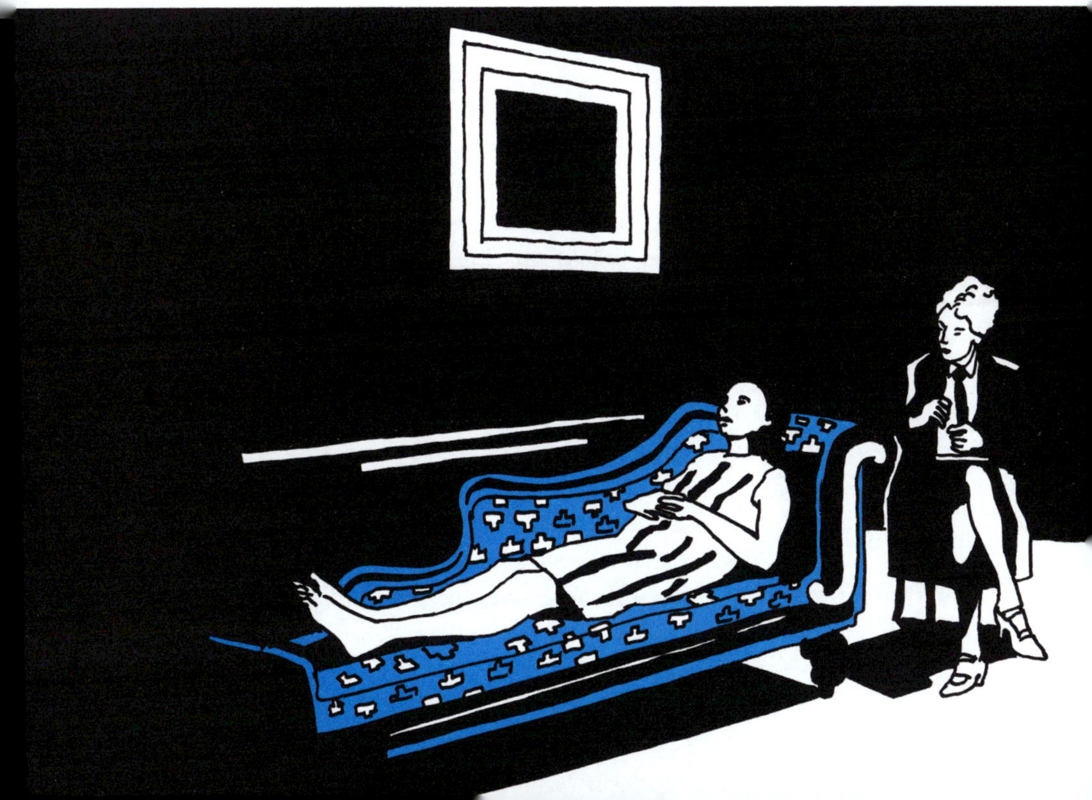

Certains affirment qu'Arsène Lupin a existé bel et bien, tant il est vivant dans les romans de Maurice Leblanc : bel hommage !

MAURICE LEBLANC (1864-1941)

813 La Double Vie d'Arsène Lupin

PREMIÈRE PARUTION
en feuilleton dans le quotidien *Le Journal* de mars à mai 1910 ; la version complète est publiée en juin 1910

GENRE : roman

ADAPTATION
à la télévision, de 1971 à 1974, série de Jacques Nahum avec Georges Descrières

QUAND LIRE CE LIVRE ?
adolescence

DIFFICULTÉ
1

L'AVIS DE LECTEUR D'OLIVIER BARROT :
jamais démodé, « le plus grand des voleurs » de la chanson de Jacques Dutronc porte beau ses cent ans, moustache fringante, œillet rouge à la boutonnière.

Merveilleux Maurice Leblanc, contemporain léger de Claudel, de Gide, de Proust, de Valéry. Né à Rouen, journaliste au *Figaro*, habitué du Chat Noir, ami de Maupassant et de Maeterlinck, il invente, un beau jour de 1905, un personnage dont il n'imagine pas que sa renommée va bientôt éclipser la sienne. Sa gloire est immédiatement telle qu'elle occulte non seulement les autres œuvres de Maurice Leblanc, mais Maurice Leblanc lui-même ! C'est que Maurice Leblanc a tout simplement inventé un modèle : Arsène Lupin est une figure extrêmement française, à la fois chevaleresque et gouailleuse, provocatrice et séductrice. Arsène Lupin sait revêtir toutes les apparences, déjouer tous les pièges, il se montre plus malin et plus preste que ses ennemis et la police.

Au nombre des aventures, j'avoue une préférence pour *813*, un beau chiffre dont il faudra bien que l'on découvre l'explication.

« Durant le trajet dans l'automobile, que trois autres automobiles chargées d'agents escortaient, il ne souffla pas un mot. On ne fit que passer à la Sûreté, monsieur Weber se rappelant les évasions organisées par Lupin le fit monter aussitôt à l'anthropométrie puis l'amena au dépôt, d'où il fut dirigé sur la prison de la Santé. Prévenu par téléphone, le directeur attendait, les formalités de l'écrou et le passage dans la chambre de la fouille furent rapides. À sept heures du soir, Arsène Lupin franchissait le seuil de la cellule 14, deuxième division. "Ah ! Pas mal votre appartement ! Pas mal du tout", déclara-t-il. »

ARSÈNE LUPIN EST UNE FIGURE EXTRÊMEMENT FRANÇAISE, À LA FOIS CHEVALERESQUE ET GOUAILLEUSE, PROVOCATRICE ET SÉDUCTRICE.

Il n'est plus, je le crains, qu'un nom de rue. La prose de Péguy pourtant brûle d'un feu intérieur ravageur.

CHARLES PÉGUY (1873-1914)

Notre jeunesse

PREMIÈRE PARUTION
1910

GENRE : essai

QUAND LIRE CE LIVRE ?
jeune adulte

DIFFICULTÉ
2

L'AVIS DE LECTEUR D'OLIVIER BARROT :
Pascal affirmait qu'il fallait parier sur Dieu. Nous, aujourd'hui, parions sur Péguy « inaltère ».

Qu'on ne compte pas sur moi pour être objectif à propos de Charles Péguy, lui qui n'a jamais cessé de honnir la tiédeur ! Il est temps de revenir à ce précurseur de l'engagement, à ce penseur social et lyrique qui est tout le contraire de ce que l'on croit.
Relisons *Notre jeunesse*, ce chef-d'œuvre de 1910. Péguy l'admirable, Péguy le fils d'un menuisier et d'une rempailleuse, Péguy le Normalien, le socialiste, le dreyfusard, érige ici le plaidoyer le plus ardent en faveur de la République, sur quoi se fondent les vertus françaises, et pour laquelle il meurt en septembre 1914, au premier jour de la bataille de la Marne. C'est d'elle que procède la Justice dont Péguy parle en mystique. À Bernard Lazare, premier défenseur de Dreyfus, prophète et sain, il édifie une statue littéraire !
Mais Péguy demeure un maître pour notre temps ! Que ces jeunes Français, d'origine ou d'adoption, qui s'interrogent sur les valeurs que nous leur transmettons, fassent l'effort de le lire ! Sans la moindre démagogie, Péguy fait entendre la voix de la conscience, impérieuse lors du conflit fondateur de l'époque : l'affaire Dreyfus.
« Faut-il noter une fois de plus qu'il y eut, qu'il y a dans cette affaire Dreyfus, qu'il y aura longtemps en elle, et peut-être éternellement, une vertu singulière. Je veux dire une force singulière. Nous le voyons bien aujourd'hui. À présent que l'affaire est finie. Ce n'était pas une illusion de notre jeunesse. Plus cette affaire est finie, plus il est évident qu'elle ne finira jamais. »

PÉGUY LE NORMALIEN, LE SOCIALISTE, LE DREYFUSARD, ÉRIGE ICI LE PLAIDOYER LE PLUS ARDENT EN FAVEUR DE LA RÉPUBLIQUE.

Ambrose Bierce, ou l'art de penser mal, c'est-à-dire juste et fort, drôle et noir.

AMBROSE GWINNETT BIERCE (1842-1913 ?)

Dictionnaire du Diable

PREMIÈRE PARUTION
publié d'abord par bribes dans les journaux en 1906, une version définitive sera éditée en 1911

GENRE : dictionnaire

QUAND LIRE CE LIVRE ?
jeune adulte

DIFFICULTÉ
1

L'AVIS DE LECTEUR D'OLIVIER BARROT :
pour les heureux découvreurs de ce livre iconoclaste, sa lecture offrira une authentique révélation.

Quelle étrange destinée que celle d'Ambrose Gwinnett Bierce ! Il voit le jour en 1842, dans une hutte de tronc d'arbre, quelque part en forêt, dans l'État de l'Ohio. Il combat dans l'armée du Nord, pendant la guerre de Sécession, puis, la paix venue, occupe différentes fonctions administratives dans l'armée qu'il quitte en 1866. Il se consacre alors à sa vocation littéraire, d'abord comme journaliste, à San Francisco puis à Londres, ensuite comme chroniqueur humoristique de diverses publications. En 1913, âgé de 71 ans, Ambrose Bierce s'engage dans l'armée de Pancho Villa, en pleine guerre civile mexicaine, et c'est là que l'on perd définitivement sa trace.
Ambrose Bierce est l'auteur de plusieurs recueils de nouvelles, à l'humour très noir, comme *Histoires impossibles* ou *Mort violente*, mais surtout de ce *Dictionnaire du Diable*, publié pour la première fois en 1906, et qu'il n'a jamais cessé de remanier : 998 définitions fantaisistes, souvent très justes, de longueurs inégales, de l'aphorisme à la très courte histoire.

En voici un florilège :
« *Aborigènes* : Personnes de moindre importance qui encombrent les paysages d'un pays nouvellement découvert. Ils cessent rapidement d'encombrer ; ils fertilisent le sol.
Année : Période de trois cent soixante-cinq déceptions.
Arbre : Grand végétal conçu par la nature pour servir d'instrument pénal, même si les égarements de la justice font que de nombreux arbres ne portent que des fruits négligeables, ou pas de fruits du tout. Quand il est naturellement bien pourvu, l'arbre est un agent bienfaisant de la civilisation et un facteur déterminant dans la morale publique.
Homme de couleur : Nègre qui vote comme nous.
Absurdité : Objections qui sont portées contre cet excellent dictionnaire. »

IL N'EST DUPE D'AUCUNE DES CONVENTIONS, L'ICONOCLASTE AMBROSE BIERCE. ALLUMONS LA MÈCHE !

Larbaud, ou le traité du style. Aucun écrivain français du XXe siècle n'offre une telle élégance.

VALERY LARBAUD (1881-1957)

Fermina Márquez

PREMIÈRE PARUTION
1911
GENRE : roman

QUAND LIRE CE LIVRE ?
jeune adulte

DIFFICULTÉ
1

L'AVIS DE LECTEUR D'OLIVIER BARROT :
un enchantement. Chaque lecteur s'éprendra de Fermina Márquez, qui l'accompagnera la vie entière.

Même si Valery Larbaud ne jouit pas de la même notoriété que ses amis et contemporains – Giraudoux et Morand –, même s'il fut de tout temps, et d'abord, un écrivain pour écrivain, même si son œuvre de fiction, tôt achevée, se résume finalement en peu de pages, au contraire de sa correspondance et de ses essais, je continue de considérer Larbaud comme l'un des plus parfaits stylistes de notre littérature au XXe siècle. Il écrit léger, vif, précis, qu'il s'agisse de dépeindre des personnages ou des atmosphères. C'est un poète de la prose, à moins que ce ne soit l'inverse. Ce fils de famille fortunée – son père était le propriétaire des sources Saint-Yorre à Vichy –, passa sa vie à sillonner l'Europe, à traduire les écrivains qu'il aimait, à fréquenter les meilleurs esprits, André Gide en particulier, jusqu'à ce qu'une attaque cérébrale ne le réduise à un silence de vingt années.

Le chef-d'œuvre romanesque de Valery Larbaud c'est *Fermina Márquez*, qui date de 1911. Dans ce collège privé des environs de Paris, il y a des garçons et des filles de bonne famille et de toutes origines, et la plus belle d'entre toutes, à damner, Fermina Márquez, courtisée par tous… Amours adolescentes, nostalgie irrépressible d'un passé révolu. Quand le narrateur, devenu adulte, revient sur les lieux de son éducation, la mélancolie empreint chaque page, à la recherche du temps perdu…

AMOURS ADOLESCENTES, NOSTALGIE IRRÉPRESSIBLE D'UN PASSÉ RÉVOLU.

« Plus tard, quand nous serons des hommes, nous irons dans l'Amérique du Sud. Nous y verrons toutes les femmes avec ces yeux qui auront vu Fermina Márquez. Il y a un proverbe qui dit que les Liméniennes sont les plus caressantes de toutes les femmes ; et il y a aussi les romances populaires de la République argentine, comme *Vidalita*, par exemple, qui sont si amoureusement désespérées !… En cet instant, où Joanny calcule froidement ses chances, l'idée seule que vous existez, Fermina, suffit à consoler tous les petits garçons qui se sont couchés avec un cœur gros parce qu'ils ont été punis pour la première fois, ou parce qu'un camarade plus fort qu'eux les tyrannise… Et il est certain encore que toutes les paroles des romances argentines et les *habaneras* ont été écrites pour vous. »

Odieusement vilipendé par les surréalistes à sa mort, Anatole France mérite en tout point une réhabilitation. Soyez moderne : lisez Anatole France !

ANATOLE FRANCE (1844-1924)

Les dieux ont soif

PREMIÈRE PARUTION
1912
GENRE : roman

QUAND LIRE CE LIVRE ?
adulte

DIFFICULTÉ
2

L'AVIS DE LECTEUR D'OLIVIER BARROT :
j'affirme qu'au rebours des modes, *Les dieux ont soif* demeure passionnant. C'est aussi une leçon de style.

Je vais vous parler d'un écrivain qui fut en son temps le plus célèbre du monde – je n'exagère pas – et qui, depuis, est tombé passablement dans l'oubli, toujours injuste. Pourtant, quatre volumes des œuvres d'Anatole France figurent dans la prestigieuse Bibliothèque de la Pléiade. Il reçut le prix Nobel de littérature en 1921, et à sa mort, en 1924, ce sont des hordes de lecteurs qui suivirent ses funérailles nationales, comme celles de Victor Hugo avant lui, et celles de Jean-Paul Sartre, un demi-siècle plus tard.
Oubli injuste, disais-je, oui, surtout pour vous lecteur qui allez, je l'espère, découvrir ou redécouvrir ce styliste hors pair, cet esprit tout de finesse, habité d'un sens avéré de l'intrigue et de l'histoire. *Les dieux ont soif*, paru en 1912, demeure sans conteste le meilleur roman jamais inspiré par la Révolution. Œuvre conçue tardivement, à l'âge de 68 ans, par un écrivain que ses succès ont colossalement enrichi. Anatole France, qui fut dreyfusard, soutint le socialisme naissant et, lors du congrès de Tours en 1920, la minorité communiste. Ami de Jaurès et collaborateur de *L'Humanité*, il s'inquiétait des discours bellicistes.

Son héros, Évariste Gamelin, peintre idéaliste et membre du tribunal révolutionnaire, comme Marat et Robespierre, entend imposer le bonheur à la société, tout en filant le parfait amour avec l'inconstante Élodie. La Terreur s'installe, Évariste, à son tour, en sera la victime. Personnage inoubliable, son ami, l'aristocrate déchu Brotteaux des Ilettes, ne nourrit, quant à lui, aucune illusion sur ce que Condorcet appelait « les progrès de l'esprit humain ». Voici un extrait d'une de ses conversations échangées avec un prêtre :

« Et votre Dieu, mon père, que dites-vous de sa conduite dans la révolution présente ?

– Je ne vous comprends pas, monsieur.

– Épicure a dit : Ou Dieu veut empêcher le mal et ne le peut, ou il le peut et ne le veut, ou il ne le peut ni ne le veut, ou il le veut et le peut. S'il le veut et ne le peut, il est impuissant ; s'il le peut et ne le veut, il est pervers ; s'il ne le peut ni ne le veut, il est impuissant et pervers ; s'il le veut et le peut, que ne le fait-il, mon père ? »

PRIX NOBEL DE LITTÉRATURE EN 1921, ET À SA MORT, EN 1924, CE SONT DES HORDES DE LECTEURS QUI SUIVIRENT SES FUNÉRAILLES NATIONALES, COMME CELLES DE VICTOR HUGO AVANT LUI.

VENISE, VILLE DE LA FÊTE MASQUÉE. LA MORT, ELLE AUSSI, SE CACHE LE VISAGE. NUL NE LUI ÉCHAPPE, MALGRÉ LA TENTATION AMOUREUSE.

THOMAS MANN (1875-1955)

LA MORT À VENISE

PREMIÈRE PARUTION
1912

GENRE : roman

ADAPTATION
au cinéma, en 1971, par Luchino Visconti avec Dirk Bogarde, Björn Andresen et Silvana Mangano

QUAND LIRE CE LIVRE ?
jeune adulte

DIFFICULTÉ
1

L'AVIS DE LECTEUR D'OLIVIER BARROT :
parfaite illustration d'une passion flamboyante et funeste.

Né à Lübeck en 1875, Thomas Mann apparaît comme la plus haute figure des lettres allemandes au XXe siècle, couronné par le prix Nobel de littérature en 1929. Père et frère d'écrivains, Thomas Mann prend à bras le corps l'histoire et l'Allemagne en des fresques grandioses comme *La Montagne magique* ou *Les Buddenbrook*. Opposé au nazisme, il s'exile aux États-Unis, dont il adopte la nationalité. Il assigne au genre romanesque la plus haute des fonctions : dire un pays et une époque.

Les cent cinquante brèves pages de *La Mort à Venise* racontent la pulsion de vie d'un homme vieillissant, vaincu par une épidémie de choléra. Fatalité, mauvaise conscience, impossibilité de l'amour, à y regarder de près, *La Mort à Venise* annonce, d'une certaine façon et symboliquement, un double cataclysme : la Grande Guerre et l'avènement du Troisième Reich. C'est que Thomas Mann, comme tous les grands, savait entrevoir.

Dans son film, Luchino Visconti avait su conférer à cette extraordinaire histoire d'amour chaste, une grandeur inoubliable, portée par l'interprétation de Dirk Bogarde et la musique empruntée à Gustav Mahler.

« La pâleur, la grâce sévère de son visage encadré de boucles blondes comme le miel, son nez droit, une bouche aimable, une gravité expressive et quasi divine, tout cela faisait songer à la statuaire grecque de la grande époque, et malgré leur classicisme, les traits avaient un charme si personnel, si unique, qu'Aschenbach ne se souvenait d'avoir vu ni dans la nature ni dans les musées une si parfaite réussite. »

***LA MORT À VENISE* ANNONCE, D'UNE CERTAINE FAÇON ET SYMBOLIQUEMENT, UN DOUBLE CATACLYSME : LA GRANDE GUERRE ET L'AVÈNEMENT DU TROISIÈME REICH.**

Écrasé par le succès jamais démenti de son œuvre la plus renommée, Pergaud l'artisan nous fait signer.

LOUIS PERGAUD (1882-1915)

La Guerre des boutons

PREMIÈRE PARUTION
1912
GENRE : roman

ADAPTATION
au cinéma, en 1962, par Yves Robert ; en 2011, par Yann Samuell ; en 2011, par Christophe Barratier

QUAND LIRE CE LIVRE ?
tout âge

DIFFICULTÉ
1

L'AVIS DE LECTEUR D'OLIVIER BARROT :
une heureuse chronique de la France rurale d'il y a un siècle : le monde a changé.

Né en Franche-Comté, en 1882, Louis Pergaud demeure, aux yeux de tous, l'homme d'un livre majeur : *La Guerre des boutons*, publié en 1912. C'est dommage ! Les textes animaliers de Pergaud, et notamment *De Goupil à Margot*, qui reçut le prix Goncourt, vaudraient d'être relus. Mais c'est ainsi, la postérité a opéré son choix, et Pergaud, mort au champ d'honneur en 1915, c'est *La Guerre des boutons*, quatre fois adapté au cinéma, entre autres par Yves Robert il y a un demi-siècle !

Tout le monde connaît l'intrigue de *La Guerre des boutons*, chronique des affrontements interminables entre deux bandes d'adolescents de la campagne comtoise, si chère à l'auteur. C'est comme dans la vendetta corse, on a oublié la cause de ces raclées mémorables que s'administrent les gamins de Longevernes et ceux de Velrans.

Récit picaresque semé de mots de patois, *La Guerre des boutons* a été écrite pour les adultes. On en a fait une lecture destinée aux enfants, à la jeunesse, ce qui ne va pas de soi tant la langue de Pergaud, riche et dense, exige d'attention ! Il a réussi quelque

LA LANGUE DE PERGAUD, RICHE ET DENSE, EXIGE D'ATTENTION !

chose de difficile : évoquer avec beaucoup de justesse et sans mièvrerie des relations musclées entre des enfants et des adultes. « La galopade se perdit dans le noir et dans le silence ; pendant la moitié du trajet, la petite troupe n'abandonna pas le chemin ferré où l'on pouvait courir, mais dès qu'elle fut en territoire ennemi, les cinq conspirateurs prirent les bas-côtés et marchèrent sur les banquettes que leur vieil ami le père Bréda, le cantonnier, entretenait, disaient les mauvaises langues, chaque fois qu'il lui tombait un œil. »

Il n'est pas exagéré, je crois, de considérer Apollinaire comme un réinventeur de la poésie, à l'instar de Rimbaud au siècle précédent.

GUILLAUME APOLLINAIRE (1880-1918)

Alcools

Fils d'un Polonais et d'une Italienne, né à Rome en 1880, mort deux jours avant la fin de la Grande Guerre, Wilhelm Apollinaris von Kostrowitzky, alias Guillaume Apollinaire, s'imprègne de la vie sous toutes ses formes. Ce grand amoureux de l'amour, de la peinture et de la littérature, de tous les excès, laisse une œuvre poétique accessible à tous.
Épris de la forme, il construit son recueil *Alcools* comme Erik Satie l'une de ses pièces. Par petites touches qui n'empêchent nullement l'envolée lyrique. Apollinaire, cet autre « voyant », au sens appelé par Rimbaud.
Je ne suis pas certain qu'en publiant *Alcools* en 1913, Apollinaire mesure réellement la radicale innovation qu'il apporte à la poésie française. C'est un « livre-jeu », presque un « livre-objet » dans lequel se croisent « gens de toutes sortes, des bas-fonds comme des burgs du Rhin ». Aussi musical et visuel, ce recueil est l'œuvre d'un voyant.
Le poème *Le Pont Mirabeau* va s'imposer à votre mémoire. Vous le lirez, le retiendrez et ne cesserez plus de le réciter en voie intérieure.

« Sous le pont Mirabeau coule la Seine
Et nos amours
Faut-il qu'il m'en souvienne
La joie venait toujours après la peine

Vienne la nuit sonne l'heure
Les jours s'en vont je demeure [...] »

PREMIÈRE PARUTION
1913
GENRE : poésie

QUAND LIRE CE LIVRE ?
tout âge

DIFFICULTÉ
1

L'AVIS DE LECTEUR D'OLIVIER BARROT :
à sa façon, Guillaume Apollinaire marque le début du XXe siècle en poésie. Un phare, qui éclaire tous et tout.

AUSSI MUSICAL ET VISUEL, CE RECUEIL EST L'ŒUVRE D'UN VOYANT.

UNE CATHÉDRALE DE L'ART FRANÇAIS, QUI IMPRESSIONNE À BON DROIT. CAR PROUST PARVIENT À UN DEGRÉ DE SUBTILITÉ JUSQU'ALORS L'APANAGE DE LA SEULE MUSIQUE.

MARCEL PROUST (1871-1922)

À LA RECHERCHE DU TEMPS PERDU

PREMIÈRE PARUTION
entre 1913 et 1927
en sept tomes
GENRE : roman autobiographique

QUAND LIRE CE LIVRE ?
lecteur confirmé

DIFFICULTÉ
2

L'AVIS DE LECTEUR D'OLIVIER BARROT :
constituez-vous un album Proust personnel de moments et de pensées : l'auteur a conçu son œuvre pour cela, et pour vous.

Proust peut effrayer, exactement au même titre que Chateaubriand, et pour les mêmes raisons : dimension de leur œuvre principale, exigence de leur style. Toutes préventions parfaitement légitimes au reste, *À la recherche du temps perdu* ressemble aux *Mémoires d'outre-tombe*. Pourquoi, dès lors, la lecture de ces œuvres majeures m'apparaît, comme à tant d'autres, absolument indispensable ? Eh bien, tout simplement parce qu'aussi bien *À la recherche du temps perdu* que les *Mémoires d'outre-tombe* nous changent, littéralement. Leur lecture nous allège, en même temps qu'elle nous enrichit.
Quelques clés : fils de médecin, Proust voit le jour à peu près en même temps que Gide, Valéry, Claudel. Jeunesse dorée, couvée, amusante. Asthmatique, Marcel Proust vit entouré d'amis. Il préfère les garçons aux filles et fait la fête. À la mort de ses parents, il se met à l'œuvre et meurt celle-ci achevée.
« Longtemps, je me suis couché de bonne heure. Parfois, à peine ma bougie éteinte, mes yeux se fermaient si vite que je n'avais pas le temps de me dire : "Je m'endors." Et, une demi-heure après, la pensée qu'il était temps de chercher le sommeil m'éveillait ;

je voulais poser le volume que je croyais avoir encore dans les mains et souffler ma lumière ; je n'avais pas cessé en dormant de faire des réflexions sur ce que je venais de lire, mais ces réflexions avaient pris un tour un peu particulier ; il me semblait que j'étais moi-même ce dont parlait l'ouvrage : une église, un quatuor, la rivalité de François Ier et de Charles Quint. »

Des sept volumes qui composent *À la recherche du temps perdu*, le premier, *Du côté de chez Swann*, paraît à compte d'auteur, en 1913. Les trois derniers seront posthumes. Alors, comment y pénétrer ? Au hasard, et je vous garantis que *À la recherche du temps perdu* deviendra votre livre de chevet pour toute la vie.

L'AUTEUR DES *FAUX-MONNAYEURS* SAVAIT AUSSI S'AVENTURER DANS LA PARODIE DROLATIQUE. *LES CAVES DU VATICAN*, ROMAN D'AVENTURE PEU SÉRIEUX, SE DÉGUSTE EN UNE GORGÉE.

ANDRÉ GIDE (1869-1951)

LES CAVES DU VATICAN

PREMIÈRE PARUTION
1914
GENRE : roman

QUAND LIRE CE LIVRE ?
jeune adulte

DIFFICULTÉ
1

L'AVIS DE LECTEUR D'OLIVIER BARROT :
comme son ami Marcel Proust, André Gide adorait le rire. Quelle bonne raison pour se plonger dans cette parodie jubilatoire !

De tout temps, André Gide a appelé et appellera le commentaire, tant il nous sollicite par la richesse de sa personnalité et de son œuvre. Ce protestant austère, d'abord attiré par le symbolisme fin de siècle, se mue, vers 1895, en un apôtre débridé du désir et de la liberté dont ses *Nourritures terrestres* constituent le réceptacle.
Fondateur de *La Nouvelle Revue Française* (NRF), taraudé par une homosexualité qu'il confesse dans des romans et dans son célèbre journal, chantre de l'anticolonialisme et de l'engagement politique à gauche, André Gide multiplie les écrits : fictions, pièces de théâtre, reportages, essais. Ce contemporain capital, lauréat du prix Nobel, disparaît en 1951.
On l'oublie trop souvent, mais Gide, tout comme Proust d'ailleurs, était un grand vivant qui adorait s'amuser et provoquer le sourire. Ainsi, *Paludes*, paru en 1895, brocarde les avant-gardes, et *Les Caves du Vatican* – également sous-titré « Sotie » – qui paraît en 1914, déclenche franchement le rire.
C'est l'histoire d'une bande de branquignols qui parvient à convaincre de braves gens que le pape est retenu prisonnier dans

une cave du Vatican et qu'il est urgent d'aller le libérer ! Cap sur l'Italie pour le malheureux Amédée Fleurissoire, un nom de famille épatant, comme tous ceux du roman, Julius de Baraglioul, Anthime Armand-Dubois. Fleurissoire va disparaître en chemin de fer, victime du fameux acte gratuit perpétré par Lafcadio. Du crime considéré comme un des beaux-arts, voire comme une nécessité morale.

« Qui le verrait ? pensait Lafcadio. Là, tout près de ma main, sous ma main, cette double fermeture que je peux faire jouer aisément ; cette porte qui, cédant tout à coup, le laisserait crouler en avant ; une petite poussée suffirait ; il tomberait dans la nuit comme une masse ; même on n'entendrait pas un cri... Et demain, en route pour les îles !... Qui le saurait ? [...]

Un crime immotivé, continuait Lafcadio : quel embarras pour la police ! [...]

Fleurissoire ne poussa pas un cri. »

C'EST L'HISTOIRE D'UNE BANDE DE BRANQUIGNOLS QUI PARVIENT À CONVAINCRE DE BRAVES GENS QUE LE PAPE EST RETENU PRISONNIER DANS UNE CAVE DU VATICAN.

ROMAIN ROLLAND (1866-1944)

AU-DESSUS DE LA MÊLÉE

PREMIÈRE PARUTION
1914 (en supplément du *Journal de Genève* du 22 septembre 1914)
GENRE : essai

QUAND LIRE CE LIVRE ?
jeune adulte

DIFFICULTÉ
2

L'AVIS DE LECTEUR D'OLIVIER BARROT :
Romain Rolland aimait Beethoven, Wagner, l'Allemagne, l'Europe, la paix sur la Terre, il n'a pas été entendu.

« Je suis né en 1866. Par-dessus le fleuve du temps, le vieil homme donne la main à l'enfant. Et pourtant, il y a entre eux le passage d'une ère à l'autre de l'humanité. » (Extrait d'une interview). Étonnante variation de la postérité littéraire si souvent remarquée. Romain Rolland, l'auteur du premier roman fleuve français du XXe siècle, *Jean-Christophe* ; Romain Rolland, l'ami des plus grands écrivains européens de son temps, Charles Péguy, le Russe Maxime Gorki, l'Autrichien Stefan Zweig ; Romain Rolland, lauréat du prix Nobel de littérature en 1916, demeure dans un oubli profond, sinon définitif.

Et pourtant, on lui doit un ouvrage parfaitement accessible, et dont les accents prophétiques toucheront, à coup sûr, le lecteur d'aujourd'hui. *Au-dessus de la mêlée*, initialement publié dans un journal suisse dès septembre 1914, soit un mois après le début du conflit, appelle à un refus de la haine et donc des combats, et dénonce le coupable.

« Les passions nationales triomphent. Depuis cinq mois, elles déchirent notre Europe. Elles pensent l'avoir bientôt détruite et effacer son image dans le cœur des derniers qui lui restent fidèles.

Elles se trompent. Elles ont ranimé la foi que nous avions en elle. Elles nous ont fait connaître son prix et notre amour. Et d'une patrie à l'autre, nous avons découvert nos frères inconnus, les fils de la même mère, qui, à l'heure où elle est reniée, se vouent à sa défense. »

La France, selon Romain Rolland, conserve un avantage moral : les Allemands ne viennent-ils pas de bombarder la cathédrale de Reims, ce joyau, patrimoine du genre humain ? Ce cri de conscience, commodément lancé depuis un pacifique refuge en Suisse, exerça une influence considérable sinon pendant la guerre – qu'il ne contribua nullement à interrompre – mais une fois la paix revenue.

CE CRI DE CONSCIENCE, COMMODÉMENT LANCÉ DEPUIS UN PACIFIQUE REFUGE EN SUISSE, EXERÇA UNE INFLUENCE CONSIDÉRABLE.

BARBUSSE DÉCRIT LES CORPS AFFRONTÉS, LA PERTE DE LA LIBERTÉ : LA GUERRE, CETTE MACHINE.

HENRI BARBUSSE (1873-1935)

LE FEU

« Ils sont des hommes, des bonshommes quelconques arrachés brusquement à la vie. Comme des hommes quelconques pris dans la masse, ils sont ignorants, peu emballés, à vue bornée, pleins d'un gros bon sens, qui, parfois, déraille ; enclins à se laisser conduire et à faire ce qu'on leur dit de faire, résistants à la peine, capables de souffrir longtemps. Ce sont de simples hommes qu'on a simplifiés encore, et dont, par la force des choses, les seuls instincts primordiaux s'accentuent : instinct de la conservation, égoïsme, espoir tenace de survivre toujours, joie de manger, de boire et de dormir. »

Journaliste, activiste, propagandiste, Henri Barbusse connut une telle notoriété que l'on donna son nom à des rues et avenues dans la plupart des communes de France. Cependant, son œuvre vaut beaucoup mieux que cette mémoire topographique. Dans *Le Feu*, il donne toute sa puissance au parler des régions de France. Sous sa plume, on retrouve les tringlots et les gabions, les purotins et les artiflots et surtout, surtout, la détresse absolue : ces hommes aux destins funestes décidés par d'autres et cependant héroïques. Paru pendant la Grande Guerre, le livre ne dissimule rien des rigueurs et des atrocités du conflit alors en cours, que l'auteur, engagé volontaire en 1914, connaissait de l'intérieur. Comme tous les combattants, Barbusse en conçut une haine définitive de la guerre, versant dans le pacifisme, puis dans le communisme.

PREMIÈRE PARUTION
en feuilleton dans le journal *L'Œuvre* en 1916 puis dans son intégralité fin novembre 1916

GENRE : roman autobiographique

PRIX REÇU POUR CE LIVRE
le prix Goncourt en 1916

QUAND LIRE CE LIVRE ?
jeune adulte

DIFFICULTÉ
2

L'AVIS DE LECTEUR D'OLIVIER BARROT :
en première ligne du combat, ce livre vécu fait toujours aussi peur.

CES HOMMES AUX DESTINS FUNESTES DÉCIDÉS PAR D'AUTRES ET CEPENDANT HÉROÏQUES.

« Je ne lis que deux auteurs, Thucydide et Wodehouse. »
Jacqueline de Romilly à Jean d'Ormesson

PELHAM GRENVILLE WODEHOUSE (1881-1975)

L'Inimitable Jeeves

Il a vécu en France et aux États-Unis, il a été prisonnier de guerre en Belgique et en Allemagne, mais il demeure avant tout un pur produit de la vieille Angleterre, porteuse de traditions et de certitudes, à qui l'on doit aussi ce curieux regard sur le monde qu'on appelle, faute de mieux, l'humour.

De 1917 à sa mort en Amérique où il s'est définitivement installé en 1947, P. G. Wodehouse n'a cessé de produire romans, récits, nouvelles, pièces, articles, chansons (pour Cole Porter notamment). Surtout, il a inventé un couple de personnages, le maître et le valet, qui égale Samuel Pickwick et Sam Weller, Phileas Fogg et Passepartout.

Bertram, dit Bertie Wooster, est bien l'employeur de Jeeves, mais le plus intelligent, le plus vivant des deux, c'est bien ce dernier. Dans cet *Inimitable Jeeves* apparaissent les inséparables comparses qui confèrent leur saveur à ces romans de la société anglaise de l'entre-deux-guerres : le révérend Wingham, le docteur Glossop, la tante Agathe... Maladroit et abruti, Bertie manque à ses devoirs et provoque toutes sortes d'incidents, que Jeeves sait conjurer avec efficacité et élégance, mais on garde ses distances, l'honneur est sauf et l'équilibre social immuable.

PREMIÈRE PARUTION
1923
GENRE : roman

QUAND LIRE CE LIVRE ?
adolescence

DIFFICULTÉ
1

L'AVIS DE LECTEUR D'OLIVIER BARROT :
lecture indispensable pour s'initier suavement à l'humour anglais.

« JEEVES !
- MONSIEUR ?
- OH RIEN ! DIS-JE.
- TRÈS BIEN, MONSIEUR, DIT JEEVES. »

DORGELÈS, CET AMI DES PEINTRES, BROSSE À CŒUR LA TRAGÉDIE PARTAGÉE.

ROLAND DORGELÈS (1885-1973)

LES CROIX DE BOIS

PREMIÈRE PARUTION
1919
GENRE : roman

PRIX REÇU POUR CE LIVRE
prix Femina en 1919

ADAPTATION
au cinéma, en 1931, par Raymond Bernard avec Pierre Blanchar et Gabriel Gabrio

QUAND LIRE CE LIVRE ?
jeune adulte

DIFFICULTÉ
2

L'AVIS DE LECTEUR D'OLIVIER BARROT :
on a pu croire qu'une telle œuvre rendrait impossible une seconde Guerre mondiale. À tort…

« L'homme s'est effondré en tas, retenu au poteau, par ses poings liés. Le mouchoir, en bandeau, lui fait comme une couronne. Livide, l'aumônier fait une prière, les yeux fermés, pour ne plus voir. Jamais, même aux pires heures, on n'a senti la Mort présente comme aujourd'hui. On la devine, on la flaire, comme un chien qui va hurler. […] La Mort : un petit pieu de bois et huit hommes blêmes, l'arme au pied. Ce long cri s'est enfoncé dans notre cœur, à tous, comme un clou. »

Elle ne vous fait pas froid dans le dos, à vous aussi, cette scène d'exécution d'un poilu qui avait refusé de remonter en ligne ? Elle est extraite des *Croix de bois*, roman qui demeure l'une des œuvres majeures de la Grande Guerre, et qui valut à son auteur le prix Femina en 1919. Roland Dorgelès, né Lecavelé, avait auparavant hanté la butte Montmartre et ses cabarets, Le Chat Noir, Le Lapin Agile, mais aussi ses ateliers d'artistes, Le Bateau Lavoir, dans lequel il croisait Utrillo, Van Dongen, Dufy, Derain et bien d'autres…

« LE MOUCHOIR, EN BANDEAU, LUI FAIT COMME UNE COURONNE. LIVIDE, L'AUMÔNIER FAIT UNE PRIÈRE, LES YEUX FERMÉS, POUR NE PLUS VOIR. »

1914. Roland Dorgelès, réformé en 1907, s'engage. Le sens du devoir. Deux fois blessé, la Croix de guerre. « J'en suis sorti vivant, c'est mon seul exploit », expliquait celui-ci qui fut successivement mitrailleur dans l'infanterie et pilote dans l'armée de l'air. Depuis près d'un siècle, cet ouvrage figure au panthéon de nos lettres. Le relire confirme que cette place d'honneur n'était nullement usurpée.

Un jour, un dramaturge s'affranchit des règles millénaires de la représentation théâtrale : toute l'œuvre de Pirandello porte trace de cette révocation.

LUIGI PIRANDELLO (1867-1936)

Six personnages en quête d'auteur

Paris, théâtre des Champs-Élysées, avril 1923. Ce soir, on y crée la dernière pièce d'un dramaturge sicilien, Luigi Pirandello, *Six personnages en quête d'auteur*, dans une mise en scène de Georges Pitoëff. Le rideau se lève, les comédiens s'agitent et, première surprise : figurent, sur le plateau, le régisseur, les machinistes, les grands premiers rôles, le directeur.

« – Pardon... Vous cherchez quelque chose ?
– Oui... Nous cherchons un auteur.
– Un auteur ? Mais quel auteur ?
– N'importe lequel, Monsieur.
– Désolé, mais il n'y a pas d'auteur ici,
et il n'y a même plus de pièce, alors vous savez...
– Tant mieux Monsieur. Tant mieux, alors,
c'est nous qui allons pouvoir être votre pièce.
– Oui, mais... s'il n'y a pas d'auteur...
– Non, mais c'est qui ces guignols-là ?
– À moins que vous-même...
– Mais c'est une plaisanterie !
– Oh pas du tout Monsieur. Au contraire.
Nous vous apportons un drame douloureux. »

On imagine la stupéfaction des spectateurs ! Pirandello inverse les rôles, il bouleverse la dramaturgie, fait apparaître une nouvelle temporalité, une nouvelle conception même du théâtre. Qui fait quoi sur scène ? Qui écrit ? Qui joue ? Qui ment ? Pirandello, tout simplement, propose une refondation de l'art de la représentation.

Ionesco, Anouilh, Beckett, parmi tant d'autres, sauront s'en souvenir ! Lauréat du prix Nobel en 1936, Pirandello est maintes fois revenu sur la question abordée ici : *On ne sait jamais tout, Ce soir on improvise* poursuivent cette réflexion paradoxale.

PREMIÈRE PARUTION
1921
GENRE : théâtre

QUAND LIRE CE LIVRE ?
adulte

DIFFICULTÉ
2

L'AVIS DE LECTEUR D'OLIVIER BARROT :
le très intrigant titre de cette pièce révolutionnaire attire la perplexité : bravo !

PIRANDELLO, TOUT SIMPLEMENT, PROPOSE UNE REFONDATION DE L'ART DE LA REPRÉSENTATION.

UN ROMAN OPTIMISTE D'AVANT LA DÉPRESSION OÙ LEWIS RAILLE INLASSABLEMENT L'OBSESSION AMÉRICAINE DE LA RÉUSSITE MATÉRIELLE.

SINCLAIR LEWIS (1885-1951)

BABBITT

PREMIÈRE PARUTION
1922
GENRE : roman

ADAPTATION
au cinéma, en 1924, par Harry Beaumont avec Ann Harding et Frank Morgan

QUAND LIRE CE LIVRE ?
jeune adulte

DIFFICULTÉ
2

L'AVIS DE LECTEUR D'OLIVIER BARROT :
on le voit bien, cet Américain moyen au volant de sa grosse Chevrolet, aimable avec ses voisins et apprécié de tous. Une faille ?

Comme le rappelle Paul Morand dans une préface éclairée, *Babbitt* devint un nom commun en Amérique au cours des années 1920 : on parlait d'une attitude Babbitt, d'une époque Babbitt ! D'où venait cette étrange expression ? Du personnage principal d'un roman paru en 1922 et traduit dans notre langue dès 1930.

Babbitt, œuvre de Sinclair Lewis, observait en détail, et avec beaucoup d'ironie, l'existence étriquée d'un prospère agent immobilier de la ville imaginaire de Zénith, dans le Middle West. Pour fixer les idées, Sinclair Lewis était un contemporain de nos Jules Romains et Jean Giraudoux. Né en 1885, dans l'État septentrional du Minnesota, fils de médecin, Sinclair Lewis, habité d'idées socialistes, débute dans le journalisme où il se fait un nom, puis passe à la littérature. Ses romans réalistes, très critiques à l'endroit de la petite bourgeoisie américaine, *Main Street*, *Babbitt*, *Elmer Gantry*, lui valent le premier prix Nobel attribué à un écrivain américain, en 1930.

« Il s'appelait George F. Babbitt, il avait, en ce mois d'avril 1920, 46 ans, et ne faisait rien de spécial, ni du beurre, ni des chaussures,

ni des vers, mais était habile à vendre des maisons à un prix plus élevé que les gens ne pouvaient y mettre. Sa tête, qu'il avait grosse, était rose, ses cheveux bruns, fins et secs. Sa figure gardait dans le sommeil quelque chose d'enfantin, en dépit de ses rides et des marques rouges laissées par ses lunettes de chaque côté de son nez. [...] Il avait un air de prospérité, d'homme tout ce qu'il y a de plus marié et de moins romanesque, aussi peu romanesque que cette véranda qui donnait sur un ormeau de taille moyenne, deux petites pelouses, une allée cimentée et un garage en tôle ondulé. Pourtant Babbitt rêvait encore à la petite fée, rêve plus romanesque que des pagodes écarlates au bord d'une mer d'argent. »

EN AMÉRIQUE AU COURS DES ANNÉES 1920 : ON PARLAIT D'UNE ATTITUDE BABBITT, D'UNE ÉPOQUE BABBITT !

Zweig, l'Européen. Entre les deux guerres, il est un des plus lus partout. On le sous-estime. La mode évolue, et il accède au plus haut degré de reconnaissance.

STEFAN ZWEIG (1881-1942)

LETTRE D'UNE INCONNUE

PREMIÈRE PARUTION
1922
GENRE : roman

ADAPTATION
au cinéma, en 1948, par Max Ophuls avec Joan Fontaine et Louis Jourdan

QUAND LIRE CE LIVRE ?
jeune adulte

DIFFICULTÉ
1

L'AVIS DE LECTEUR D'OLIVIER BARROT :
une forme d'amour fou d'une densité mémorable.

Tout est bon à lire chez Stefan Zweig, cet Autrichien né en 1881 à Vienne, alors capitale de l'Autriche-Hongrie, où se forgeait la modernité du XXe siècle dans tous les domaines de l'esprit. Zweig parlait et traduisait toutes les langues de l'Europe, à commencer par le français. Biographe, essayiste, romancier, il excellait en tous les genres, et ses mémoires, *Le Monde d'hier*, restituent magistralement le temps tragique qui fut le sien, lui qui, en 1942, lors d'un exil au Brésil, met fin à ses jours, en compagnie de son épouse, convaincu qu'il était de l'inéluctable triomphe du nazisme.

Zweig avait trouvé dans la nouvelle une forme qui lui convenait à la perfection. J'aime particulièrement *Lettre d'une inconnue*, composée en 1922. Le très célébré romancier R. reçoit un jour une lettre confession d'une femme qu'il n'identifie pas. Encore enfant, celle-ci s'était éprise de lui, son voisin d'immeuble. Passion d'une vie, sanctionnée quelques années après par de brèves étreintes et par la naissance d'un fils, dont jamais la mère ne fit part à son amant. Cet amant à qui, tous les ans, anonymement, elle adresse un bouquet de roses blanches au jour de son anniversaire. Souvent ils se croisèrent, jamais il ne la reconnut. Adolescent, le fils meurt d'une pneumonie. La mère, à son tour, se sent gagnée par la maladie et, de son lit de mort, décide de tout révéler à R. Mélo sublime.

« Mon enfant est mort, notre enfant. À présent, je n'ai plus personne au monde, personne à aimer à part toi. Mais qu'es-tu pour moi, toi qui jamais ne me reconnais, toi qui passes à côté de moi comme on passe au bord de l'eau, toi qui marches sur moi comme une grosse pierre, toi qui toujours vas, qui toujours poursuis ta route et me laisses dans l'attente éternelle. »

BIOGRAPHE, ESSAYISTE, ROMANCIER, IL EXCELLAIT EN TOUS LES GENRES.

Violente précocité que celle de Radiguet, comparable à celle de Françoise Sagan, trente ans plus tard. Attention : leur style incisif tue !

RAYMOND RADIGUET (1903-1923)

Le Diable au corps

PREMIÈRE PARUTION
1923

GENRE : roman

ADAPTATION
au cinéma, en 1947, par Claude Autant-Lara avec Gérard Philipe et Micheline Presle ; en 1986, *Il Diavolo in corpo*, par Marco Bellocchio, avec Maruschka Detmers, Federico Pitzalis et Anita Laurenzi

QUAND LIRE CE LIVRE ?
jeune adulte

DIFFICULTÉ
2

L'AVIS DE LECTEUR D'OLIVIER BARROT :
Le Diable au corps paraît avant le premier manifeste du surréalisme ; les deux ouvrages entendent, l'un et l'autre, refonder une morale.

En relisant une fois de plus le début du *Diable au corps*, je me disais que, décidément, il était bien compréhensible, le scandale qui en accueillit la publication, en 1923, cinq ans à peine après la fin de la Grande Guerre. Raymond Radiguet n'avait pas 20 ans, et ce fils d'un dessinateur humoristique était déjà lié avec Apollinaire, Aragon, Cocteau, Paul Morand, Picasso, Francis Poulenc, parmi beaucoup d'autres au nombre desquels aussi Malraux, Man Ray, Darius Milhaud, bref, l'avant-garde dans toutes les disciplines. Éblouissant. *Le Diable au corps,* c'est l'amour, ô combien charnel, entre un lycéen de 16 ans, François, et la jeune Marthe, fiancée à un soldat au front. Sans la moindre hypocrisie, François vit sa passion ; sans trop de scrupules non plus, dupant ses parents et montrant d'inquiétantes faiblesses morales. Mais le style limpide de Radiguet, si sobre et si incisif, achève de conférer à ce monument de cynisme inconscient une impressionnante maturité. Au demeurant, les adultes ne sont guère non plus au-dessus de tous reproches : bornés et conformistes, ils ne comprennent rien. Reste un mystère insondable : comment un gamin, certes ambitieux et clairvoyant sur ses dons, peut-il cheminer aussi subtilement dans la conscience d'un couple ?

« Je vais encourir bien des reproches. Mais qu'y puis-je ? Est-ce ma faute si j'eus douze ans quelques mois avant la déclaration de la guerre ? Sans doute, les troubles qui me vinrent de cette période extraordinaire furent d'une sorte qu'on n'éprouve jamais à cet âge ; mais comme il n'existe rien d'assez fort pour nous vieillir malgré les apparences, c'est en enfant que je devais me conduire dans une aventure où déjà un homme eût éprouvé de l'embarras. Je ne suis pas le seul. Et mes camarades garderont de cette époque un souvenir qui n'est pas celui de leurs aînés. Que déjà ceux qui m'en veulent se représentent ce que fut la guerre pour tant de très jeunes garçons : quatre ans de grandes vacances. »

« EST-CE MA FAUTE SI J'EUS DOUZE ANS QUELQUES MOIS AVANT LA DÉCLARATION DE LA GUERRE ? »

Apologie du charlatanisme médical sans cesse jouée depuis un siècle, *Knock* provoque le rire. Jaune.

JULES ROMAINS (1885-1972)

Knock

PREMIÈRE PARUTION
pièce créée en 1923
GENRE : théâtre

ADAPTATION
au cinéma, en 1933, par Roger Goupillières avec Louis Jouvet ; en 1951 par Guy Lefranc encore avec Louis Jouvet

QUAND LIRE CE LIVRE ?
jeune adulte

DIFFICULTÉ
1

L'AVIS DE LECTEUR D'OLIVIER BARROT :
Jouvet, Serrault, Luchini se sont grimés en docteur Knock : que des grands ! Éclatant, ce texte de jubilation ne mérite pas moins.

Attention, attention. Ne confondons pas. Est-ce que ça vous chatouille, ou est-ce que ça vous gratouille ? »

C'est plus qu'une bonne pièce ! Créée de façon inoubliable en 1923, par Louis Jouvet qui devait l'interpréter quelque mille cinq cents fois, elle appartient au patrimoine théâtral de son siècle, et au-delà. *Knock* constitue l'apogée de l'œuvre dramatique de Louis Farigoule, ce Normalien qui se faisait appeler Jules Romains, et qui se passionnait pour l'optique et la philosophie, et dont le roman fleuve *Les Hommes de bonne volonté* subit, au contraire, l'outrage du temps. Concepteur de « l'unanimisme », cette sensibilité poétique au monde, Romains n'est pas moins scientifique que littéraire, lui qui se penche donc sérieusement sur la « vision extra-rétinienne ». C'est qu'il sait avant tout regarder de près nos travers. Sa petite ville de province, ses notables frileux, ses patients hypocondriaques et même son automobile poussive : quelles réussites !

« Est-ce que ça ne vous gratouille pas davantage quand vous avez mangé de la tête de veau à la vinaigrette ? »

« Rien ne m'agace comme cet être ni chair ni poisson que vous appelez un homme bien portant » ou « C'est un malade qui s'ignore » : quelles répliques, et quel personnage que ce médecin méthodique et si doué pour les affaires !

JULES ROMAINS SAIT AVANT TOUT REGARDER DE PRÈS NOS TRAVERS.

La ville mécanique, électrique, comme sujet de roman : ici, tout est neuf.

JOHN DOS PASSOS (1896-1970)

Manhattan Transfer

PREMIÈRE PARUTION
1925
GENRE : roman

QUAND LIRE CE LIVRE ?
jeune adulte

DIFFICULTÉ
2

L'AVIS DE LECTEUR D'OLIVIER BARROT :
regardez l'Empire State Building ou le pont de Brooklyn : Dos Passos en offre l'équivalent romanesque.

« Feu vert, les moteurs s'affolent, les leviers grincent en première vitesse, les autos s'espacent, s'écoulent en un long ruban sur la sombre route macadamisée entre des usines en ciment armé ou fenêtres noires, entre les taches de couleurs vives des affiches, elles se dirigent vers la lueur qui monte au-dessus de la ville, incroyablement haut dans le ciel nocturne, comme la lueur d'une grande tente illuminée, comme le clown doré d'une tente de cirque. »

Cette description de New York, à l'époque de Gatsby le Magnifique, c'est le début d'un chapitre du toujours aussi frappant *Manhattan Transfer*, œuvre majeure de John Dos Passos, qui date de 1925. Tout, dans ce livre, contribue à l'étonnement du lecteur : la multiplicité des personnages, le développement parallèle de leur histoire singulière, l'insertion de commentaires comme autant de titres de journaux ou de reportages d'actualités. *Manhattan Transfer* se lit comme on regarde un film, fait de scènes et de plans savamment montés, un roman technique, radicalement nouveau. « J'ai fait beaucoup de reportages et beaucoup de journalisme et ça m'a aidé, toujours, dans mon travail, parce que les choses qu'on ne pouvait pas utiliser dans les journaux, ou dans des revues, étaient toujours là pour être utilisées dans les romans », explique Dos Passos.

Petit-fils d'émigrés portugais, John Dos Passos voit le jour à Chicago, tout comme son contemporain et ami Hemingway, duquel le rapprochent plusieurs traits : tous deux participèrent à la Grande Guerre comme infirmier, tous deux s'éprirent de l'Espagne, tous deux menèrent une active carrière de journaliste, appartenant à cette légendaire « génération perdue ». Mais comme romancier, Dos Passos apparaît plus novateur qu'Hemingway. Avec *Manhattan Transfer* et, plus tard, la trilogie *U.S.A.* il offre une chronique éclatée d'une ville, d'un pays, d'une époque. Au reste, dès 1938, Jean-Paul Sartre déclarait à propos de Dos Passos : « C'est le plus grand écrivain de notre temps. »

MANHATTAN TRANSFER **SE LIT COMME ON REGARDE UN FILM, FAIT DE SCÈNES ET DE PLANS SAVAMMENT MONTÉS.**

On a trop pris Genevoix pour un romancier populaire avant tout. Ce prodigieux fournisseur de mots s'attachait prioritairement à la forme.

MAURICE GENEVOIX (1890-1980)

Raboliot

PREMIÈRE PARUTION
1925

GENRE : roman

PRIX REÇU POUR CE LIVRE
prix Goncourt en 1925

ADAPTATION
au cinéma, en 1945, par Jacques Daroy avec Lise Delamare, Blanchette Brunoy et Linette Lemercier

QUAND LIRE CE LIVRE ?
adulte

DIFFICULTÉ
2

L'AVIS DE LECTEUR D'OLIVIER BARROT :
vous lisez *Raboliot* et vous assaillent les parfums de la terre nue, les fragrances des forêts mouillées, les odeurs des bêtes fumantes : un bouquet olfactif.

Combattant de la Marne et de Verdun, le Normalien Maurice Genevoix commence par témoigner de l'horreur dans ses premiers livres parus pendant le conflit. La paix revenue, ce chantre de la Sologne connaît, en 1925, un succès foudroyant avec *Raboliot* qui reçoit le prix Goncourt. Combien de dictées auront été tirées de ce roman de la nature, riche d'un vocabulaire tellement nourri qu'il faut, pour le lire, recourir fréquemment au dictionnaire !

« Depuis trois jours qu'il promenait ses guêtres sur les terres de M. le Comte, Raboliot n'avait eu garde de tenir ses yeux dans sa poche. Oh ! comme cela, sans en avoir l'air... On peut bien repérer les grillages en bonne place, capter d'un sûr regard, comme d'un coup de filet, les renseignements utiles qui viennent à vous de toutes parts, qui montent des labours et des friches, des étangs, des prés et des bois. [...] Ses yeux, son nez, ses mains se rappelleraient pour lui, ses jambes qui, par endroits, avaient foncé dans le sable cendreux, glissé dans une coulée de glaise, raclé les épines des ronciers, son corps sans cesse vigilant et la mémoire fidèle de son corps. »

PEU D'ÉCRIVAINS ONT SU COMME GENEVOIX DÉCRIRE L'ATTENTE, LE GUÊT : DES TIRS ENNEMIS PENDANT LA GUERRE, DE L'IRRUPTION DU GIBIER DANS *RABOLIOT*.

Pierre Fouques, alias Raboliot, est braconnier. Un « raboliot », en dialecte solognot, c'est un lapin de garenne. Maurice Genevoix n'a pas écrit son roman de chic : le braconnage, il l'a observé de près. C'est que Raboliot détient, au tréfonds de lui-même, un secret : la nature, il la connaît mieux que quiconque, ce qui lui permet de toujours défier le gendarme Bourel.
Raboliot n'a rien perdu de son charme, odorant et sensuel.

Impossible d'éviter Kafka : avec deux ou trois autres, il domine, à mes yeux, le XXe siècle littéraire.

FRANZ KAFKA (1883-1924)

Le Procès

Le Procès **raconte les mésaventures d'un certain Joseph K., qui, le matin de son anniversaire, est arrêté par deux gardes sans en savoir la raison – il n'est en fait coupable que d'exister.**

Plus on lit Kafka, plus on se persuade de son éminence, de son caractère suprême au cœur de la littérature européenne du XXe siècle. Et pourquoi cela ? Parce que cet écrivain tchèque, de langue allemande, né à Prague en 1883 et disparu à l'âge de 40 ans, nous a laissé des livres qui ne ressemblent à rien d'antérieur et qui figurent admirablement notre absurde destinée, à la fois individuelle et collective. Kafka avait demandé à son ami Max Brod de détruire ses manuscrits. Heureusement, celui-ci n'en a rien fait, et l'on peut, l'on doit, se réfugier au cœur d'une œuvre inquiétante, mais aussi fréquemment drolatique. Tels *La Métamorphose*, *Le Château*, *L'Amérique*.

Le Procès est une œuvre en partie inachevée, parue en 1925, c'est-à-dire après la mort de son auteur. Métaphore de tout totalitarisme, mais écrit avant les abominations staliniennes ou nazies, *Le Procès* raconte les mésaventures d'un certain Joseph K., qui, le matin de son anniversaire, est arrêté par deux gardes sans en savoir la raison – il n'est en fait coupable que d'exister.

Devant le langage incompréhensible de l'administration, il passe de la rage à l'invective, de la complaisance à la soumission. Tout cela finira mal, très mal.

« On avait sûrement calomnié Joseph K., car, sans avoir rien fait de mal, il fut arrêté un matin. La cuisinière de sa logeuse, Mme Grubach, qui lui apportait tous les jours son déjeuner à huit heures, ne se présenta pas ce matin-là. Ce n'était jamais arrivé. K. attendit encore un instant, regarda du fond de son oreiller la vieille femme qui habitait en face de chez lui et qui l'observait avec une curiosité surprenante, et puis, affamé et étonné tout à la fois, il sonna la bonne. À ce moment on frappa à la porte et un homme entra qu'il n'avait jamais vu dans la maison. »

PREMIÈRE PARUTION
1925

GENRE : roman

ADAPTATION
au cinéma, en 1962, par et avec Orson Welles, Anthony Perkins, Romy Schneider et Jeanne Moreau

QUAND LIRE CE LIVRE ?
adulte

DIFFICULTÉ
2

L'AVIS DE LECTEUR D'OLIVIER BARROT :
comme tout semble quotidien, ordinaire, atrocement plausible ! En ces pages gravées à l'eau-forte, en noir.

C'EST TOUTE UNE ÉPOQUE : LES ANNÉES FOLLES, LA « GÉNÉRATION PERDUE » DU ROMAN AMÉRICAIN, DES *BOOTLEGGERS*, LES EXCÈS.

FRANCIS SCOTT FITZGERALD (1896-1940)

GATSBY LE MAGNIFIQUE

PREMIÈRE PARUTION
1925
GENRE : roman

ADAPTATION
au cinéma, en 1974, par Jack Clayton avec Robert Redford et Mia Farrow ; en 2013, par Baz Luhrmann avec Leonardo DiCaprio et Carey Mulligan

QUAND LIRE CE LIVRE ?
jeune adulte

DIFFICULTÉ
2

L'AVIS DE LECTEUR D'OLIVIER BARROT :
aux États-Unis, tout auteur rêve d'écrire « le grand roman américain ». Scott Fitzgerald y parvient avec *Gatsby* (titre en français).

Récit de l'ascension et de la chute d'un petit trafiquant d'alcool du Middle West, à l'époque de la Prohibition, *Gatsby le Magnifique* brille toujours de mille feux. À l'instar du héros de *L'Étranger* d'Albert Camus, Gatsby, malgré son éclatante réussite, semble indifférent à toute satisfaction. Il ressemble beaucoup à son auteur, qui se voyait en raté alcoolique, traversé par une fêlure originelle qui toujours le jetait à bas. Extérieur à son propre destin, forcément tragique, Gatsby néglige les êtres, courtise les femmes, méprise les hommes. Toujours déçu, toujours décevant, ce pauvre héros existentiel.
Gatsby le Magnifique, écrit à 29 ans, traduit avec superbe une espérance américaine fondée sur le matériel. L'âme en est répudiée, et cette comédie du bonheur, artificielle, s'achève en tragédie. Mais comment oublier Gatsby l'imparfait ?
Première rencontre avec James Gatz, alias Jay Gatsby, autrement dit Gatsby le Magnifique, selon le titre du plus renommé des romans de Francis Scott Fitzgerald :
« Il me sourit avec une sorte de complicité – qui allait au-delà de la complicité. L'un de ces sourires singuliers qu'on ne rencontre

que cinq ou six fois dans une vie, et qui vous rassure à jamais. Qui, après avoir jaugé – ou feint peut-être de jauger – le genre humain dans son ensemble, choisit de s'adresser à vous, poussé par un irrésistible préjugé favorable à votre égard. Qui vous comprend dans la mesure exacte où vous souhaitez qu'on vous comprenne, qui croit en vous comme vous aimeriez croire en vous-même, qui vous assure que l'impression que vous donnez est celle que vous souhaitez donner, celle d'être au meilleur de vous-même. »

EXTÉRIEUR À SON PROPRE DESTIN, FORCÉMENT TRAGIQUE, GATSBY NÉGLIGE LES ÊTRES, COURTISE LES FEMMES, MÉPRISE LES HOMMES.

L'ÉTRANGE ENTREPRISE QUE CELLE DE VOULOIR EFFRAYER SON LECTEUR SANS QU'IL PUISSE S'ÉCHAPPER. AINSI PROCÈDE LOVECRAFT AVEC SUCCÈS.

HOWARD PHILLIPS LOVECRAFT (1890-1937)

JE SUIS D'AILLEURS

PREMIÈRE PARUTION
1926
GENRE : nouvelle fantastique

ADAPTATION
courts métrages

QUAND LIRE CE LIVRE ?
jeune adulte

DIFFICULTÉ
2

L'AVIS DE LECTEUR D'OLIVIER BARROT :
ouvrez Lovecraft, parcourez une page ou deux. Sentez combien votre corps réagit : chair de poule et sueur froide assurées. Et ce n'est que le début…

Le grand Edgar Poe n'a pas eu d'héritiers, son œuvre magistrale demeure sans pareille. Cependant, il a considérablement influencé son compatriote Howard Phillips Lovecraft, né en 1890 à Providence, dans l'État de Nouvelle-Angleterre du Rhode Island, où il disparut en 1937.

La plus connue des nouvelles de Lovecraft s'intitule en anglais *The Outsider* que l'on traduit couramment en français par *Je suis d'ailleurs*.

Lovecraft, dont le nom même annonce l'étrange – après tout, *lovecraft*, en anglais, c'est « l'art de l'amour » – s'exprime par un genre de science-fiction et de fantastique hanté par le monstrueux davantage pressenti que véritablement aperçu. À l'instar du héros du *Horla* de Maupassant, le narrateur des nouvelles de Lovecraft perçoit l'horreur bien plus qu'il ne la voit. Un univers radicalement hostile s'oppose à sa volonté, à ses mouvements, à sa liberté. Écrasante, horrifique situation cauchemardesque dont il faudrait pouvoir s'échapper, mais…

« Point ne sait où je suis né, mais le château était infiniment vieux et infiniment affreux, plein de passages obscurs et de hautes voûtes où l'œil, lorsqu'il se hasardait vers elles, ne décelait que nuit et toiles d'araignées. Les pierres dans les couloirs gauchis semblaient toujours atrocement humides, et il régnait partout une odeur maudite, odeur de charnier toujours renouvelée par les générations qui meurent. Il n'y faisait jamais jour, il m'arrivait parfois d'allumer des chandelles et de chercher longtemps dans leurs flammes fixes et immobiles un soulagement ou un secours. Dehors non plus il n'y avait pas de soleil, car ces arbres haïssables s'élevaient bien au-dessus de la plus haute et de la plus inaccessible des tours. »

LOVECRAFT S'EXPRIME PAR UN GENRE DE SCIENCE-FICTION ET DE FANTASTIQUE HANTÉ PAR LE MONSTRUEUX DAVANTAGE PRESSENTI QUE VÉRITABLEMENT APERÇU.

ELLE EN ÉCRIVIT, EN COMMENTA, EN PUBLIA : TOUS LES MÉTIERS DU LIVRE. COURONNÉE TOUJOURS, ABSOLUE TOUJOURS, ELLE MET FIN À SES JOURS.

VIRGINIA WOOLF (1882-1941)

LA PROMENADE AU PHARE

VIRGINIA WOOLF VOUS ASSOCIE EN TOUTE SUBTILITÉ À CE QU'ELLE APPELLE SON «COURANT DE CONSCIENCE».

Avocate affirmée de la cause des femmes, Virginia Woolf ne livrait pas bataille par la violence, mais par l'intelligence. Née en 1882, d'un père également écrivain qui l'influencera fortement, Virginia Stephen se trouve avant la guerre de 14 au cœur d'un cercle d'amis que l'on a appelé le Bloomsbury Group. En 1912, elle épouse Léonard Woolf, avec lequel elle fonde une maison d'édition, et commence à publier ses premiers textes. *Mrs Dalloway* et surtout *La Promenade au phare* lui apportent récompense et notoriété.

« "Mais, dit son père en s'arrêtant devant la fenêtre du salon, il ne fera pas beau". Si James avait eu à sa portée une hache, un tisonnier ou toute autre arme susceptible de fendre la poitrine de son père et de le tuer sur place, là, d'un seul coup, il s'en serait emparé. Telles et aussi extrêmes étaient les émotions que monsieur Ramsay faisait naître dans le cœur de ses enfants. Par sa seule présence, ce qu'il disait était la vérité. C'était toujours la vérité. Il était incapable de ne pas dire la vérité, il n'altérait jamais un fait, ne modifiait jamais un mot désagréable pour la commodité ou l'agrément d'âme qui vive, ni surtout, de ses propres enfants. »

Cet extrait traduit exactement le style de Virginia Woolf, son insistance sur ces petits faits acérés qui bouleversent un équilibre fragile et pourrissent à terme toute relation entre les êtres.

Le point de départ en est toujours ténu : la vie quotidienne, les choses de la vie ; insensiblement, la méfiance s'installe entre les personnages, monsieur et madame Ramsay, leurs huit enfants, leurs amis ; et cependant, la vie continue, les sentiments évoluent, traqués par Virginia Woolf, avec une subtilité sans égale.

PREMIÈRE PARUTION
1927

GENRE : roman

QUAND LIRE CE LIVRE ?
jeune adulte

DIFFICULTÉ
2

L'AVIS DE LECTEUR D'OLIVIER BARROT :
amoureuse de l'amitié et de l'intériorité, Virginia Woolf sourit sans rien concéder de son exigence.

D. H. Lawrence ose parler de l'extase sexuelle comme fondatrice de l'équilibre humain. En Angleterre, il a été le premier.

DAVID HERBERT LAWRENCE (1885-1930)

L'Amant de lady Chatterley

PREMIÈRE PARUTION
1928
GENRE : roman

ADAPTATION
au cinéma, en 1955, par Marc Allégret avec Danielle Darrieux et Erno Crisa ; en 2007, par Pascale Ferran avec Marina Hands

QUAND LIRE CE LIVRE ?
jeune adulte

DIFFICULTÉ
2

L'AVIS DE LECTEUR D'OLIVIER BARROT :
oratorio enflammé de l'état de nature dans ses composantes les plus intimes. *L'Amant de lady Chatterley* ne bouleverse pas que les adolescents.

David Herbert Lawrence, écrivain britannique, était le fils d'un mineur de fond du comté de Nottingham et d'une ancienne institutrice. Couple mal assorti, mésentente conjugale, l'enfant – qui souffre de tuberculose –vit mal cette discorde. Quelques liaisons, un goût profond pour la nature et pour la littérature, l'envie d'écrire, tandis qu'il devient instituteur. En 1912, une rencontre décisive, avec Frieda von Richthofen, Allemande, mariée, mère de famille, et de six ans son aînée, bouleverse sa vie : coup de foudre, embrasement sexuel... David et Frieda quittent l'Angleterre pour fuir le scandale et parcourir le monde.

D. H. Lawrence a trouvé la femme de sa vie, l'inspiration et l'équilibre. Il publie *Amants et Fils*, *Le Serpent à plumes*, *Femmes amoureuses*, *L'Arc-en-ciel*. En 1928 paraît son dernier roman, le plus célèbre, *L'Amant de lady Chatterley*, censuré en Angleterre. Et pourtant, quelle pureté dans cette évocation panthéiste du désir !

Constance, mal mariée à Clifford, impuissant, éprouve de la frustration qu'elle comble, en partie, dans les bras de Michaelis, et surtout, dans ceux de Mellors, le garde-chasse qui, nouvel évangéliste, lui révèle le mystère de la vie.

« Il lui sembla être comme la mer, rien qu'une sombre houle déferlant en vagues immenses en sorte que lentement toute son obscurité se mettait en mouvement, et qu'elle-même était devenue une sombre et muette masse océanique. En leurs tréfonds, ses profondeurs s'écartaient pour s'étaler en longues vagues, et au vif de sa chair les abîmes se fendaient, s'écartaient, s'éloignant du centre où plongeait cette douceur qui pénétrait au plus profondément, toujours plus bas, inlassablement, de plus en plus profondément.

Jusqu'au point où soudain, dans une convulsion douce et frémissante, elle fut touchée au vif de tout son plasma, réalisant qu'elle était touchée, qu'elle vivait sa mort, qu'elle avait disparu. Elle avait disparu, elle n'était plus, elle était née : une femme. »

***L'AMANT DE LADY CHATTERLEY* EST CENSURÉ EN ANGLETERRE. ET POURTANT, QUELLE PURETÉ DANS CETTE ÉVOCATION PANTHÉISTE DU DÉSIR !**

L'ENFANT D'AUBAGNE (PAS DE MARSEILLE !) ENSEIGNAIT L'ANGLAIS, PEUT-ON LE CROIRE ? SON HUMANITÉ, IL L'A MISE EN SCÈNE À TRAVERS DES PERSONNAGES. PAGNOL, CE BIENFAITEUR !

MARCEL PAGNOL (1895-1974)

MARIUS

PREMIÈRE PARUTION
1929
GENRE : théâtre

ADAPTATION
au cinéma, en 1931, par Alexander Korda avec Raimu et Pierre Fresnay ; en 2013, par et avec Daniel Auteuil et Raphaël Personnaz

QUAND LIRE CE LIVRE ?
adulte

DIFFICULTÉ
1

L'AVIS DE LECTEUR D'OLIVIER BARROT :
de son époque, Pagnol est le seul, avec Guitry, que l'on joue toujours. Lisez, vous comprendrez pourquoi.

« Marius : Non... Il y a longtemps que cette envie m'a pris... Bien avant qu'il vienne... J'avais peut-être 17 ans... et un matin, là, devant le bar, un grand voilier s'est amarré... C'était un trois-mâts franc qui apportait du bois des Antilles, du bois noir dehors et doré dedans, qui sentait le camphre et le poivre. Il arrivait d'un archipel qui s'appelait les îles Sous-le-Vent... J'ai bavardé avec les hommes de l'équipage quand ils venaient s'asseoir ici ; ils m'ont parlé de leur pays, ils m'ont fait boire du rhum de là-bas, du rhum qui était très doux et très poivré. Et puis un soir, ils sont partis. Je suis allé sur la jetée, j'ai regardé le beau trois-mâts qui s'en allait... Il est parti contre le soleil, il est allé aux îles Sous-le-Vent... Et c'est ce jour-là que ça m'a pris. »

Bien sûr, vous avez reconnu *Marius*, le premier opus de la trilogie de Marcel Pagnol, triomphalement créé au Théâtre de Paris, en 1929. Raimu, Pierre Fresnay, Charpin, Orane Demazis ont véritablement rendu immortels ces personnages tellement humains, si intelligemment dessinés par l'enfant d'Aubagne, monté à Paris en 1923, pour exercer les honorables fonctions de répétiteur au lycée Condorcet où avait étudié Marcel Proust. Marcel Pagnol aimait à répéter qu'il n'écrivait pas un théâtre de bibliothèque mais pour le peuple, pour le grand public, un théâtre « théâtral ». En tout cas, à force d'observation minutieuse des petites gens de sa chère ville de Marseille, il est parvenu à draper d'éternité un cafetier et son fils rêveur, un maître voilier en mal de remariage, une petite marchande de coquillages, un capitaine de « ferry-boîte », le ferry-boat qui traverse le Vieux-Port, vingt-quatre fois par jour, ainsi que tous les autres protagonistes de cette admirable comédie humaine.

MARCEL PAGNOL AIMAIT À RÉPÉTER QU'IL N'ÉCRIVAIT PAS UN THÉÂTRE DE BIBLIOTHÈQUE MAIS POUR LE PEUPLE.

UNE « ŒUVRE-TOUT », TRAITÉ DRAMATURGE DES PASSIONS HUMAINES, SOLEIL NOIR DE PASSION ET D'EFFROI.

PAUL CLAUDEL (1868-1955)

LE SOULIER DE SATIN

Pour évoquer *Le Soulier de satin* de Paul Claudel, il est difficile d'échapper aux superlatifs. En effet, cette pièce, découpée en quatre journées, est tout simplement la plus « tout » de tout le répertoire classique français. La plus longue, d'abord, cinq cents pages ; la plus fournie, plusieurs dizaines de rôles ; la plus complexe, voire la plus incompréhensible ; la plus ennuyeuse aussi, au dire de ses détracteurs. « Encore heureux qu'il n'y ait pas eu la paire », aurait déclaré Sacha Guitry à la création de la pièce, en 1943.

Le Soulier de satin, œuvre d'un poète aussi proche des tragiques grecs que de la Bible, offre une succession d'incantations magnifiques et parfois obscures.

« À quoi est consacrée la plus grande partie de l'humanité, sinon à constater autour d'elle son incompatibilité avec tout ? C'est là, ce qui fait son tourment et sa gloire.

Il n'y a rien à voir. Elle n'échappe à la torture que pour subir l'ennui. Elle n'a qu'à regarder autour d'elle pour avérer que rien de ce qui est présent ne lui suffit. »

PREMIÈRE PARUTION
1929
GENRE : théâtre

ADAPTATION
au cinéma, en 1985, par Manoel de Oliveira avec Luís Miguel Cintra et Anne Consigny ; au théâtre, en 1943, par Jean-Louis Barrault avec Marie Bell et Madeleine Renaud ; en 1987, par Antoine Vitez au Festival d'Avignon ; en 2003 et en 2009, par Olivier Py

QUAND LIRE CE LIVRE ?
jeune adulte

DIFFICULTÉ
3

L'AVIS DE LECTEUR D'OLIVIER BARROT :
lire Claudel, le voir représenter : au-delà de la poésie et du théâtre, une véritable expérience de vie. On peut en être bouleversé.

L'action se déroule dans l'Espagne du Siècle d'or, aux alentours de 1600, et il est vrai qu'elle ne se donne pas facilement cette conjuration des émotions humaines, célestes ou terrestres, où l'on croise des personnages tels qu'un Chinois, une Négresse, une bouchère, l'ombre double, un saint dénommé Adlibitum, ou encore la lune...

« Dona Prouhèze : Je ne suis pas une voix pour lui.

Dona Musique : Qui êtes-vous donc?

Dona Prouhèze : Une épée au travers de son cœur. »

***LE SOULIER DE SATIN*, ŒUVRE D'UN POÈTE AUSSI PROCHE DES TRAGIQUES GRECS QUE DE LA BIBLE, OFFRE UNE SUCCESSION D'INCANTATIONS MAGNIFIQUES ET PARFOIS OBSCURES.**

Cocteau entre sans précaution dans l'univers de l'enfance, lui qui ne l'a jamais complètement quitté.

JEAN COCTEAU (1889-1963)

Les Enfants terribles

PREMIÈRE PARUTION
1929
GENRE : roman

ADAPTATION
au cinéma, en 1950, par Jean-Pierre Melville avec Nicole Stéphane, Édouard Dermit et Renée Cosima

QUAND LIRE CE LIVRE ?
jeune adulte

DIFFICULTÉ
1

AVIS DE LECTEUR D'OLIVIER BARROT :
l'un des grands romans portant sur la relation frère-sœur, rarement traitée en littérature.

L*es Enfants terribles* offrent un précipité, très « Jean Cocteau », des passions humaines confinées en un lieu unique, et où l'air semble manquer tant la flamme qui dévore les personnages les pénètre de part en part.

Élisabeth et Paul sont les enfants d'une mère abandonnée, et leur proximité, presque excessive, ne semble cependant déranger personne... jusqu'à la survenue de protagonistes extérieurs. L'élève Dargelos, tout d'abord, qui fascine Paul et semble le menacer ; Gérard, ensuite, qui s'éprend d'Élisabeth ; puis Agathe, un mannequin, qui ressemble trait pour trait à Dargelos – au point, d'ailleurs, que dans le film mémorable de Jean-Pierre Melville tourné en 1950, c'est la même interprète, Renée Cosima, qui joue les deux rôles ; Mickael, enfin, qui finira par épouser Élisabeth.

Le frère et la sœur se sont fabriqués comme une sorte de trésor, dont ils ne mesurent pas qu'ils constituent le principal ornement. « Ce sont des chefs-d'œuvre », écrit Cocteau, oui, mais périssables ô combien, comme l'est la jeunesse. Drame, roman de la fraternité, de la « sororité », écrit sec, admirable...

« Élisabeth passa un manteau sur sa nuisette et pieds nus s'asseyait, rêveuse, accoudée, une main contre la joue. Paul se balançait sur sa chaise, à peine vêtu. L'un et l'autre mangeaient en silence, comme les saltimbanques d'une roulotte, entre deux représentations. La journée leur pesait. Un courant les entraînait vers la nuit, vers la chambre où ils recommenceraient à vivre. »

LE FRÈRE ET LA SŒUR SE SONT FABRIQUÉS COMME UNE SORTE DE TRÉSOR, DONT ILS NE MESURENT PAS QU'ILS CONSTITUENT LE PRINCIPAL ORNEMENT.

La guerre de 14-18 vue du côté des « Boches ». Pas très différent du point de vue français.

ERICH MARIA REMARQUE (1898-1970)

À L'OUEST RIEN DE NOUVEAU

PREMIÈRE PARUTION
1929
GENRE : roman

ADAPTATION
au cinéma, en 1930, par Lewis Milestone avec Lew Ayres et Louis Wolheim ; en 1979, par Delbert Mann avec Richard Thomas et Ernest Borgnine

QUAND LIRE CE LIVRE ?
jeune adulte

DIFFICULTÉ
1

L'AVIS DE LECTEUR D'OLIVIER BARROT :
« Remarque » est un pseudonyme qui revêt une extrême puissance symbolique.

« Nous sommes assis l'un en face de l'autre, Kat et moi, soldats aux uniformes élimés, faisant cuire une oie au milieu de la nuit. Nous ne parlons pas beaucoup, mais nous sommes, l'un pour l'autre, plus remplis d'attentions délicates que ne peuvent l'être, à ce que je crois, les amoureux. Nous sommes deux êtres humains, deux chétives étincelles de vie et, au-dehors, c'est la nuit et le cercle de la mort. [...] l'heure que nous vivons est semblable à l'endroit où nous nous trouvons : le doux feu de nos âmes y fait danser les lumières et les ombres de nos impressions. Que sait-il de moi, et moi, que sais-je de lui ? »

Un rare moment d'apaisement, partagé par deux soldats allemands de la Grande Guerre, Katczinsky, et le narrateur, Paul Bäumer. Un extrait de l'indémodable *À l'ouest rien de nouveau*, publié en 1929 par Erich Maria Remarque, qui connut un véritable triomphe mondial. Trois millions et demi d'exemplaires vendus, vingt-cinq traductions, et cette forme de consécration que constitua la haine que voua à l'auteur le régime nazi, qui brûla ses livres et le priva de sa nationalité allemande.

TROIS MILLIONS ET DEMI D'EXEMPLAIRES VENDUS, VINGT-CINQ TRADUCTIONS, ET CETTE FORME DE CONSÉCRATION QUE CONSTITUA LA HAINE QUE VOUA À L'AUTEUR LE RÉGIME NAZI.

À l'ouest rien de nouveau dénonce avec force, il est vrai, la barbarie guerrière entretenue par les deux ennemis, mais laisse aussi apparaître une possible fraternité. À cet égard, la mort d'un soldat français, au terme d'un combat rapproché, narrée avec une vraie compassion, prend figure de prophétie, tout comme l'absurdité criminelle, infligée à ces combattants allemands, réfugiés dans leurs tranchées et bombardés par leur propre aviation. Un jour d'octobre 1918, à un mois de l'armistice, le narrateur tombe à son tour, bêtement, comme toutes les victimes. Ce jour-là, on annonçait que sur le front de l'ouest, il n'y avait rien de nouveau.

RILKE, MAÎTRE DE VIE, EST EUROPÉEN, PASSIONNÉ, LYRIQUE. POÈTE, IL SE FAIT VOYANT COMME RIMBAUD.

RAINER MARIA RILKE (1875-1926)

LETTRES À UN JEUNE POÈTE

PREMIÈRE PARUTION
1929
GENRE : correspondance

QUAND LIRE CE LIVRE ?
jeune adulte

DIFFICULTÉ
2

L'AVIS DE LECTEUR D'OLIVIER BARROT :
à l'instar des *Nourritures terrestres* de Gide, les *Lettres à un jeune poète* balaient l'accessoire – écrire ou disparaître...

Pour ses lecteurs de langue allemande, Rainer Maria Rilke s'impose comme le phare de la poésie germanique du XXe siècle. Citoyen autrichien, né à Prague en 1875, Rilke fréquente d'abord des écoles militaires, avant que de se consacrer à l'étude de la philosophie et de l'histoire des arts à Munich, où il rencontre Lou Andreas-Salomé – qui fut la muse de Nietzsche. Il ne cessera plus d'écrire, de traduire, et de hanter l'Europe – la Scandinavie, la France, où il sera un temps le secrétaire de Rodin, l'Italie, l'Espagne. Vers 1920, la gloire de Rilke est universelle.

Les *Lettres à un jeune poète* auront servi de guide à des générations d'aspirants écrivains. Il s'agit de dix courriers adressés par Rilke à Franz Xaver Kappus, jeune élève d'un prytanée de l'armée autrichienne qui lui avait soumis ses premiers essais poétiques. Rilke se refuse à les juger et préfère esquisser une leçon d'existence. La littérature n'a rien d'un passe-temps, elle constitue une nécessité ontologique, une condition de vie. Ne la pratiquez que s'il s'agit d'une question de survie ! Rilke plante des racines, laissant à ses disciples en exigence le soin de garantir la croissance de l'arbre.

LES *LETTRES À UN JEUNE POÈTE* AURONT SERVI DE GUIDE À DES GÉNÉRATIONS D'ASPIRANTS ÉCRIVAINS.

« Demandez-vous à l'heure la plus silencieuse de votre nuit : mais suis-je vraiment contraint d'écrire, et creusez en vous-mêmes vers la plus profonde réponse. Si cette réponse est affirmative, si vous pouvez faire front à une si grave question, par un fort et simple : "Je dois", alors construisez votre vie, selon cette nécessité. [...] Les questions importent davantage que les réponses. La chair n'est pas triste, mais la solitude, l'inquiétude, la tristesse sont indispensables, et pourtant, le monde ne nous est pas contraire. »

Maître de la langue française, Cendrars vient d'ailleurs. Ses rêves devancent la réalité, il s'en va. L'aventure comme seule manière d'être.

BLAISE CENDRARS (1887-1961)

RHUM

PREMIÈRE PARUTION
1930
GENRE : roman

QUAND LIRE CE LIVRE ?
adolescence

DIFFICULTÉ
1

L'AVIS DE LECTEUR D'OLIVIER BARROT :
Cendrars, ce conteur hors pair, nous prend par la main. Avec lui, on franchit l'océan, au propre et au figuré.

Un critique littéraire rapprochait très justement Blaise Cendrars de François Villon. L'un et l'autre, en effet, ont connu une existence spectaculairement proche de leur œuvre : l'un, dans la délinquance, et l'autre, dans l'aventure. Cendrars, Suisse de La Chaux-de-Fonds, voyage dès l'enfance en Égypte. Il choisit la France en 1914, s'engage et revient mutilé de la Grande Guerre. Romancier, poète, journaliste au long cours, cet inventeur d'une prose poétique ou d'une poésie prosodique aux charmes immédiats publie *Rhum* en 1930. *Prose du Transsibérien*, *Moravagine*, *L'Homme foudroyé*, *Le Lotissement du ciel* sont autant de titres ô combien sonores.

Rhum, sous-titré « L'aventure de Jean Galmot », se présente comme une sorte de biographie-reportage sur cet aventurier de Guyane qui « rompit des lances » contre le bagne de Cayenne, et contre les nantis du cru. Il mourut assassiné, empoisonné, en 1928. Et deux ans plus tard, Cendrars lui consacre ce mausolée lyrique, passionnant, exalté. Un roman vrai.

« Quand je le vis entrer dans mon bureau, j'eus l'impression de me trouver en face de Don Quichotte. C'était un homme grand, mince, félin, un peu voûté. Il n'avait pas bonne mine et ne devait pas peser son poids. Il paraissait très las, voire souffrant. Son teint était mat, le blanc de l'œil était injecté : Galmot devait souffrir du foie. Une certaine timidité paysanne se dégageait de toute sa personne. Sa parole était aussi sobre que son complet de cheviotte bleu marine, un peu négligé, mais sortant de chez le bon faiseur. [...] Mais ce qui me frappa le plus dès cette première entrevue, ce fut son regard. Galmot avait le regard insistant, souriant, palpitant et pur d'un enfant... »

UNE SORTE DE BIOGRAPHIE-REPORTAGE SUR CET AVENTURIER DE GUYANE QUI « ROMPIT DES LANCES » CONTRE LE BAGNE DE CAYENNE, ET CONTRE LES NANTIS DU CRU.

On aurait pu penser que le panthéisme profane de Giono le ferait passer de mode. C'est l'inverse même qui se produit.

JEAN GIONO (1895-1970)

Regain

D'origine italienne, Giono est né en 1895 à Manosque, dans les Alpes-de-Haute-Provence, et comme tous les hommes de sa génération, il a combattu pendant la Grande Guerre. Verdun, 1916, traumatisme définitif, puis l'entrée en littérature dans les années 1920. Après la boucherie, le jaillissement de la vie fournira l'essentiel de son inspiration dans cette époque-là.

Comme son nom l'indique, *Regain*, c'est l'histoire d'une renaissance, celle du village d'Aubignane en Haute-Provence, que ses habitants ont peu à peu déserté. Seul reste le braconnier Panturle, désespéré. Mais grâce à la vieille « Mamèche » descendue en ville pour lui ramener une femme, la vie va revenir à travers l'irruption d'Arsule, la chanteuse des rues. Le printemps, les semailles, la descendance : le cycle éternel de la vie peut reprendre, si simple, si grandiose.

« – Et il est beau ce pain. On dirait celui des anciens.

– C'est le même. C'est moi qui le pétris et c'est elle qui le cuit.

– Et la farine, tu la prends où ?

– Je la fais ! Je la fais avec mon blé ! Qu'est-ce que tu veux, le blé, ça ne se vend plus guère maintenant. Alors de le dénaturer, comme ils disent, moi ça me fait mal au cœur.

– La Francine, je voudrais te demander quelque chose. Donne-moi une tranche de ton pain.

– Je vais chercher du jambon.

– Non, te dérange pas, te dérange pas, c'est pas pour moi, j'ai pas faim. Voilà, je vais te dire... Oh et puis ça se saura toujours et puis c'est pas du mal après tout ! J'ai une femme avec moi là-haut. Alors le pain... »

PREMIÈRE PARUTION
1930

GENRE : roman

PRIX REÇU POUR CE LIVRE
prix Northcliffe en 1930

ADAPTATION
au cinéma, en 1937, par Marcel Pagnol avec Fernandel et Orane Demazis

QUAND LIRE CE LIVRE ?
jeune adulte

DIFFICULTÉ
1

L'AVIS DE LECTEUR D'OLIVIER BARROT :
pénétré de culture grecque et latine, Giono célèbre les simples, le froment, la vogue, l'imminence.

***REGAIN*, C'EST L'HISTOIRE D'UNE RENAISSANCE, CELLE DU VILLAGE D'AUBIGNANE EN HAUTE-PROVENCE, QUE SES HABITANTS ONT PEU À PEU DÉSERTÉ.**

Qu'il est vivant et enjoué, ce pittoresque milieu judéo-ukrainien dans lequel se meuvent les personnages d'Isaac Babel !

ISAAC BABEL (1894-1940)

Contes d'Odessa

PREMIÈRE PARUTION
1931
GENRE : nouvelles

QUAND LIRE CE LIVRE ?
adolescence

DIFFICULTÉ
1

L'AVIS DE LECTEUR D'OLIVIER BARROT :
vous ne connaissez pas Odessa ? Vous découvrez Isaac Babel ? Ils méritent tous deux votre visite, je vous le promets.

Mauvais jeu de mots, mais approprié, le destin d'Isaac Babel, l'auteur des *Contes d'Odessa*, s'apparente à une odyssée tragique. Il est né en 1894, à Odessa, le grand port de l'Ukraine, dans une famille juive traditionaliste. Études littéraires, premier texte publié à 20 ans dans le journal de Gorki, *Nouvelle Vie*, quand survient la révolution bolchevique à laquelle Babel adhère avec passion. Il appartient à la Tchéka, l'ancêtre du KGB, et participe à la campagne de Pologne. Ses premiers succès littéraires lui viennent avec *Cavalerie rouge* et surtout ses *Contes d'Odessa* publiés en 1931. Suspect sous Staline, il est fusillé dans les premiers jours de 1940 à Moscou.

Les *Contes d'Odessa* résonnent comme des chroniques des quartiers juifs de la ville, habités par une faune extraordinairement bariolée qui fait un peu penser aux tableaux de Chagall. Les rabbins et les voyous, les femmes légères et les matrones, les enfants et les babouchkas, regroupés autour du roi du faubourg, Bénia Krik. Isaac Babel nous présente un personnage, lequel en emmène un suivant, et puis un autre, et encore un autre..., on s'y

LES *CONTES D'ODESSA* RÉSONNENT COMME DES CHRONIQUES DES QUARTIERS JUIFS DE LA VILLE, HABITÉS PAR UNE FAUNE EXTRAORDINAIREMENT BARIOLÉE QUI FAIT UN PEU PENSER AUX TABLEAUX DE CHAGALL.

perd un peu, aucune importance tant opère le charme du récit.

« Dans la Moldavanka, au coin des rues de Dalny Skaia et Balkov Skaia, se dresse la maison de Lioubka Schneeweiss. Cette maison abrite un estaminet en sous-sol, une auberge, une boutique qui vend de l'avoine et un pigeonnier pouvant contenir cent couples de pigeons des races Knioukov et Nicolaïev. Ces boutiques et la parcelle n° 46 des carrières d'Odessa appartiennent à Lioubka Schneeweiss surnommée Lioubka la Cosaque ; et seul le pigeonnier constitue la propriété du gardien Euzel, un soldat retraité, titulaire d'une médaille. Le dimanche, Euzel s'en va au marché aux oiseaux et vend des pigeons aux fonctionnaires venus de la ville ou aux gamins du voisinage. En plus du gardien, habitent encore dans la maison de Lioubka une certaine Pesia Mindl, cuisinière et entremetteuse, et le gérant Tsoudetchkis, un petit Juif qui ressemble par la taille et la barbiche à Ben Zakharia, notre rabbin de la Moldavanka. »

On entrera sans parti-pris dans cette œuvre-clé de notre temps. Mais sachons-le, on n'en sortira pas indemne.

LOUIS-FERDINAND CÉLINE (1894-1961)

VOYAGE AU BOUT DE LA NUIT

PREMIÈRE PARUTION
1932
GENRE : roman

ADAPTATION
au théâtre, en 1985, avec Fabrice Luchini

PRIX REÇU POUR CE LIVRE
prix Renaudot en 1932

QUAND LIRE CE LIVRE ?
adulte

DIFFICULTÉ
2

L'AVIS DE LECTEUR D'OLIVIER BARROT :
quels écrivains peuvent se targuer d'avoir réinventé leur langue ? Céline, en tout cas.

Il a fait un voyage aux enfers, la guerre de 14, il en est revenu entier.

« Ce n'est pas le tout d'être rentré de l'Autre Monde ! On retrouve le fil des jours comme on l'a laissé à traîner par ici, poisseux, précaire. Il vous attend. »

Ce livre majeur de notre littérature imprégnera pour longtemps, pour toujours, votre sensibilité et votre mémoire, à l'instar de *À la recherche du temps perdu* de Proust ou de *L'Étranger* de Camus. C'est que cette œuvre maîtresse du docteur Louis-Ferdinand Destouches, dit Céline, parue en 1932 – l'auteur a 38 ans –, ne bouscule pas simplement la langue mais aussi la société.

« Je n'avais pas de prétention, moi, ni d'ambition non plus, rien que seulement l'envie de souffler un peu et de mieux bouffer un peu. Ayant posé ma plaque à ma porte, j'attendis. »

Ce voyage, c'est tout simplement l'existence même du narrateur, Ferdinand Bardamu, que le lecteur accompagne sur le front de la Grande Guerre, puis dans une colonie imaginaire de l'Afrique de l'Ouest, puis à New York, puis dans la banlieue de Paris, puis à Toulouse, puis en hôpital psychiatrique. Céline ne s'interdit absolument rien dans cette traversée picaresque de la condition humaine avec ses côtés cocasses et dérisoires, injustes et grandioses. Ce faisant, Louis-Ferdinand Céline renouvelle – le mot n'est pas trop fort – l'expression écrite et la façon de raconter. Qu'il s'agisse de la ponctuation, du rythme, du picaresque délirant, ou du goût de l'invective, Céline écrit neuf.

« Que vais-je écrire ? Je n'ai plus personne. Plus un être pour recueillir doucement l'esprit gentil des morts... pour parler après ça plus doucement aux choses... Courage pour soi tout seul ! »

CÉLINE NE S'INTERDIT ABSOLUMENT RIEN DANS CETTE TRAVERSÉE PICARESQUE DE LA CONDITION HUMAINE.

Aveugle comme l'Argentin Borges, Huxley a lui aussi reconstruit un monde imaginaire aux ressorts rationalisés et fort inquiétants.

ALDOUS HUXLEY (1894 – 1963)

Le Meilleur des mondes

PREMIÈRE PARUTION
1932
GENRE : roman d'anticipation / science-fiction

QUAND LIRE CE LIVRE ?
lecteur confirmé

DIFFICULTÉ
2

L'AVIS DE LECTEUR D'OLIVIER BARROT :
contemporain de la montée des totalitarismes en Europe, *Le Meilleur des mondes* donne la mesure des inquiétudes de son époque.

Au XXe siècle, les Anglais nous ont donné deux grands livres d'anticipation : *1984* de George Orwell, paru en 1949, et auparavant *Le Meilleur des mondes,* qui date de 1932 et fut immédiatement traduit en toutes langues. Son auteur, Aldous Huxley, est né en 1894 dans le sud de l'Angleterre. Fils d'une excellente famille, il est formé à Eton et à Oxford, puis se consacre à l'esthétique. Il s'installe en Italie, puis en France, et aux États-Unis où, gagné par une cécité progressive, il en vient au roman.

La société a été entièrement réorganisée sous l'autorité d'un dieu appelé Ford et d'une oligarchie totalitaire. Le peuple se voyant divisé en castes : les moins favorisés s'appellent « semi-avortons » et « avortons » ! Les êtres nouveaux sont conçus en fonction des besoins du nouvel État, et les meilleurs éléments dupliqués à l'infini. Le beau et le gratuit, l'art donc, sont prohibés ; on nage dans le bonheur, « le meilleur des mondes possibles » comme disait Voltaire. Jusqu'à ce jour où un ingénieur, Bernard Marx, s'échappe de ce paradis et y ramène un « bon Sauvage ». Et si ce système trop bien rodé en venait à se gripper ? Huxley use d'un humour très *british*, inventant même une science dite « hypnopédie », garante d'un épanouissement pour tous...

« – Et ceci, dit le Directeur, ouvrant la porte, c'est la Salle de Fécondation.

Au moment où le Directeur de l'Incubation et du Conditionnement entra dans la pièce, trois cents Fécondateurs, penchés sur leurs instruments, étaient plongés dans ce silence où l'on ose à peine respirer, dans ce chantonnement ou ce sifflotement inconscients par quoi se traduit la concentration la plus profonde. »

LA SOCIÉTÉ A ÉTÉ ENTIÈREMENT RÉORGANISÉE SOUS L'AUTORITÉ D'UN DIEU APPELÉ FORD ET D'UNE OLIGARCHIE TOTALITAIRE.

Quêteur de toutes émotions, attaché à parler à tous, Neruda l'indomptable, autre Victor Hugo.

PABLO NERUDA (1904-1973)

RÉSIDENCE SUR LA TERRE

PREMIÈRE PARUTION
1933
GENRE : poésie

QUAND LIRE CE LIVRE ?
jeune adulte

DIFFICULTÉ
1

L'AVIS DE LECTEUR D'OLIVIER BARROT :
« C'est l'amour qui est la chose la plus importante. J'ai beaucoup écrit sur l'amour et je le ferai encore malgré mon âge. »
(Pablo Neruda)

Chilien, né en 1904, Neruda apparaît comme l'une des voix essentielles de la littérature de l'Amérique du Sud au XXe siècle, au même titre que celle de l'Argentin Borges, du Brésilien Amado, du Guatémaltèque Asturias ou du Cubain Carpentier. Il fut aussi de ces écrivains diplomates, nommé ambassadeur de son pays à Paris, par le gouvernement d'Unité populaire de Salvador Allende. Neruda soutient les républicains en Espagne, pendant la guerre civile, aux côtés de son ami García Lorca. Très proche du communisme, il est célébré en Union soviétique et en Europe de l'Est notamment. Lauréat du prix Lénine puis du prix Nobel de littérature en 1971, il disparaît quelques jours après le coup d'État du général Pinochet, laissant une œuvre prolifique.
Neruda, poète lyrique, chante l'amour et la fraternité, l'engagement et les éléments. Son œuvre est faite pour être proférée.
Ángela Adónica, poème extrait de *Résidence sur la Terre*, en 1933 :
« Aujourd'hui je me suis étendu près d'une jeune fille pure
comme sur le bord d'un océan blanc,
comme au centre d'une ardente étoile
d'espace lent.

De son regard longuement vert
la lumière tombait comme une eau sèche,
en de transparents et de profonds cercles
de force fraîche.
Ses seins dressés comme un feu à deux flammes
flambaient au-dessus de deux régions,
et en un double fleuve arrivaient à ses pieds
grands et clairs.
Un climat d'or commençait à mûrir
les longitudes diurnes de son corps
l'emplissant de fruits débordants,
d'un feu occulte. »

NERUDA, POÈTE LYRIQUE, CHANTE L'AMOUR ET LA FRATERNITÉ, L'ENGAGEMENT ET LES ÉLÉMENTS. SON ŒUVRE EST FAITE POUR ÊTRE PROFÉRÉE.

Je tiens Bove le trop méconnu pour l'un des plus éminents romanciers de l'intranquillité, à l'égal de Dostoïevski.

EMMANUEL BOVE (1898-1945)

Le Pressentiment

C'est le type même du grand écrivain oublié. Emmanuel Bove naît à Paris en 1898, d'une famille d'origine juive et russe. Il appartient donc à la génération des surréalistes. Sa biographie existe à peine.

Écrire, toujours écrire, pour subvenir aux besoins de sa famille. Une notoriété modeste, entre les deux guerres, la Résistance à Alger, et puis une mort prématurée à Paris, en 1945, suivie d'un oubli total de quarante années. Et pourtant, quelle profondeur, chez cet égal des grands Russes, qui plaisait tant à Samuel Becket ! Son style sec, sa narration nerveuse, presque autoritaire, emportent le lecteur.

« Parce qu'il trouvait les gens méchants » : une raison suffisante pour décider Charles Benesteau, bourgeois parisien, à vouloir, un beau jour, changer totalement de vie. Il quitte une existence dorée avec femme, enfants, amis, carrière, pour s'installer dans un quartier populaire de Paris, en quête d'une liberté intérieure et d'un idéal de vie basé sur le désintéressement et le dévouement aux autres. Mais ses nouveaux voisins ne se révèlent pas plus reluisants et moins cruels que le monde bourgeois auquel il appartenait jadis… Un roman émouvant, empreint de sensibilité, où derrière les mots se détecte la violence des rapports humains…

« Il y avait un peu plus d'un an que Charles Benesteau s'était séparé de sa femme, de ses enfants, qu'il n'avait plus reparu au Palais, qu'il avait rompu avec sa famille, sa belle-famille, ses amis, qu'il avait quitté son appartement du boulevard de Clichy.

Que c'était-il passé ? Lorsqu'un homme vit entouré de l'affection des siens, de l'estime de ses confrères, un changement d'existence aussi complet est, à première vue, incompréhensible. Aussi le lecteur nous pardonnera-t-il de nous attarder sur le passé et le caractère de Charles. »

PREMIÈRE PARUTION
1935

GENRE : roman

ADAPTATION
au cinéma, en 2006, par Jean-Pierre Darroussin, avec Valérie Stroh et Hippolyte Girardot

QUAND LIRE CE LIVRE ?
adulte

DIFFICULTÉ
2

L'AVIS DE LECTEUR D'OLIVIER BARROT :
une parfaite initiation à l'univers si singulier d'Emmanuel Bove.

UN ROMAN ÉMOUVANT, EMPREINT DE SENSIBILITÉ, OÙ DERRIÈRE LES MOTS SE DÉTECTE LA VIOLENCE DES RAPPORTS HUMAINS.

Le moins en évidence des romanciers majeurs de l'entre-deux-guerres, fils littéraire de Jules Vallès.

LOUIS GUILLOUX (1899-1980)

Le Sang noir

Fils de cordonnier, né à Saint-Brieuc, Louis Guilloux est d'abord professeur dans un lycée de sa Bretagne, avant que d'arriver à Paris où il devient journaliste. Son premier livre, *La Maison du peuple*, paraît en 1927. Louis Guilloux noue une amitié solide et durable avec André Malraux, André Gide et Albert Camus. Antifasciste militant, il fait paraître une dizaine de romans, très marqués par ses origines et son engagement professionnel. Mais le grand œuvre de Guilloux, c'est évidemment *Le Sang noir*, publié en 1935.

En province, pendant la Grande Guerre, une atmosphère poisseuse qui n'est pas sans rappeler celle du *Voyage au bout de la nuit* de Céline, à peu près contemporain. Au lycée de la ville exerce François Merlin, professeur de philosophie, que ses élèves ont baptisé « Cripure », car il leur parle souvent de la *Critique de la raison pure* d'Emmanuel Kant. « Salauds de potaches ! Ils avaient encore trouvé le moyen de se foutre de lui. L'un d'eux, en travers d'une page, avait tracé à grandes

JE LE VOIS, COMME UN TABLEAU DU GRECO, CRIBLÉ DE FLÈCHES, LE CŒUR DÉBORDANT DE COMPASSION. INOUBLIABLE, VRAIMENT.

lettres : Cripure ! "Je m'appelle Merlin !" Combien de fois ne s'était-il pas écrié : "Je m'appelle Merlin !" en frappant de grands coups de poing sur la chaire. Oui. Et puis après ? Ça les faisait plutôt rigoler. Ils n'en mettaient que plus d'acharnement à lui crier dans le dos : "Crip... Crip... Cripure", à écrire au tableau son surnom. Sale racaille ! Et ça durait depuis tant d'années ! »

Un être de souffrance, aux pieds démesurés, un malheureux mal marié, dont on se moque, mais que l'on craint, un idéaliste, pur et violent ; en fait, un humaniste, généreux et incompris.

Je le vois, comme un tableau du Greco, criblé de flèches, le cœur débordant de compassion. Inoubliable, vraiment.

PREMIÈRE PARUTION
1935

GENRE : roman

QUAND LIRE CE LIVRE ?
adulte

DIFFICULTÉ
2

L'AVIS DE LECTEUR D'OLIVIER BARROT :
quel très bon gros livre, peuplé de pauvres bougres de bonne volonté ! Il fait froid mais *Le Sang noir* réchauffe.

On sait depuis Pascal que la foi n'est pas confortable. Pourtant, comment ne pas croire ? interroge Bernanos.

GEORGES BERNANOS (1888-1948)

Journal d'un curé de campagne

LA CATÉGORIE DU SUBLIME N'EST PAS RÉSERVÉE AUX CROYANTS. MÊME ATHÉE, ON ASSISTE ÉPERDU AU CHEMIN DE CROIX TERRESTRE DU CURÉ D'AMBRICOURT.

« Il tombait une de ces pluies fines qu'on avale à pleins poumons, qui vous descendent jusqu'au ventre. De la côte de Saint-Vaast, le village m'est apparu brusquement, si tassé, si misérable sous le ciel hideux de novembre. [...] Et ce village était ma paroisse. C'était ma paroisse, mais je ne pouvais rien pour elle, je la regardais tristement s'enfoncer dans la nuit, disparaître... Quelques moments encore, et je ne la verrai plus. Jamais je n'avais senti si cruellement sa solitude et la mienne. »

Pas bien gai, pourra-t-on penser, ce début du *Journal d'un curé de campagne*, de Georges Bernanos. Non certes, et pourtant ce grand livre, publié en 1936, touchera tous les lecteurs, croyants ou pas. Car pour Bernanos, la foi, cette épreuve envoyée par le Seigneur aux hommes de bonne volonté, ne repose que sur l'incertitude de soi-même, de son devenir, de son ministère même, pour les hommes de Dieu.

Dubito, ergo cogito, ergo sum : « Je doute, donc je suis. » On conçoit que Georges Bernanos ait été admiré par Claudel et Mauriac, comme lui écrivains catholiques, mais également par Albert Camus, car le jeune curé d'Ambricourt, qui tient ce journal, s'efforce à la fois de demeurer au niveau des hommes – ses frères en souffrance – mais aussi de s'élever jusqu'à Dieu. Une aventure authentique et nul ne demeurera indifférent à cette quête semée d'interrogations et de rencontres, comme celles de la jeune Séraphita Dumouchel, du curé de Torcy ou du séminariste Dufrêty. Sur le point d'expirer, le narrateur a le temps de glisser : « Qu'est-ce que cela fait ? Tout est grâce. »

PREMIÈRE PARUTION
1936

GENRE : roman

PRIX REÇU POUR CE LIVRE
grand prix du roman de l'Académie française en 1936

ADAPTATION
au cinéma, en 1951, par Robert Bresson avec Claude Laydu et Nicole Maurey

QUAND LIRE CE LIVRE ?
jeune adulte

DIFFICULTÉ
1

L'AVIS DE LECTEUR D'OLIVIER BARROT :
un traité des fièvres de l'âme, de l'épuisement des corps, de la présence de Dieu malgré son silence.

AVEC ÉVIDENCE, BERL OPPOSE LA MORT/OUBLI À LA VIE / SOUVENIRS : C'ÉTAIT L'HOMME DES CONTRAIRES.

EMMANUEL BERL (1892-1976)

PRÉSENCE DES MORTS

PREMIÈRE PARUTION
1936
GENRE : souvenirs

QUAND LIRE CE LIVRE ?
jeune adulte

DIFFICULTÉ
1

L'AVIS DE LECTEUR D'OLIVIER BARROT :
Berl, ou l'esprit de finesse. De ce point de vue, je ne lui connais pas d'égal.

On disait d'Emmanuel Berl, époux de la chanteuse Mireille, qu'il était un des hommes les plus intelligents de son temps. Apparenté à Marcel Proust, il était ami intime de Malraux et de Drieu La Rochelle. C'est à lui que Gaston Gallimard propose, en 1932, de prendre la direction du grand hebdomadaire de progrès qu'il vient de lancer : *Marianne*. Et c'est, cependant, le même Berl qui rédige les deux premiers discours du maréchal Pétain, avant que de rompre avec Vichy et de se consacrer à l'écriture de ses romans et de ses essais historiques.

En 1956, Emmanuel Berl publie *Présence des morts*, admirable réflexion poétique sur la mémoire, sur le passé aboli ou régénéré par le souvenir. Les morts sont de trois ordres : certains figurent le marbre, que l'oubli ne saurait atteindre ; d'autres s'apparentent à des ombres, fuguasses et désordonnées ; d'autres encore nous reviennent après une trop longue nuit. Ce sont, au sens propre, des revenants, à qui nous conférons une éternité précaire. Aux yeux d'Emmanuel Berl, Marcel Proust, Anna de Noailles, Pierre Drieu La Rochelle appartiennent à cette dernière catégorie.

« Pourquoi l'intervalle qui me sépare des morts me semble-t-il infranchissable généralement et me semble-t-il si petit, presque dérisoire, dès lors qu'il s'agit de Drieu La Rochelle ? Est-ce que j'accepte moins bien sa mort que celle des autres ? Mais je l'accepterais mieux sans doute si lui-même y avait, comme eux, acquiescé. Il l'a désirée avec véhémence, il l'a voulue, il l'a forcée sans être totalement prêt à se résorber en elle, faute de la sérénité qu'il n'avait pas et que je ne peux pas lui communiquer, ne l'ayant pas non plus. Je finis par trouver plus simple d'admettre chez certains morts une sorte d'existence. »

JE ME SOUVIENS DU PLUS BEAU FILM DE TRUFFAUT, *LA CHAMBRE VERTE*, DONT LE SUJET RAPPELLE EXACTEMENT CELUI DU LIVRE.

Il s'agit là du moins ordinaire des voyages puisqu'il nous emmène aux confins d'un monde rêvé.

HENRI MICHAUX (1899-1984)

Voyage en Grande Garabagne

PREMIÈRE PARUTION
1936

GENRE : poésie

QUAND LIRE CE LIVRE ?
adulte

DIFFICULTÉ
2

L'AVIS DE LECTEUR D'OLIVIER BARROT :
suivre Michaux en Garabagne, c'est prendre le risque de s'abandonner aux sortilèges.

« L'auteur a vécu très souvent ailleurs, deux ans en Garabagne, à peu près autant au pays de la Magie, un peu moins à Poddema, ou beaucoup plus… Les dates précises manquent. Il est revenu chez lui après chaque voyage, il n'a pas une résistance indéfinie. Certains lecteurs ont trouvé ces pays un peu étranges, cela ne durera pas, cette impression passe déjà. Ces pays, on le constatera, sont en somme parfaitement naturels, naturels comme les plantes, les insectes, naturels comme la faim, l'habitude, l'âge, l'usage, les usages, la présence de l'inconnu ou près du connu. »

Ainsi Henri Michaux prévient-il les lecteurs d'*Ailleurs*, son recueil le plus connu, qui est en réalité un ensemble de trois textes : *Voyage en Grande Garabagne* (1936), *Au pays de la Magie* (1941), *Ici Poddema* (1946). Étrange, extrêmement, mais tout est étrange à propos d'Henri Michaux, ce poète né en Belgique, à Namur, en 1899 et installé à Paris à partir de 1924. Ce grand voyageur, très lié aux surréalistes, a écrit et peint également l'imaginaire, sous l'emprise des drogues, la mescaline, en particulier, peut-être pour stimuler son imagination…

Haute figure mystérieuse que celle de Michaux, qui refusait toute célébration, qu'il s'agisse de l'Académie française ou de l'édition de son œuvre de son vivant dans la Bibliothèque de la Pléiade. Il n'acceptait guère qu'on l'interviewe et interdisait qu'on le photographie.

BIEN AVANT BURROUGHS ET KEROUAC – MAIS APRÈS BAUDELAIRE ET GAUTIER –, MICHAUX USE DES PARADIS ARTIFICIELS ET INVENTE UN MONDE À LUI.

Premier successeur de Lewis Carroll, Tolkien perfectionne un genre de grand avenir qu'on appellera « heroic fantasy ».

J.R.R. TOLKIEN (1892-1973)

Bilbo le Hobbit

TOLKIEN, C'EST LE CHAÎNON MANQUANT ENTRE LEWIS CARROLL ET J. K. ROWLING, ENTRE ALICE ET HARRY POTTER.

Assez étrangement, nous connaissons tous *Bilbo le Hobbit* et *Le Seigneur des anneaux*, mais très mal leur auteur : John Ronald Reuel Tolkien. Né en Afrique du Sud en 1892, il émigre tôt en Grande-Bretagne où il deviendra professeur de littérature anglaise à l'université d'Oxford, spécialisé dans les textes du Moyen Âge. Ce qui l'amène à publier, en 1937, un premier roman, *Bilbo le Hobbit*, qui connaîtra un succès considérable auprès du jeune public – surpassé, cependant, par celui du *Seigneur des anneaux*, en 1954, et dont *Bilbo* apparaît comme le premier épisode.

« Au fond d'un trou vivait un hobbit. Non pas un trou immonde, sale et humide, rempli de bouts de vers et de moisissures, ni encore un trou sec, dénudé, sablonneux, sans rien pour s'asseoir ni pour se nourrir : c'était un trou de hobbit, d'où un certain confort.

Sa porte, peinte en vert, était parfaitement ronde comme un hublot, avec un étincelant bouton de cuivre jaune placé exactement au centre. »

Bilbo ressemble à tous les hobbits : un petit être paisible... mais aventureux. Un jour, le magicien Gandalf lui rend visite en compagnie des treize nains et de leur chef, Thorin Oakenshield. Celui-ci lui propose une chasse au trésor jusqu'à la Montagne Solitaire afin de récupérer le trésor dérobé par Smaug le dragon... Et l'aventure commence...

PREMIÈRE PARUTION
1937

GENRE : roman *fantasy*

ADAPTATION
au cinéma par Peter Jackson, en trois parties : en 2012, 2013 et 2014 avec Martin Freeman et Ian McKellen

QUAND LIRE CE LIVRE ?
jeune adulte

DIFFICULTÉ
2

L'AVIS DE LECTEUR D'OLIVIER BARROT :
le cinéma a multiplié l'impact mondial de Tolkien. Pour une fois, je conseille de commencer par le film puis de venir au roman.

Pour approcher l'Afrique anglaise, deux adresses : les récits de Hemingway et cette ferme africaine d'une Danoise anglophone.

KAREN BLIXEN (1885-1962)

La Ferme africaine

PREMIÈRE PARUTION
1937
GENRE : roman

ADAPTATION
au cinéma, *Out of Africa* (*Souvenirs d'Afrique*), en 1985, par Sydney Pollack avec Meryl Streep et Robert Redford

QUAND LIRE CE LIVRE ?
jeune adulte

DIFFICULTÉ
2

L'AVIS DE LECTEUR D'OLIVIER BARROT :
couleurs, parfums, saveurs..., *La Ferme africaine* est un roman plurisensuel du continent.

Karen Dinesen, devenue baronne Blixen par son mariage, appartenait à la même génération que Mauriac ou Giraudoux. Élève des Beaux-Arts à Paris et à Rome, elle vécut au Kenya, entre 1914 et 1931, au sein d'une plantation de café. Revenue en Europe, elle publie coup sur coup ses fameux *Contes gothiques*, suivis en 1937 de *La Ferme africaine*, un succès mondial.

Ce livre, mi-roman, mi-recueil de souvenirs, s'illumine des portraits que Karen Blixen nous offre du continent et de ses habitants. Elle les aime et les comprend, mais elle sait aussi donner son plein relief à ses compagnons de route, tels le vieux Danois Knudsen ou le Norvégien Mohr.

Mais le héros, si l'on peut dire, de ce roman, c'est évidemment l'Anglais Denys Finch Hatton, l'aviateur, ami des lions. L'auteur ne s'étend guère sur la nature de leur relation. Tout cela est pudique, intelligent, sensible. « La ferme africaine » finira par sombrer, du moins son occupante aura-t-elle vécu pleinement. Karen Blixen quittera alors l'Afrique, y abandonnant tout ce qu'elle y avait amassé. Représentation panthéiste d'un univers devenu peu à peu familier, cette histoire d'amour extrêmement réservée nous emmène effectivement dans les airs, légèrement au-dessus de l'humaine condition.

« Un royaume de nuages immenses, impondérables et fluctuants, se dressait à l'horizon, le traversait et s'y perdait. Ce ciel celait pourtant en lui une source d'azurs infinis, et répandait sur les hauteurs proches un bleu profond et vif. En plein midi, l'air qui flottait sur la plaine devenait aussi animé qu'une flamme, il étincelait, il ondoyait, il ruisselait comme l'eau, il réfléchissait et multipliait tous les objets pour créer des mirages gigantesques. À cette altitude, on respirait sans peine, et l'on inspirait en même temps un espoir fou et léger comme une aile. Dans les hautes terres, au réveil, une pensée me venait immédiatement à l'esprit : "Je suis bien là, où je me dois d'être." »

CE LIVRE, MI-ROMAN, MI-RECUEIL DE SOUVENIRS, S'ILLUMINE DES PORTRAITS QUE KAREN BLIXEN NOUS OFFRE DU CONTINENT ET DE SES HABITANTS.

Graham Greene, notre contemporain. Il invente le roman d'espionnage à thèse, précédant son compatriote John le Carré.

GRAHAM GREENE (1904-1991)

Rocher de Brighton

PREMIÈRE PARUTION
1938
GENRE : roman policier

ADAPTATION
au cinéma, en 1947, par John et Roy Boulting avec Richard Attenborough

QUAND LIRE CE LIVRE ?
jeune adulte

DIFFICULTÉ
2

L'AVIS DE LECTEUR D'OLIVIER BARROT :
roman cruel et ambigu, *Rocher de Brighton* date de 1938, et continuera de captiver malgré une traduction un peu vieillie.

Graham Greene est mort en 1991 et semble, depuis, tombé dans une sorte de purgatoire provisoire, lui qui incarnait totalement la littérature d'outre-Manche, entre 1930 et sa disparition. On le voyait lauréat du prix Nobel, tant ses romans d'aventure et d'espionnage captivaient le monde entier. Ce francophile impénitent, ancien agent du contre-espionnage britannique, savait raconter comme personne. Le rocher de Brighton est une friandise populaire de la célèbre station balnéaire du sud de l'Angleterre, et qui donne son nom à l'un des romans les plus fameux de Graham Greene. Fred Hale, journaliste, arrive à Brighton convaincu que des malfrats veulent attenter à ses jours et notamment Pinkie Brown, un petit gangster sans foi ni loi, qui croit que Hale a tué Kite, son chef de bande. Alors, il faut se protéger, se trouver des alliés, et notamment cette Ida Arnold, une femme mûrissante, sensuelle, extrêmement sympathique. Parmi les protagonistes de ce roman populaire, vous aimerez aussi Rose, une serveuse disgraciée, éblouie par Pinkie, lequel trouvera le moyen de la trahir jusque par-delà la tombe... Graham Greene excelle à décrire le petit

peuple, la *middle class* d'une Angleterre, qui n'a rien de particulièrement attirant. Et pourtant, il entraîne le lecteur l'air de rien, toujours soucieux d'une morale chrétienne.

« Ils avaient fait le voyage depuis Victoria dans des compartiments bondés, debout, il leur faudrait faire la queue pour déjeuner et, à minuit, endormis à moitié, ils se feraient ballotter par des trains pour retrouver les rues étroites, des bistrots fermés, et rentreraient chez eux à pied, n'en pouvant plus. Par un immense labeur, avec une immense patience, ils arrachaient à la longue journée leur moisson de plaisir : ce soleil, cette musique, le cliquetis des autos miniatures, le train fantôme qui plonge à travers le squelette grimaçant sous la promenade de l'Aquarium, les bâtons de rocher de Brighton, les calots de marin en papier… »

QU'ELLE EST LOIN DE GRAHAM GREENE, L'ANGLETERRE DES LORDS, DES CHÂTEAUX, DES CHASSES À COURRE. ICI, *FISH AND CHIPS* POUR TOUT LE MONDE.

CÉSAIRE LE GRAND PROFÉRATEUR,
LE GRAND LIBÉRATEUR, DONNE SA VOIX,
DONNE DE LA VOIX.

AIMÉ CÉSAIRE (1913-2008)

CAHIER D'UN RETOUR AU PAYS NATAL

ŒUVRE LYRIQUE DE CÉLÉBRATION DU MONDE NÈGRE, CES CAHIERS EXERCENT DEPUIS TROIS QUARTS DE SIÈCLE UNE INFLUENCE FÉCONDE.

Né en Martinique en 1913, admis en 1935 à l'École normale supérieure, Aimé Césaire publie en 1939, à 26 ans, ce chant prodigieux qu'est *Cahier d'un retour au pays natal*, qui reçoit bientôt l'appui fervent d'André Breton. Œuvre lyrique de célébration du monde nègre, ces cahiers exercent depuis trois quarts de siècle une influence féconde.

Inventeur, avec Senghor et Damas, du concept de négritude, disparu à 95 ans, Césaire continue de constituer une référence première pour l'homme caraïbe, pour l'homme noir en général et, au-delà, pour tout homme en quête de libération.

Ce texte doit être déclamé à haute et intelligible voix. Non parce qu'il s'agit d'un classique incontesté mais du fait de la rythmique et de la puissance des images offertes par l'auteur. « Écouter » les cahiers, c'est aussi se souvenir de la Caraïbe, en respirer les senteurs, en observer la foule et son histoire.

« À force de regarder les arbres je suis devenu un arbre
Et mes longs pieds d'arbre ont creusé dans le sol de larges
sacs à venin de hautes villes d'ossements
à force de penser au Congo
je suis devenu un Congo bruissant de forêts et de fleuves
où le fouet claque comme un grand étendard l'étendard
du prophète
où l'eau fait
likouala-likouala
où l'éclair de la colère lance sa hache verdâtre et force
les sangliers de la putréfaction dans la belle orée
violente des narines. »

PREMIÈRE PARUTION
1939
GENRE : poésie

QUAND LIRE CE LIVRE ?
adulte

DIFFICULTÉ
2

L'AVIS DE LECTEUR D'OLIVIER BARROT :
le chantre de l'insoumission du poète au nom de la beauté du monde autant que de la liberté d'être soi.

NOIRS DESSEINS, NOIRS DÉSIRS, NOIRS COMPLOTS. L'EXCELLENTE AGATHA CHRISTIE TAILLE SA PLUME ET LA PLONGE DANS LE POISON. CONCLUSION INÉLUCTABLE.

AGATHA CHRISTIE (1890-1976)

DIX PETITS NÈGRES

***DIX PETITS NÈGRES*, PARU EN 1939, CONSTITUE L'UN DES MODÈLES DE CE QUE L'ON APPELLE EN ANGLAIS *MURDER-STORY* (HISTOIRE CRIMINELLE).**

« On me retrouvera allongé sur mon lit, tué d'une balle dans le front, conformément aux notes laissées par mes compagnons d'infortune. D'ici que l'on procède à l'autopsie de nos cadavres, il sera impossible de déterminer avec exactitude l'heure de notre mort. Quand la mer se calmera, des hommes viendront de la côte avec leurs bateaux. Dix cadavres et un problème insoluble, voilà ce qu'ils trouveront sur l'île du Nègre. »

Ce sont là les derniers mots, ou presque, de *Dix Petits Nègres*, l'un des romans policiers les plus célèbres, élevé à juste titre au rang de classique.

Son auteur, Agatha Christie, née Mary Clarissa Miller, en 1890, à Torquay dans l'ouest de l'Angleterre, avait d'abord songé à une carrière de cantatrice. Elle y renonça au profit de la littérature. Très bonne idée, excellente reconversion : elle figure, en effet, depuis plus de quatre-vingts ans dans le peloton de tête des plus gros vendeurs de livres de la planète.

Dix Petits Nègres, paru en 1939, constitue l'un des modèles de ce que l'on appelle en anglais *murder-story* (histoire criminelle).

Dix personnes, dont deux femmes, sont conviées à l'île du Nègre, pour un séjour dans une somptueuse propriété en bord de mer. Il se trouve que chacun de ces protagonistes a quelque chose sur la conscience – un acte criminel, en l'occurrence. Or, à tour de rôle, ils vont tous disparaître de mort violente. Qui est l'organisateur de cette macabre mise en scène, dont l'esprit rappelle quelque peu le fameux jeu de société, *Cluedo* ? Mystères, mystères, frissons jubilatoires garantis...

PREMIÈRE PARUTION
1939

GENRE : roman policier

ADAPTATION
au cinéma, *Dix Petits Indiens*, en 1945, par René Clair avec Barry Fitzgerald et Walter Huston ; en 1974, par Peter Collinson avec Charles Aznavour et Maria Rohn

QUAND LIRE CE LIVRE ?
à tout âge

DIFFICULTÉ
1

L'AVIS DE LECTEUR D'OLIVIER BARROT :
elle n'était pas bouddhiste, la créatrice d'Hercule Poirot, mais pour elle la vie, la mort, c'est tout comme, ou presque, banal !

DEBOUT FACE À SON LUTRIN, DANS SA PROPRIÉTÉ DU PERCHE, MARTIN DU GARD ÉCRIT À SON AMI GIDE ET FAÇONNE SON GRAND ŒUVRE.

ROGER MARTIN DU GARD (1881-1958)

LES THIBAULT

Vous qui songez à ouvrir *Les Thibault*, l'œuvre maîtresse de Roger Martin du Gard, sachez que vous allez entreprendre une traversée en haute mer à bord d'un vaisseau majuscule, et cela, pas seulement parce que les trois volumes de l'édition de poche dépassent les deux mille pages. *Les Thibault*, composé en dix-sept ans, entre 1920 et 1937 – l'année où Roger Martin du Gard reçut le prix Nobel de littérature – pose au monumental, à l'instar de *À la recherche du temps perdu* de Marcel Proust, de la *Chronique des Pasquier* de Georges Duhamel ou des *Hommes de bonne volonté* de Jules Romains. L'entre-deux-guerres ne détestait pas la fresque...

Ce qui saisit, à la lecture contemporaine des *Thibault*, c'est la prodigieuse variété d'atmosphères et de tonalités que propose le récit. *Les Thibault*, c'est l'histoire d'une famille. D'abord, un père et ses deux fils, Antoine et Jacques, que tout oppose, et que tout rassemble. L'un sera médecin, l'autre révolutionnaire, la Grande Guerre constituant l'épine dorsale du récit. Réflexion morale et politique, émouvante ô combien, l'œuvre est portée par un style d'une sobriété toute classique.

« Ils n'avaient pas de montre. La lisière du parc était proche ; rien ne les pressait ; Jenny apercevait, de son banc, les cimes de deux châtaigniers qu'elle connaissait bien, et plus loin, le cèdre de la maison forestière, qui allongeait ses palmes noires sur le bleu du ciel. Penchée vers la chienne qui s'était dressée contre sa jupe, elle dit, évitant de se tourner du côté de Jacques : "Daniel m'a lu de vos vers." »

PREMIÈRE PARUTION
1920 (pour le 1er tome, *Le Cahier gris*)
GENRE : roman

PRIX REÇU POUR CE LIVRE
prix Nobel de littérature en 1937

ADAPTATION
nombreuses adaptations à la télévision (téléfilms et miniséries)

QUAND LIRE CE LIVRE ?
adolescence

DIFFICULTÉ
1

L'AVIS DE LECTEUR D'OLIVIER BARROT :
Les Thibault s'impose comme un fleuve selon les cas torrentueux ou paisible, semé de méandres et d'affluents.

RÉFLEXION MORALE ET POLITIQUE, ÉMOUVANTE Ô COMBIEN, L'ŒUVRE EST PORTÉE PAR UN STYLE D'UNE SOBRIÉTÉ TOUTE CLASSIQUE.

Vous croyez connaître Paris ? Fargue vous en dévoile des aspects inaperçus.

LÉON-PAUL FARGUE (1876-1947)

Le Piéton de Paris

FARGUE VEUT DONNER À SON LIVRE LE CARACTÈRE D'UN OBJET RARE, TRAVAILLÉ À LA MAIN.

Autant qu'écrivain, Léon-Paul Fargue était un personnage de l'entre-deux-guerres.

Ami d'enfance d'Alfred Jarry, il est, en sa maturité, l'intime de Paulhan, de Valéry, de Larbaud. Il vit dans les cafés, anime des cercles et des revues, tonifie de ses conseils la maison Gallimard, tout en écrivant à ses heures de trop rares recueils de proses poétiques, comme ce *Piéton de Paris* qui date de 1939.

Le propos de cet ouvrage d'itinérance inspiré à travers la capitale, c'est d'essayer d'écrire ce que personne n'écrira, explique l'auteur, l'instant qui confond et qui brutalise. Fargue veut donner à son livre le caractère d'un objet rare, travaillé à la main.

Sa méthode ? Regarder ! Et il est vrai que personne avant lui n'avait vu Paris de la sorte !

Je gage que le Paris du peuple qu'affectionnait tant Fargue, aucun lecteur ne pourra plus le considérer comme avant. Son quartier à lui, c'est le 10e arrondissement – Magenta, Château-Landon, la gare de l'Est, la gare du Nord. Mais il sait aussi fort bien dire la province des esprits à Auteuil, les faunes comparées de Lipp, du Flore et des Deux Magots, ou encore, les aberrations jurassiques

PREMIÈRE PARUTION
1939

GENRE : poésie

QUAND LIRE CE LIVRE ?
adulte

DIFFICULTÉ
2

L'AVIS DE LECTEUR D'OLIVIER BARROT :
après Baudelaire, Fargue poursuit l'enchantement du poème en prose.

du Muséum d'histoire naturelle. Tout cela ne serait que pittoresque sans le goût de Fargue pour les mots, choisis avec une délectation pointue.
« Passy-Auteuil est une grande province où les familles se connaissent, se surveillent et parfois se haïssent, pour peu que l'une ait eu plus d'invités, plus de politiciens ou de poètes que l'autre à son thé hebdomadaire, mensuel ou annuel ; pour peu que le fils Untel ait été reçu avec ou sans mention au baccalauréat. Pâtissiers, bouchers, teinturiers ou concierges sont au courant des disputes des ménages, des divorces et des héritages. »

C'est comme un western de la misère et de l'exil dans l'Amérique des années 1930, ses contrastes et ses mentalités.

JOHN STEINBECK (1902-1968)

Les Raisins de la colère

Tout est magnifique dans *Les Raisins de la colère*, à commencer par ce titre, si sonore et si évocateur ; ensuite, le roman lui-même ; et puis son *alter ego*, le film, qui porte le même titre. Des œuvres quasi contemporaines, puisque John Steinbeck publie *Les Raisins de la colère* en 1939 et que John Ford en tire la plus fidèle des adaptations dès l'année suivante.

S'il est une lecture indispensable à qui veut connaître et comprendre l'Amérique après la crise de 1929, c'est bien celle de ce gros livre de six cents pages, que l'on retrouvera chaque soir, comme un ami fidèle, humaniste et chaleureux.

Les Raisins de la colère, c'est une épopée de la transhumance, celle de ces petits fermiers chassés de leur exploitation par la crise, par les sols infertiles et par la mécanisation nécessaire et cependant inaccessible. Cap vers l'Ouest, vers la Californie, cet eldorado, ce mirage où, paraît-il, la terre est plus verte. Aventure rurale admirable, que celle de la famille Joad, trois générations, des situations et des caractères proprement inoubliables.

« Les voitures des émigrants surgissaient en rampant des chemins de traverse, regagnaient l'autostrade et reprenaient la grande voie des migrations, la route de l'Ouest. À l'aube, elles détalaient, pareilles à des punaises ; dès la tombée du jour, surprises par l'obscurité, elles se rassemblaient et venaient grouiller autour d'un abri ou d'un point d'eau. Et parce qu'ils se sentaient perdus et désemparés, parce qu'ils venaient tous d'un coin où régnaient la désolation et les soucis [...], instinctivement, les émigrants se groupaient, se parlaient, partageaient leur vie... »

UNE LECTURE INDISPENSABLE À QUI VEUT CONNAÎTRE ET COMPRENDRE L'AMÉRIQUE APRÈS LA CRISE DE 1929.

PREMIÈRE PARUTION
1939

GENRE : roman

PRIX REÇU POUR CE LIVRE
prix Pulitzer en 1940

ADAPTATION
au cinéma, en 1940, par John Ford avec Henry Fonda

QUAND LIRE CE LIVRE ?
adolescence

DIFFICULTÉ
2

L'AVIS DE LECTEUR D'OLIVIER BARROT :
une lecture indispensable pour comprendre l'Amérique, dans ses contradictions et sa mentalité ; un roman fondateur pour un adolescent.

ICI, CHACUN ATTEND. RIEN NE SE PASSE. ET PEU À PEU, LE RÈGNE MINÉRAL SUPPLÉE L'ANIMAL ET LE VÉGÉTAL. LES CARACTÈRES S'ÉMOUSSENT, LE TEMPS SE SUSPEND, IL FAUDRA BIEN QUE QUELQUE CHOSE ARRIVE...

DINO BUZZATI (1906-1972)

LE DÉSERT DES TARTARES

PREMIÈRE PARUTION
1940
GENRE : roman

ADAPTATION
au cinéma, en 1976, par Valerio Zurlini avec Jacques Perrin, Philippe Noiret et Vittorio Gassman

QUAND LIRE CE LIVRE ?
adulte

DIFFICULTÉ
2

L'AVIS DE LECTEUR D'OLIVIER BARROT :
âpre comme le paysage où il s'inscrit, *Le Désert des Tartares* forge des caractères et s'ancre profondément en nous ; une lecture physique.

Souvent, on ne connaît l'Italien Dino Buzzati que pour le plus illustre de ses romans, le justement célèbre *Désert des Tartares*, dont Valerio Zurlini tira un film également mémorable.

Né en 1906, dans les montagnes de la province septentrionale du Frioul, Dino Buzzati fut longtemps journaliste au grand quotidien milanais, *Corriere della Sera*, pour lequel il était correspondant de guerre. Pendant la Première Guerre mondiale, son goût de l'étrange et du fantastique le porta vers le collage et la bande dessinée, avant que de s'attaquer au roman, en 1933, avec *Bàrnabo des montagnes*.

Puis c'est *Le Désert des Tartares*, qui s'impose immédiatement sur le plan mondial, même s'il n'est pas indifférent de rappeler que Dino Buzzati, fou de sport, comme tous les Italiens, consacra un ouvrage au *Giro* 1949, remporté par le grand Gino Bartali...

Frais émoulu de l'académie militaire, le lieutenant Giovanni Drogo est affecté en garnison, au fort Bastiani. Il quitte enfin sa famille, et accède, espère-t-il, à la vraie vie. Plantés au nord du pays, non loin de la frontière, entourés d'une plaine désolée qui s'étend à perte de vue, Drogo et son détachement attendent l'attaque imminente de l'ennemi, laquelle ne se produira jamais. Trente ans auront passé pour rien, Drogo devenant commandant du fort, mais surtout, se rendant compte, à l'issue de cette admirable parabole, que le temps n'est qu'une convention dont il convient de prendre la mesure et la conscience.

« Drogo resta seul et se sentit pratiquement heureux. Il goûtait avec orgueil la décision qu'il avait prise de rester, l'amère satisfaction de renoncer à de petites joies sûres pour un grand bien à longue et incertaine échéance (et peut-être y avait-il en dessous l'idée consolante qu'il aurait toujours le temps de partir). »

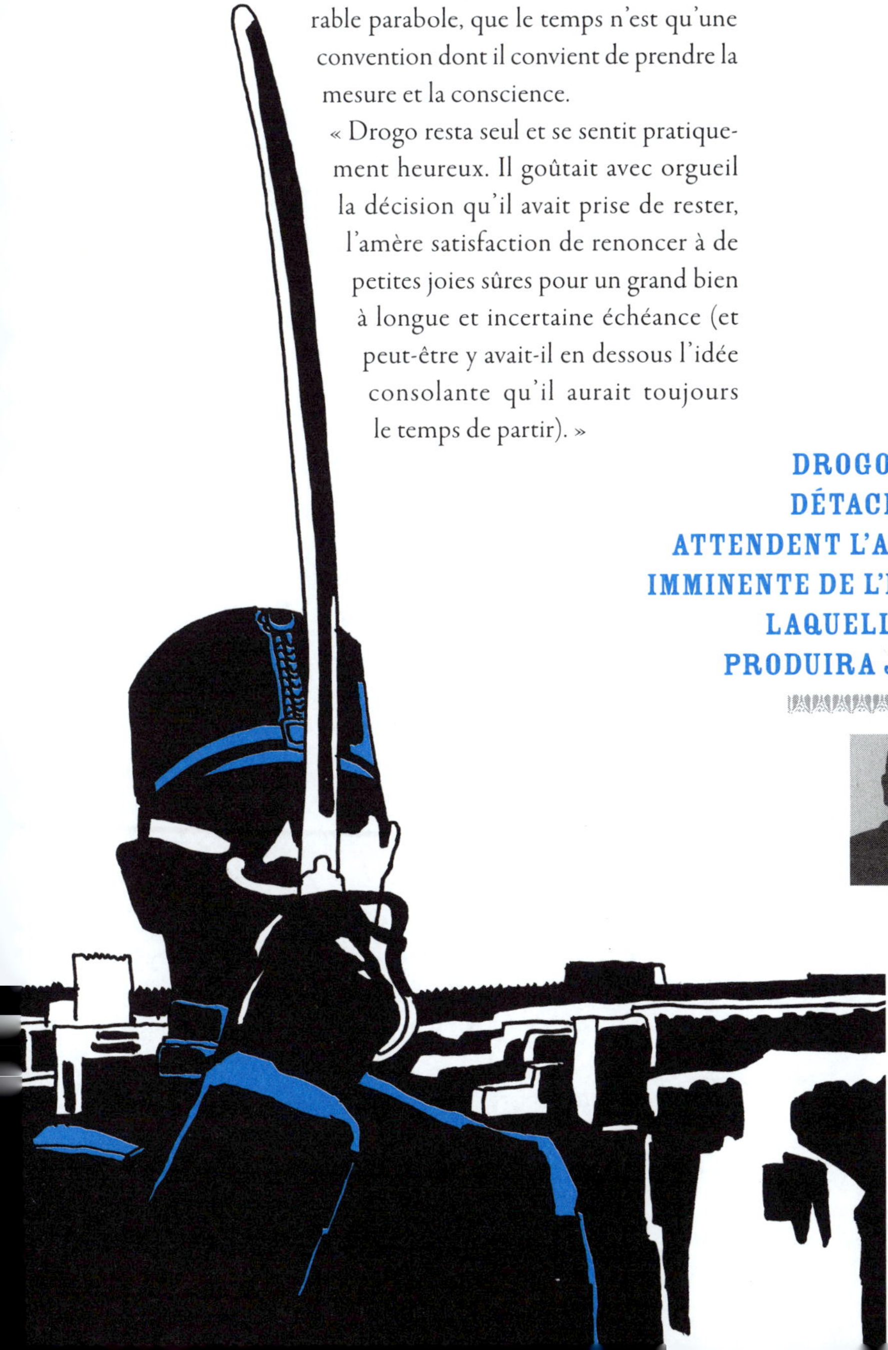

DROGO ET SON DÉTACHEMENT ATTENDENT L'ATTAQUE IMMINENTE DE L'ENNEMI, LAQUELLE NE SE PRODUIRA JAMAIS.

Ce roman marque un tournant : l'URSS, espoir des opprimés et vainqueur de la guerre, pratique le totalitarisme d'État.

ARTHUR KOESTLER (1905-1983)

Le Zéro et l'infini

PREMIÈRE PARUTION
1940

GENRE : roman

QUAND LIRE CE LIVRE ?
adulte

DIFFICULTÉ
2

L'AVIS DE LECTEUR D'OLIVIER BARROT :
après Gide et son *Voyage en URSS*, Koestler relève le défi à son tour avec force : un régime d'intention idéologique condamne toute justice.

« Le Parti n'a jamais tort. Toi et moi, nous pouvons nous tromper, mais pas le Parti. Le Parti, camarade, est quelque chose de plus grand que toi et moi et que mille autres comme toi et moi. Le Parti, c'est l'incarnation de l'idée révolutionnaire dans l'Histoire. L'Histoire ne connaît ni scrupules, ni hésitations. Inerte et infaillible, elle coule vers son but. À chaque courbe de son (ses) cours elle dépose la boue qu'elle charrie et les cadavres des noyés. L'Histoire connaît son chemin. Elle ne commet pas d'erreurs. Quiconque n'a pas une foi absolue dans l'Histoire n'est pas à sa place dans les rangs du Parti. »
Propos effarants, tirés de l'ouvrage *Le Zéro et l'infini*, d'Arthur Koestler. Ce texte, écrit en 1940, est traduit en français en 1945. Arthur Koestler savait de quoi il parlait. Ce Hongrois, élevé à Vienne, installé à Londres, avait adhéré au communisme et passé une année entière à Moscou, en 1933, avant que de quitter le Parti en 1938.

Le Zéro et l'infini relate la sinistre et imaginaire destinée de Nicolaï Salmanovitch Roubachof, ancien dirigeant du Parti, arrêté, incarcéré, accusé de trahison et finalement exécuté. Avec

***LE ZÉRO ET L'INFINI* A CONSIDÉRABLEMENT SOLLICITÉ LES CONSCIENCES APRÈS LA GUERRE. L'URSS ÉTAIT DONC BIEN FAILLIBLE.**

beaucoup d'habileté, Koestler confère une extrême vraisemblance à cette histoire vécue de l'intérieur. Roubachof ne peut articuler aucune défense puisqu'il ne saurait avoir raison, le Parti ayant décrété qu'il était coupable. Une remarquable introduction à un totalitarisme soucieux de la forme sinon du fond.

Brecht dessine l'épopée de la guerre en famille et de la cause des femmes.

BERTOLT BRECHT (1898-1956)

Mère Courage et ses enfants

Pendant un demi-siècle, en gros, des années 1950 au nouveau millénaire, l'Allemand Bertolt Brecht a été considéré, en France et ailleurs, comme l'archétype du dramaturge engagé dont les pièces, à forte ambition politique, étaient supposées faire réfléchir la classe ouvrière, à défaut de la distraire. Pour quelques mises en scène réussies, par Jean Vilar en parti culier, combien de soirées assommantes sous le signe de la fameuse distanciation brechtienne !

Brecht est né en 1898, en Bavière. Communiste, antinazi, pro soviétique, il installe, après la guerre, sa troupe fameuse le Berliner Ensemble à Berlin Est, où il disparaît en 1956. Certaines de ses œuvres, cependant, tiennent le coup : *Arturo Ui*, et puis les opéras, avec la musique, le chœur, *L'Opéra de quat'sous*, *Mahagonny*, *Mère Courage* aussi, en partie.

Créée en 1941, la pièce est inspirée d'un classique allemand du XVIIe siècle. L'intrigue repose sur la guerre de Trente Ans, un conflit complexe qui opposait les princes allemands protestants à l'empereur catholique et auquel se trouvèrent mêlées la plupart des nations européennes. *Mère Courage et ses enfants* suivent la ligne des combats, se livrant au commerce pour survivre. En tableaux successifs extrêmement vivants, tendant à démontrer que, pour les humbles toujours exploités, il ne saurait exister de guerres justes.

« Avec ses dangers, avec ses bonheurs,
Cette guerre, qu'elle traîne en longueur.
Cette guerre-là va durer cent ans.
Le sans grade point n'y fait de l'argent.
Bouffant de la merde, allant en haillons
À moitié payé par son bataillon.
Un miracle encore peut-être on verra :
Pas finie, la campagne, loin de là !
Le printemps vient. Debout, chrétien !
La neige fond. Dorment les morts.
Et ce qui n'est pas mort encore
Maintenant part à fond de train. »

PREMIÈRE PARUTION
1939 (création de la pièce en 1941)
GENRE : théâtre

QUAND LIRE CE LIVRE ?
adulte

DIFFICULTÉ
3

L'AVIS DE LECTEUR D'OLIVIER BARROT :
Brecht ne se donne pas facilement. Mais comme constructeur de scènes à spectacle, il se tient.

BRECHT ESPÉRAIT TRANSPOSER LA LUTTE DES CLASSES EN UN SPECTACLE DRAMATIQUE : IL Y EST PARFOIS PARVENU.

COMME ROUSSEAU OU DIDEROT, CAMUS APPARTIENT AU CERCLE DES PHILOSOPHES ROMANCIERS. ON L'A MOQUÉ, POUR MESURER DÉSORMAIS COMBIEN IL NOUS EST ESSENTIEL.

ALBERT CAMUS (1913-1960)

L'ÉTRANGER

PREMIÈRE PARUTION
1942

GENRE : roman

ADAPTATION
au cinéma, en 1967, par Luchino Visconti avec Marcello Mastroianni et Anna Karina

QUAND LIRE CE LIVRE ?
jeune adulte

DIFFICULTÉ
1

L'AVIS DE LECTEUR D'OLIVIER BARROT :
de ces livres paraissant écrits à la gomme davantage qu'au crayon. Ellipse des adjectifs et des états d'âme, le présent oblitérant le passé. Le style de Camus est une morale.

L'*Étranger*, le premier, et sans doute le plus connu, des romans d'Albert Camus, parut en pleine guerre, en 1942, alors que son auteur n'avait pas 30 ans. On remarqua d'emblée le style de ce journaliste d'Algérie, tout d'apparente froideur et de précision, qui n'était pas sans rappeler celui de certains romans policiers – notamment ceux de Dashiell Hammett ou de Georges Simenon. Un sujet, un verbe, un complément, des phrases courtes, des faits.

Les obsèques de la mère. Le soleil, les bains de mer, l'amour avec Marie. Et puis Meursault, le pauvre héros de cette histoire, qui se croit un jour menacé par un Arabe et qu'il tue. Arrestation, procès, condamnation à mort. Toutes circonstances que Meursault semble traverser sans états d'âme, comme étranger à sa propre cause. Le roman, sec et noueux comme un sarment d'olivier brûlé de soleil, connut un retentissement considérable. L'absurdité du destin de Meursault contribua largement à conférer à Camus la notoriété qui demeure la sienne aujourd'hui.

« Aujourd'hui, maman est morte. Ou peut-être hier, je ne sais pas. J'ai reçu un télégramme de l'asile : "Mère décédée. Enter rement demain. Sentiments distingués." Cela ne veut rien dire. C'était peut-être hier. L'asile de vieillards est à Marengo, à quatre-vingts kilomètres d'Alger. Je prendrai l'autobus à deux heures et j'arriverai dans l'après-midi. Ainsi, je pourrai veiller et je rentrerai demain soir. J'ai demandé deux jours de congés à mon patron, il ne pouvait pas me les refuser avec une excuse pareille, mais il n'avait pas l'air content. Je lui ai même dit : "Ce n'est pas de ma faute" ; il n'a pas répondu, j'ai pensé alors que je n'aurais pas dû lui dire cela. »

ÉCRIVAIN DE LA MÉDITERRANÉE, CAMUS LE SENSUEL TRANSMET LA VIBRATION DE LA LUMIÈRE FORTE, LE BLEU DU CIEL ET DE LA MER.

COMMENT RÉDUIRE LA MER AU SILENCE ? IL FAUT QUE L'HISTOIRE, MAÎTRESSE DE NOS VIES, L'IMPOSE : C'EST ICI LE CAS.

VERCORS (1902-1991)

LE SILENCE DE LA MER

PREMIÈRE PARUTION
1942
GENRE : roman

ADAPTATION
au cinéma, en 1947, par Jean-Pierre Melville avec Howard Vernon, Jean-Marie Robain et Nicole Stéphane

QUAND LIRE CE LIVRE ?
jeune adulte

DIFFICULTÉ
1

L'AVIS DE LECTEUR D'OLIVIER BARROT :
résister c'est se taire. Très peu d'œuvres de guerre ont atteint une pareille puissance.

« Il ne venait pas absolument chaque soir, mais je ne me souviens pas d'un seul où il nous quittât sans avoir parlé. Il se penchait sur le feu, et tandis qu'il offrait à la chaleur de la flamme quelque partie de lui-même, sa voix bourdonnante s'élevait doucement, et ce fut au long de ces soirées, sur les sujets qui habitaient son cœur – son pays, la musique, la France – un interminable monologue ; car pas une fois il ne tenta d'obtenir de nous une réponse, un acquiescement, ou même un regard. »

Ce court texte magistral de Vercors a paru clandestinement en 1942, aux Éditions de Minuit, que l'auteur et son ami, Pierre de Lescure, venaient de créer.

Né Jean Bruller en 1901, graveur et dessinateur, Vercors entre en résistance dès 1940, et *Le Silence de la mer* – dont Jean-Pierre Melville tirera un beau film fidèle en 1948 – s'impose d'emblée comme un roman majeur, pudique et grandiose, même s'il ne compte qu'une cinquantaine de pages.

À l'hiver 1940, après la défaite, donc, un vieil homme, le narrateur et sa nièce, doivent héberger dans leur grande maison silencieuse

LE SILENCE DE LA MER S'IMPOSE D'EMBLÉE COMME UN ROMAN MAJEUR, PUDIQUE ET GRANDIOSE, MÊME S'IL NE COMPTE QU'UNE CINQUANTAINE DE PAGES.

un officier allemand de lointaine ascendance française, Werner von Ebrennac. Par patriotisme, ils refusent de répondre à ses tentatives maintes fois renouvelées d'entrer en conversation. Alors, le jeune soldat allemand soliloque. Et, peu à peu, s'installe entre les protagonistes une sorte de complicité tacite : chacun comprend et approuve le comportement de l'autre. Un jour, Ebrennac est muté. Il lui faut prendre congé. Un seul mot sera alors prononcé : Adieu.

Saint-Exupéry publie *Le Petit Prince* un an avant de disparaître. Son héros lui survivra pour toujours.

ANTOINE DE SAINT-EXUPÉRY (1900-1944)

Le Petit Prince

Il demeurera toujours, à mes yeux, un mystère du *Petit Prince*. Comment se fait-il que ce texte rudimentaire, voire simpliste, ait pu atteindre une telle notoriété, et continuer d'apparaître, quelque soixante-dix années après sa première publication, comme un classique du genre merveilleux, exactement destiné au jeune public ? C'est, je crois, que cette fable ambitieuse traduit les exaltations des adultes à l'endroit de la poésie naturelle de l'enfance ou, du moins, l'idée que pouvait s'en faire un auteur idéaliste parvenu à la quarantaine.

Antoine de Saint-Exupéry est né à Lyon, en 1900. Pilote d'essai chez Latecoère, il a pour camarades Didier Daurat, Jean Mermoz, Henri Guillaumet, pionniers héroïques de l'Aéropostale en Afrique du Nord et en Amérique du Sud. Une expérience qui lui inspire romans et récits : *Courrier sud*, *Vol de nuit*, *Terre des hommes*. Engagé dans la Résistance aérienne, il fait paraître *Le Petit Prince* en 1943, à New York, un conte illustré par lui-même et dédié à son ami d'enfance Léon Werth. C'est l'histoire d'un aviateur, dont l'appareil s'est cassé au beau milieu du Sahara.

« Le premier soir, je me suis donc endormi sur le sable à mille milles de toute terre habitée. J'étais bien plus isolé qu'un naufragé sur un radeau au milieu de l'océan. Alors vous imaginez ma surprise, au lever du jour, quand une drôle de petite voix m'a réveillé. Elle disait : "S'il vous plaît, dessine-moi un mouton." Hein ? "Dessine-moi un mouton...". J'ai sauté sur mes pieds comme si j'avais été frappé par la foudre. J'ai bien frotté mes yeux. J'ai bien regardé. Et j'ai vu un petit bonhomme tout à fait extraordinaire qui me considérait gravement. Voilà le meilleur portrait que, plus tard, j'ai réussi à faire de lui. Mais mon dessin, bien sûr, est beaucoup moins ravissant que le modèle. »

PREMIÈRE PARUTION
1943

GENRE : conte poétique et philosophique

ADAPTATION
au cinéma, en 1974, par Stanley Donen avec Richard Kiley et Gene Wilder

QUAND LIRE CE LIVRE ?
enfance pour une première lecture, et plus tard pour mieux le comprendre

DIFFICULTÉ
1/2

L'AVIS DE LECTEUR D'OLIVIER BARROT :
l'image ici, si forte et si simple pourtant, l'emporte en poésie sur le texte.

CETTE FABLE AMBITIEUSE TRADUIT LES EXALTATIONS DES ADULTES À L'ENDROIT DE LA POÉSIE NATURELLE DE L'ENFANCE.

Nul plus que Borges ne méritait le prix Nobel de littérature, lui, le réinventeur de la nouvelle d'imagination pure.

JORGE LUIS BORGES (1899-1986)

Fictions

Fils de famille, Borges est élevé dans toutes les langues européennes. Il donne naissance à une œuvre comparable à aucune autre, à la fois précise et savante, et dans laquelle l'imaginaire ouvre tous les champs du possible. Voyageur en tous horizons et, cependant, viscéralement attaché à sa ville natale et cosmopolite de Buenos Aires, Borges, dans ses contes et ses nouvelles, brise les miroirs et les labyrinthes, les fausses pistes et les culs-de-sac. C'est fascinant. *Fictions* présente un recueil de dix-huit histoires courtes qui, toutes, constituent, ou presque, des variations autour d'un même thème : les rapports du vrai et du faux. Il est question d'une planète inventée, Tlön, ainsi que d'un personnage récurrent sous la plume de Borges, un certain Pierre Ménard, qui serait le véritable auteur de *Don Quichotte*. Nous voici initiés au jeu de la loterie à Babylone, ainsi qu'aux subtilités de la stratégie alliée pendant les grandes offensives de 1916. C'est que le livre est un monde, nous dit Borges, et réciproquement. Chaque jour, Borges descendait de son appartement pour s'installer dans une librairie où il occupait toujours le même fauteuil. Devenu aveugle, il respirait les livres et se les faisait lire en toutes langues. Et puis il en dictait de nouveaux, dans un espagnol d'une pureté et d'une densité classiques. Ses visions, il nous les relate en minutieux mémorialiste. Nul ne s'étonnera de croiser en ces pages une société secrète dont l'histoire immémoriale se poursuit jusqu'à toi, lecteur.

« Dans le couloir il y a une glace, qui double fidèlement les apparences. Les hommes en tirent la conclusion que la bibliothèque n'est pas infinie ; et si elle l'était réellement, à quoi bon cette duplication illusoire ? Pour ma part, je préfère rêver que ses surfaces polies sont là pour figurer l'infini et pour le promettre... »

C'EST QUE LE LIVRE EST UN MONDE, NOUS DIT BORGES, ET RÉCIPROQUEMENT.

PREMIÈRE PARUTION
1944

GENRE : nouvelle

QUAND LIRE CE LIVRE ?
lecteur confirmé

DIFFICULTÉ
3

L'AVIS DE LECTEUR D'OLIVIER BARROT :
lire Borges, c'est changer d'imaginaire, quitter la raison, aborder à l'autre rive.

Quelle bonne femme ! Elle a fait fi de toutes les conventions, elle a joué nue, aimé les femmes comme les hommes. Elle s'est forgé une liberté dans son existence comme dans son œuvre.

COLETTE (1873-1954)

Gigi

Colette, c'était son peu banal nom de famille, prénom Sidonie-Gabrielle, fille de militaire, née en 1873, dans cette Bourgogne dont elle conserva toute sa vie l'accent roulant les *r*. Une artiste, à ses heures actrice et mime ; une journaliste, éditrice, une femme écrivain au style absolument personnel, intuitif, impeccable, longtemps abusée par son premier mari, Willy, qui signait de son nom à lui les livres qu'elle écrivait ; enfin, une femme libre, libérée, célébrée pour ses romans, ses souvenirs, ses lettres.

Allons ensemble à la rencontre de Gilberte, dite Gigi, héroïne de l'un des derniers écrits de Colette, paru en 1944, et qui devint une pièce interprétée, à Broadway, par Audrey Hepburn, et un film joué par Leslie Caron.

L'intrigue est toute simple, comme toujours chez Colette. Élevée par un trio de femmes, Gilberte est l'objet des attentions d'un ami de la famille, Gaston Lachaille. Gigi est encore une gamine et Gaston, un mondain cavaleur. Et puis, insensiblement, les sentiments évoluent à mesure que Gigi prend de l'âge et conscience de ce qu'elle est et de ce qu'elle veut. Elle refuse dans un premier

PREMIÈRE PARUTION
1944

GENRE : roman

ADAPTATION
au cinéma, en 1949, par Jacqueline Audry avec Danièle Delorme ; en 1958, par Vincente Minnelli avec Leslie Caron ; à la télévision, *Mademoiselle Gigi*, en 2006, de Caroline Huppert avec Juliette Lamboley et Macha Méril

QUAND LIRE CE LIVRE ?
jeune adulte

DIFFICULTÉ
1

L'AVIS DE LECTEUR D'OLIVIER BARROT :
chez Colette, les femmes sont mieux armées que les hommes – j'approuve.

temps les avances de Gaston, qui pourtant désire l'épouser. Enfin, le temps, la réflexion font leur office.

« Ainsi la semaine passée, elle lui a appris à manger d'une manière impeccable le homard à l'américaine.

– Pour quoi faire ?

– Alicia dit que c'est excessivement utile. Elle dit que les trois pierres d'achoppement, dans une éducation, c'est le homard à l'américaine, l'œuf à la coque et les asperges. Elle dit que le manque d'élégance en mangeant a brouillé bien des ménages. »

JAMAIS DE DÉCHET CHEZ SIMENON : TOUTE SON ŒUVRE MÉRITE LECTURE. CEPENDANT, CE ROMAN-LÀ CONSTITUE À MES YEUX UN SOMMET.

GEORGES SIMENON (1903-1989)

LA FUITE DE MONSIEUR MONDE

PREMIÈRE PARUTION
1944

GENRE : roman

ADAPTATION
à la télévision, en 2004, par Claude Goretta avec Bernard Le Coq

QUAND LIRE CE LIVRE ?
jeune adulte

DIFFICULTÉ
1

L'AVIS DE LECTEUR D'OLIVIER BARROT :
comme tous les livres majeurs, *La Fuite de Monsieur Monde* peut se lire à plusieurs niveaux. Facile et complexe, comme la nature humaine.

Georges Simenon, c'est l'écrivain « univers », à l'instar de Balzac, qu'il admirait tant. Comme Marcel Proust, comme Tolstoï, ou comme Thomas Mann, c'est sa comédie humaine à lui qu'il nous offre au travers de quelque quatre cents romans.

Ce Belge est un homme de l'excès. Né à Liège en 1903, journaliste dès l'âge de 16 ans, voyageur et séducteur impénitent, il est admiré des plus grands, de Gide à Fellini. Inventeur de Maigret – il est si souvent adapté au cinéma et à la télévision –, Georges Simenon donne surtout ce qu'il appelle des « romans-romans », c'est-à-dire des histoires toujours plausibles, avec des hommes et des femmes de tous les jours. *La Fuite de Monsieur Monde*, écrit par Simenon en Vendée pendant la guerre, est pour moi l'un des dix grands romans français du XXe siècle.

L'intrigue en est des plus simples. Monsieur Monde, industriel apparemment comblé, et cependant obscurément las de son existence personnelle et professionnelle, décide, un beau jour, d'aller voir ailleurs. Il se rend à la gare de Lyon, monte dans le premier train et part en direction du sud, vers le soleil, vers la vie :

une démarche existentielle de survie. Or le livre date précisément des débuts de l'existentialisme sartrien, dont il fournit, sans que l'auteur ne l'ait vraiment voulu, la plus parfaite des illustrations.

« Après, M. Monde ne pensa plus. Le rythme du train s'empara de lui. Ce fut comme une musique régulière sur laquelle s'inscrivaient, en guise de paroles, de bribes de phrases, des souvenirs, des images qui passaient sous ses yeux, une bicoque toute seule dans une campagne, avec une grosse femme qui faisait la lessive [...], des gens qui défilaient sans cesse derrière lui pour se rendre aux cabinets, un enfant qui hurlait dans le compartiment voisin [...]. Il ne savait pas où il allait, ni ce qu'il ferait. »

GEORGES SIMENON DONNE SURTOUT CE QU'IL APPELLE DES « ROMANS-ROMANS », C'EST-À-DIRE DES HISTOIRES TOUJOURS PLAUSIBLES, AVEC DES HOMMES ET DES FEMMES DE TOUS LES JOURS.

ANTIGONE, C'EST L'UNE DE CES OCCURRENCES OÙ L'ART ÉPOUSE L'HISTOIRE : LE PUBLIC, À LA CRÉATION, L'A PARFAITEMENT COMPRIS.

JEAN ANOUILH (1910-1987)

ANTIGONE

PREMIÈRE PARUTION
1946
GENRE : théâtre

QUAND LIRE CE LIVRE ?
jeune adulte

DIFFICULTÉ
2

L'AVIS DE LECTEUR D'OLIVIER BARROT :
tout chez Anouilh n'atteint pas la simple grandeur d'*Antigone*. Mais ici il semble avoir été touché par la grâce.

« Antigone : Vous me dégoûtez tous avec votre bonheur ! Avec votre vie qu'il faut aimer coûte que coûte. On dirait des chiens qui lèchent tout ce qu'ils trouvent. Et cette petite chance pour tous les jours, si on n'est pas trop exigeant. Moi, je veux tout, tout de suite – et que ce soit entier – ou alors je refuse ! Je ne veux pas être modeste, moi, et me contenter d'un petit morceau si j'ai été bien sage. Je veux être sûre de tout aujourd'hui et que cela soit aussi beau que quand j'étais petite – ou mourir. »

Je viens de relire ce texte, désormais étudié en classe, d'un auteur de 33 ans, qui se souvient de son modèle, l'*Antigone* de Sophocle, composé sans doute vers 442 avant Jésus-Christ. Et la beauté grave de cette tragédie nue m'assaille à nouveau.

Jean Anouilh a beaucoup écrit, des pièces noires, des pièces roses, des pièces brillantes, ainsi qu'il les qualifiait lui-même, des comédies, des drames de l'incompréhension... Mais décidément, *Antigone* brille comme un joyau.

Antigone, ou le devoir moral d'insurrection. Etéocle et Polynice, ses frères, se sont entretués, et leur oncle, le roi Créon, refuse à Polynice les honneurs funéraires. Antigone les lui rend, sachant qu'elle brave la volonté du souverain, qu'elle va à la mort, inéluctablement. Ce sacrifice, le public du Paris occupé de 1944 en mesurait la portée symbolique, ô combien.

La pièce connut un triomphe : un demi-millier de représentations. Un classique à la fois intemporel et de son temps.

TRÈS CURIEUX : ANOUILH S'EST SOUVENT ÉRIGÉ EN CRITIQUE SAUMÂTRE DE LA MESQUINERIE. ICI, IL S'ATTACHE AU SUBLIME, TRIOMPHALEMENT.

UNE PLAISANTE INTRODUCTION AU SNOBISME ET À L'HUMOUR, CES DEUX CONSTANTES SI BRITANNIQUES.

NANCY MITFORD (1904-1973)

À LA POURSUITE DE L'AMOUR

PREMIÈRE PARUTION
1945
GENRE : roman

QUAND LIRE CE LIVRE ?
jeune adulte

DIFFICULTÉ
1

L'AVIS DE LECTEUR D'OLIVIER BARROT :
les Anglais ont toujours considéré leurs romanciers comme les meilleurs : il m'est arrivé de leur donner raison.

Avec Nancy Mitford, nous évoluons dans la meilleure société, la *gentry*, garante des traditions, sûre de son bon droit et de sa supériorité, familière des demeures historiques et des distractions de plein air, ce qui n'exclut ni le patriotisme ni le sens de l'humour.

Nancy Mitford est née en 1904 et fut l'aînée d'une fratrie de sept enfants – six filles, un garçon – engendrés par le baron Redesdale et son épouse, dont le père lui-même avait fondé le fameux magazine *Vanity Fair*. Tous les enfants, ou presque, ont connu une destinée quasi romanesque. Nancy Mitford, quant à elle, s'était éprise d'un collaborateur du général de Gaulle à Londres, Gaston Palewski, au point de décider de se rapprocher de lui en s'installant à Paris dans les années de l'après-guerre. Romancière couronnée, elle triompha en 1945 avec *À la poursuite de l'amour* – le premier d'un ensemble de quatre opus –, fidèle portrait du milieu qui était le sien.

« Lord Merlin embellissait constamment sa demeure. C'était un grand collectionneur, et non seulement Merlinford, mais ses maisons de Londres et de Rome, regorgeaient de trésors. Un antiquaire bien connu de Londres avait même jugé intéressant d'ouvrir une succursale dans le petit bourg de Merlinford, afin de tenter sa seigneurie durant sa promenade matinale, avec des objets de choix. Un bijoutier de Bond Street avait bientôt suivi son exemple. Lord Merlin avait la folie des bijoux. Ses deux lévriers noirs portaient des colliers de diamants destinés à des cous plus blancs, mais ni plus fins, ni plus gracieux que ceux-là. C'était de longue date une de ses façons de tracasser les voisins. »

TOUS LES ENFANTS, OU PRESQUE, ONT CONNU UNE DESTINÉE QUASI ROMANESQUE.

Trois poètes enchanteurs au XXe siècle, qui se sont connus deux à deux : Apollinaire, Cocteau, Prévert.

JACQUES PRÉVERT (1900-1977)

Paroles

PRÉVERT, C'EST TOUT L'ESPRIT DE SAINT-GERMAIN-DES-PRÉS, DONT IL FUT L'UNE DES FIGURES DE RÉFÉRENCE.

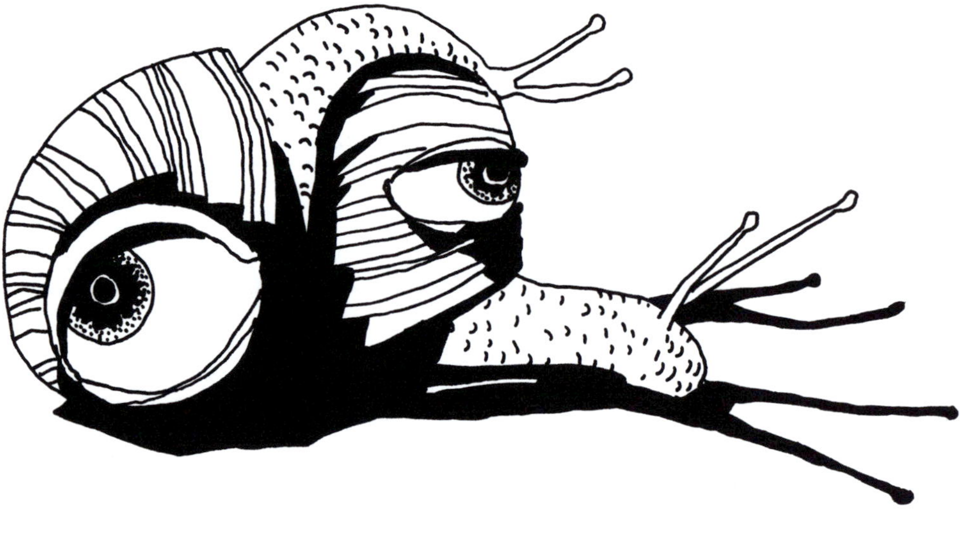

Jacques Prévert, c'est un peu plus que Prévert. Auteur de chansons, de collages et de poèmes, il fut un scénariste tellement inspiré, et tellement reconnu, qu'il incarne, à lui seul, le principal courant cinématographique des années 1930 et 1940 : le fameux réalisme poétique. *Les Visiteurs du soir*, *Quai des brumes*, *Le jour se lève*, *Les Enfants du paradis*, c'est à lui qu'on en doit le scénario et les dialogues. Jacques Prévert n'aimait ni l'armée ni l'Église, il préférait les enfants et les femmes. *Paroles*, son premier, son plus illustre recueil, paraît en 1946 et rassemble quatre-vingt-quinze textes de toutes formes, en prose telles des chansons, des poèmes en vers aux rimes irrégulières, des intermèdes dialogués. Son succès ne s'est jamais démenti tant ses fantaisies en prose, faciles d'accès, ont su éveiller l'intérêt de tous, écoliers comme lecteurs confirmés.

Prévert, c'est tout l'esprit de Saint-Germain-des-Prés, dont il fut l'une des figures de référence, chanté par Gréco, par Montand, par les Frères Jacques. Ses poèmes, amusants ou graves, n'ont pas fini de nous ravir.

Le Miroir brisé

« Le petit homme qui chantait sans cesse
le petit homme qui dansait dans ma tête
le petit homme de la jeunesse
a cassé son lacet de soulier
et toutes les baraques de la fête
tout d'un coup se sont écroulées
et dans le silence de cette fête
j'ai entendu ta voix heureuse
ta voix déchirée et fragile
enfantine et désolée
venant de loin et qui m'appelait
et j'ai mis ma main sur mon cœur
où remuaient
ensanglantés
les sept éclats de glaces de ton rire étoilé. »

PREMIÈRE PARUTION
1946

GENRE : poésie

ADAPTATION
très souvent mis en musique par Juliette Gréco, Serge Reggiani, Yves Montand ou les Frères Jacques

QUAND LIRE CE LIVRE ?
adolescence

DIFFICULTÉ
1

L'AVIS DE LECTEUR D'OLIVIER BARROT :
poète de l'air de rien, enlumineur de tous les jours, notre Jacques Prévert.

ELLE NE S'EST PAS SOUMISE, BIEN QUE L'ADVERSITÉ AIT EU LE DERNIER MOT. ELLE A LUTTÉ PAR LA LITTÉRATURE, DÉSORMAIS EXEMPLE, SOURIRE D'HUMANITÉ.

ANNE FRANK (1929-1945)

LE JOURNAL D'ANNE FRANK

PREMIÈRE PARUTION
1947

GENRE : journal intime

ADAPTATION
nombreuses adaptations au cinéma, au théâtre et à l'opéra

QUAND LIRE CE LIVRE ?
adolescence

DIFFICULTÉ
1

L'AVIS DE LECTEUR D'OLIVIER BARROT :
Anne Frank reste à jamais la sœur de ses lecteurs. Oui, un membre de la famille la plus proche.

Juive, née en Allemagne en 1929, émigrée avec ses parents aux Pays-Bas en 1933, à l'arrivée d'Hitler au pouvoir. Cachée en 1942, dans un appartement d'Amsterdam pour fuir la persécution, dénoncée, arrêtée et déportée en 1944, morte du typhus au camp de Bergen-Belsen, en 1945, à l'âge de 15 ans. Un cas tragique parmi des millions d'autres. Mais Anne Frank, toute jeune qu'elle fût, se voulait déjà écrivain.

De juin 1942 à août 1944, Anne Frank tient son journal, retrouvé après la guerre et publié par son père en 1947. C'est devenu un classique de la littérature universelle, vendu partout, adapté à la scène et à l'écran. Ce qui demeure stupéfiant dans le journal, c'est la prodigieuse aptitude de son auteur à la vie, au bonheur, à la création.

Anne n'a que 13 ans quand elle en commence la rédaction, sous forme de lettres, à une amie imaginaire, Kitty. Elle lui parle de la guerre commentée par la radio de Londres, de sa mère qui l'énerve, des voisins encombrants, de ses désirs avoués, littéraires et sentimentaux.

« Tu seras sans doute étonnée qu'à mon âge je parle déjà d'admirateurs. Hélas (ou dans certains cas pas du tout hélas), ce mal semble impossible à éviter dans notre école. Dès qu'un garçon me demande s'il peut m'accompagner à vélo jusqu'à la maison et que la conversation s'engage, je peux être sûre que neuf fois sur dix, le jeune homme en question aura la fâcheuse habitude de prendre immédiatement feu et flamme et ne me quittera plus des yeux. [...] S'ils vont trop loin, je fais un peu tanguer mon vélo, mon cartable tombe, le jeune homme, par galanterie, est bien obligé de descendre et, le temps qu'il me rende le cartable, j'ai déjà trouvé un autre sujet de conversation. »

CE QUI DEMEURE STUPÉFIANT DANS LE JOURNAL, C'EST LA PRODIGIEUSE APTITUDE DE SON AUTEUR À LA VIE, AU BONHEUR, À LA CRÉATION.

CE TÉMOIGNAGE SUPRÊME REVÊT UN CARACTÈRE SACRÉ : CELUI DE TOUT HOMME.

PRIMO LEVI (1919-1987)

SI C'EST UN HOMME

Né à Turin, en 1919, Primo Levi, qui appartient à une famille juive, soutient brillamment sa thèse de doctorat en chimie, en 1941, malgré les lois raciales. Résistant au fascisme, il est arrêté en 1943, et déporté, l'année suivante, dans l'une des dépendances du camp d'Auschwitz. Les conditions réservées aux prisonniers y sont, au sens propre, inhumaines. Cependant, Levi travaille dans une usine de caoutchouc. Survivant, libéré en 1945 par les troupes soviétiques, il rentre chez lui et publie *Si c'est un homme*, en 1947. Son œuvre ultérieure ne se départit pas de sa réflexion sur l'anéantissement. Primo Levi met fin à ses jours en 1987.

Si c'est un homme passera d'abord inaperçu, jusqu'à sa republication en 1956, par les soins du grand éditeur Giulio Einaudi, qui élève l'ouvrage au rang éminent qui est le sien : celui du témoignage le plus radical, le moins sentimental jamais écrit sur les camps. Les wagons plombés, le tri, le travail forcé, les coups, la faim, la soif, on l'a lu ailleurs, mais nul n'a su, comme Levi, en moraliste jamais résigné, faire apparaître la singulière volonté des nazis de nier l'humanité de leurs prisonniers. *Si c'est un homme* ne s'impose pas seulement comme un livre majeur. C'est une lecture indispensable et fondatrice.

« Vous qui vivez en toute quiétude
Bien au chaud dans vos maisons,
Vous qui trouvez le soir en rentrant
La table mise et des visages amis,
Considérez si c'est un homme
Que celui qui peine dans la boue,
Qui ne connaît pas de repos,
Qui se bat pour un quignon de pain,
Qui meurt pour un oui pour un non.
Considérez si c'est une femme
Que celle qui a perdu son nom et ses cheveux
Et jusqu'à la force de se souvenir,
Les yeux vides et le sein froid
Comme une grenouille en hiver. »

PREMIÈRE PARUTION
1947

GENRE : récit autobiographique

QUAND LIRE CE LIVRE ?
adolescence

DIFFICULTÉ
2

L'AVIS DE LECTEUR D'OLIVIER BARROT :
Si c'est un homme devrait être inscrit au programme de terminale, en France et partout.

L'UN DES LIVRES ANGLAIS MYTHIQUES DE CE SIÈCLE, AU MÊME TITRE QU'*ULYSSE* DE JAMES JOYCE, *LES SEPT PILIERS DE LA SAGESSE* DE T.E. LAWRENCE OU *LE QUATUOR D'ALEXANDRIE* DE LAWRENCE DURRELL.

MALCOM LOWRY (1909-1957)

AU-DESSOUS DU VOLCAN

Au-dessous du volcan paraît à Londres et à New York en 1947 et est immédiatement traduit en français par les soins de Stephen Spriel et de Clarisse Francillon, soutenu par Maurice Nadeau et Max-Pol Fouchet.

Né en 1909 au sud de Liverpool, Lowry, dès les années d'études à Cambridge, s'adonna au sport, à la musique et à l'alcool, avant que de naviguer au long cours, comme Conrad, jusque dans les mers du Sud. Lowry est mort jeune, à 48 ans, usé, après avoir traîné aux États-Unis, au Canada et bien sûr au Mexique, où se déroule *Au-dessous du volcan*. Dans une lettre à son éditeur, Lowry explique posément que ce livre a été conçu sur le mode, dit-il, d'entrelacs soudés, afin de permettre un nombre de lectures inépuisablement indéfini. En dépit de la relative difficulté d'accès de l'ouvrage, il faut suivre Lowry à Cuernavaca au Mexique, afin d'y rencontrer le consul, son épouse et leur ami cinéaste, mais surtout, pour y éprouver les vertigineuses accélérations, les senteurs moites, les délires imagés dont, tout à coup, Lowry parsème le récit. « Oui, elle le comprenait maintenant, toute cette histoire de taureau, c'était comme une vie : l'importante naissance, la belle chance, le tour de l'arène d'abord hésitant, puis assuré, puis à demi désespéré, un obstacle aplani – exploit mal reconnu – puis l'ennui, la résignation, l'effondrement ; puis une autre naissance, plus convulsive ; un nouveau départ ; les efforts circonspects pour s'y reconnaître dans un monde maintenant franchement hostile ; l'encouragement apparent, mais décevant, de ses juges, dont plus de la moitié étaient endormis ; les embardées dans les commencements du désastre, à cause de ce même obstacle négligeable qui avait été jadis franchi d'un coup, la chute finale... »

CE LIVRE A ÉTÉ CONÇU SUR LE MODE D'ENTRELACS SOUDÉS, AFIN DE PERMETTRE UN NOMBRE DE LECTURES INÉPUISABLEMENT INDÉFINI.

PREMIÈRE PARUTION
1947
GENRE : roman

ADAPTATION
au cinéma, en 1984, par John Huston avec Albert Finney et Jacqueline Bisset

QUAND LIRE CE LIVRE ?
jeune adulte

DIFFICULTÉ
2

L'AVIS DE LECTEUR D'OLIVIER BARROT :
une expérience vitale, autant qu'une lecture. Le volcan en éruption, chacun le porte en soi.

UNE HISTOIRE D'AMOUR, ROMANTIQUE À SOUHAIT : LA MALADIE CONTRE LA PASSION, UN SENS DE L'HUMOUR OMNIPRÉSENT. UN LIVRE CULTE, LE MOT EST LE BON.

BORIS VIAN (1920-1959)

L'ÉCUME DES JOURS

PREMIÈRE PARUTION
1947

GENRE : roman

ADAPTATION
au cinéma, en 1968, par Charles Belmont avec Jacques Perrin et Marie-France Pisier ; en 2013, par Michel Gondry avec Romain Duris et Audrey Tautou

QUAND LIRE CE LIVRE ?
adolescence

DIFFICULTÉ
1

L'AVIS DE LECTEUR D'OLIVIER BARROT :
pour qui aime le jazz, les amours adolescentes, la gravité d'une mort annoncée.

Boris Vian écrit *L'Écume des jours* en 1946, à l'âge de 26 ans, alors qu'il est en passe de s'imposer comme l'une des figures phares du légendaire Saint-Germain-des-Prés de l'après-guerre. Années mythiques, au cours desquelles se révèlent Juliette Gréco, les existentialistes, Jean-Paul Sartre et Simone de Beauvoir en tête ; la *Série noire*, les Frères Jacques ; Raymond Queneau et les caves enfumées, vouées au jazz ; Claude Luter, Sidney Bechet. Diplômé de l'École centrale, Boris Vian pratique, la nuit, la trompette en amateur éclairé, ainsi que la littérature. Après un premier roman, *Vercoquin et le Plancton*, passé inaperçu, *L'Écume des jours* paraît en 1947, et sera suivi d'une douzaine d'autres titres. Malade du cœur, Vian disparaît en 1959, et c'est après sa mort que *L'Écume des jours* se révèle comme le livre d'une époque, celui même d'une classe d'âge, puisqu'il est réédité en 1963 et n'a cessé depuis d'émouvoir des générations successives d'adolescents. Histoire de la passion entre Chloé et Colin, légère et gaie en même temps que tragique – la fantaisie et la tendresse irradient dans *L'Écume des jours* –, illustrant à la perfection, dans son rythme syncopé, et son invention verbale, ce que les surréalistes appelaient de leurs vœux : l'amour fou.

« La main de Chloé, tiède et confiante, était dans la main de Colin. Elle le regardait, ses yeux clairs un peu étonnés le tenaient en repos. En bas de la plate-forme, dans la chambre, il y avait des soucis qui s'amassaient, acharnés à s'étouffer les uns les autres. Chloé sentait une forme opaque dans son corps, dans son thorax, une présence opposée, elle ne savait comment lutter, elle toussait de temps en temps pour déplacer l'adversaire accroché à sa chair profonde. »

***L'ÉCUME DES JOURS* SE RÉVÈLE COMME LE LIVRE D'UNE ÉPOQUE, CELUI MÊME D'UNE CLASSE D'ÂGE.**

HERVÉ BAZIN SE VOULAIT PORTEUR D'UN MESSAGE FRATERNEL, IL PEIGNAIT LE MALHEUR DE SES PERSONNAGES POUR EN DÉNONCER LES CAUSES QUI LES DÉPASSAIENT.

HERVÉ BAZIN (1911-1996)

VIPÈRE AU POING

PREMIÈRE PARUTION
1948
GENRE : roman

ADAPTATION
à la télévision, en 1971, par Pierre Cardinal avec Alice Sapritch ; au cinéma, en 2004, par Philippe de Broca avec Jacques Villeret et Catherine Frot

QUAND LIRE CE LIVRE ?
adolescence

DIFFICULTÉ
1

L'AVIS DE LECTEUR D'OLIVIER BARROT :
difficile d'oublier Folcoche, l'une des plus intenses figures féminines de son demi-siècle.

« Je saisis la vipère par le cou, exactement au-dessus de la tête, et je serrai, voilà tout. Cette détente brusque, en ressort de montre qui saute hors du boîtier – et le boîtier, pour ma vipère, s'appelait la vie – ce réflexe désespéré pour la première et pour la dernière fois en retard d'une seconde, ces enroulements, ces déroulements, ces enroulements froids autour de mon poignet, rien ne me fit lâcher prise. Par bonheur, une tête de vipère, c'est triangulaire (comme Dieu, son vieil ennemi) et montée sur cou mince, où la main peut se caler. Par bonheur, une peau de vipère, c'est rugueux, sec d'écailles, privé de la viscosité défensive de l'anguille. Je serrais de plus en plus fort, nullement inquiet, mais intrigué par ce frénétique réveil d'un objet apparemment si calme, si digne de figurer parmi les jouets de tout repos. » Saisissant début que celui de *Vipère au point*, le plus célèbre des romans d'Hervé Bazin qui, à sa publication, en 1948, imposa d'emblée son auteur. Hervé Bazin, traduit en quarante langues, figure le romancier populaire par excellence. Mais son succès lui fait de l'ombre, on le jalouse, on le sous-estime. Et quand il disparaît, en 1996, il entre dans un purgatoire parfaitement immérité, sans doute inévitable. Il suffit de reprendre ses livres pour en mesurer la puissance et le sens du récit. Le narrateur de *Vipère au poing* vit en Anjou, au domaine de la Belle-Angerie, entre ses deux frères, Ferdinand, dit Freddie, et Marcel, dit Cropette, son père, effacé et soumis, et sa mère, une méchante comme on n'en a jamais décrit. Le gamin que l'on a baptisé Brasse-Bouillon appelle sa mère « Folcoche » – comme folle, comme cochonne. Une atmosphère bourgeoise et rancie, toute d'hypocrisie, de violences et d'injustices et que, cependant, Brasse-Bouillon parvient à affronter, à dominer, à s'en affranchir même. Beau roman d'apprentissage, écrit sec et dru, qui se termine par ces mots fiers qui forment un alexandrin : « Je suis celui qui marche, une vipère au poing. »

UNE ATMOSPHÈRE BOURGEOISE ET RANCIE, TOUTE D'HYPOCRISIE, DE VIOLENCES ET D'INJUSTICES ET QUE, CEPENDANT, BRASSE-BOUILLON PARVIENT À AFFRONTER.

Quelle finesse que celle de Pavese, lui-même si peu doué pour ce qu'il appelle « le métier de vivre » !

CESARE PAVESE (1908-1950)

Le Bel Été

La littérature italienne n'est pas une. À l'instar du pays, elle est irriguée de sensibilités régionales très diverses, très attachées à leur singularité. Giorgio Bassani est de Ferrare, Pier Paolo Pasolini de Bologne, Mario Soldati de Turin. Piémontais lui aussi, Cesare Pavese a passé sa brève existence au milieu des livres, comme traducteur et critique, comme éditeur (c'est l'un des cofondateurs de la prestigieuse maison Einaudi), comme poète et comme romancier. Il est l'auteur du fameux *Le Bel Été*, écrit en 1939 et publié seulement en 1949.

Le Bel Été se compose de trois histoires, qui toutes, se déroulent dans le Piémont, au nord-ouest de l'Italie. De la troisième, le cinéaste Michelangelo Antonioni tira le film *Femmes entre elles*, mais c'est la première qui donne son titre au recueil, tout de frémissements presque féminins.

Ginia, une modeste couturière, se lie avec Amelia, son aînée, une femme affranchie qui l'impressionne. Peu à peu, Amelia initie Ginia à la gent masculine, favorisant une intrigue avec le peintre Guido qui, même si elle se révèle décevante, aura permis à Ginia, dorénavant plus mûre, d'apercevoir ce que peut être la vraie vie.

« À cette époque-là, c'était toujours fête. Il suffisait de sortir et de traverser la rue pour devenir comme folles, et tout était si beau, spécialement la nuit, que, lorsqu'on rentrait, mortes de fatigue, on espérait encore que quelque chose allait se passer, qu'un incendie allait éclater, qu'un enfant allait naître dans la maison ou, même, que le jour allait venir soudain et que tout le monde sortirait dans la rue et que l'on pourrait marcher, marcher jusqu'aux champs et jusque de l'autre côté des collines. »

PREMIÈRE PARUTION
1949

GENRE : roman

PRIX REÇU POUR CE LIVRE
prix Strega en 1949

QUAND LIRE CE LIVRE ?
jeune adulte

DIFFICULTÉ
2

L'AVIS DE LECTEUR D'OLIVIER BARROT :
« En ce temps-là la vie était si belle » et pétrie de promesses. Faut-il qu'elle s'obscurcisse ?

AMELIA INITIE GINIA À LA GENT MASCULINE, FAVORISANT UNE INTRIGUE AVEC LE PEINTRE GUIDO.

De l'humour pince-sans-rire, parfait donc. Par un Roumain d'expression française. Au total, une référence.

EUGÈNE IONESCO (1909-1994)

LA CANTATRICE CHAUVE

PREMIÈRE PARUTION
1950
GENRE : théâtre

QUAND LIRE CE LIVRE ?
jeune adulte

DIFFICULTÉ
2

L'AVIS DE LECTEUR D'OLIVIER BARROT :
à la création de la *Cantatrice chauve*, certains pensèrent que Ionesco se moquait du monde : ce n'était pas faux.

« Mme Smith : Tiens, il est neuf heures. Nous avons mangé de la soupe, du poisson, des pommes de terre au lard, de la salade anglaise. Les enfants ont bu de l'eau anglaise. Nous avons bien mangé, ce soir. C'est parce que nous habitons dans les environs de Londres et que notre nom est Smith. »

Pas de doute, ces premières répliques de *La Cantatrice chauve* continuent de susciter le même étonnement et la même gaieté que ceux ressentis par les premiers spectateurs de la pièce, à sa création, en 1950. Depuis, *La Cantatrice chauve* n'a jamais cessé d'être jouée continûment, un cas absolument unique. Son auteur, Eugène Ionesco, né en Roumanie en 1909, vivait en France dont il avait adopté et la langue et la nationalité. Il fut élu à l'Académie française, et son œuvre, en tout point unique – *La Leçon*, *Rhinocéros*, *Le roi se meurt* – est souvent qualifiée de théâtre de l'absurde.

M. et Mme Smith énoncent des banalités, bientôt rejoints par leurs voisins, les Martin, tandis qu'interviennent, de façon incongrue, la bonne Mary et le capitaine des pompiers.

DEPUIS 1950,
LA CANTATRICE CHAUVE
N'A JAMAIS CESSÉ D'ÊTRE
JOUÉE CONTINÛMENT, UN
CAS ABSOLUMENT UNIQUE.

L'interprète, qui jouait ce rôle, Henri-Jacques Huet, commit un lapsus pendant les répétitions : au lieu de dire « l'institutrice blonde », il articula « la cantatrice chauve ». Le hasard, comme auteur dramatique, ce qu'apprenant Eugène Ionesco, s'en enchanta, et la pièce – dans laquelle n'apparaît jamais la moindre cantatrice chauve – avait trouvé son titre !

Style direct, langage brut, refus apparent des fioritures d'expression. Salinger savait très bien ce qu'il faisait.

JEROME DAVID SALINGER (1919-2010)

L'Attrape-cœurs

PREMIÈRE PARUTION
1951
GENRE : roman

QUAND LIRE CE LIVRE ?
adolescence / jeune adulte

DIFFICULTÉ
1

L'AVIS DE LECTEUR D'OLIVIER BARROT :
c'est le ton du récit, vivante apostrophe au lecteur, qui explique d'abord la formidable popularité de *L'Attrape-cœurs*.

Il est des livres qui représentent davantage qu'eux-mêmes, qui correspondent à leur époque, traduisent la sensibilité d'une génération. Par exemple, *L'Écume des jours* de Boris Vian ou *Bonjour tristesse* de Françoise Sagan, mais plus encore, *L'Attrape-cœurs* parce que son impact s'exerça dans le monde entier. Son auteur, Jerome David Salinger, disparut en 2010, à plus de 90 ans, au terme d'une existence qui s'écoula de la façon la plus singulière qui soit. Stage de charcuterie en Europe avant la guerre, participation au Débarquement en Normandie, parution de *L'Attrape-cœurs* en 1951 aux États-Unis, puis de quelques autres livres, avant un retrait progressif, puis définitif – pas de photos – à partir de 1953.

L'Attrape-cœurs, roman à la première personne, c'est l'histoire d'une fugue, celle d'Holden Caulfield, un adolescent new-yorkais de 17 ans, chassé de son collège peu avant Noël et qui hésite à rentrer chez lui. Alors, il se raconte. Sa famille, son frère disparu, sa petite sœur, Phoebe, les copains de classe à la fois sympas et encombrants, les moments d'exaltations, sportives en particulier, et de doutes, notamment à l'égard des filles. Et puis, cette question lancinante : que deviennent les canards de Central Park en

C'EST L'HISTOIRE D'UNE FUGUE, CELLE D'HOLDEN CAULFIELD, UN ADOLESCENT NEW-YORKAIS DE 17 ANS, CHASSÉ DE SON COLLÈGE PEU AVANT NOËL ET QUI HÉSITE À RENTRER CHEZ LUI.

hiver, quand l'eau se transforme en glace ? « Et voilà qu'à Trenton, y a une dame qui est montée et qui s'est assise auprès de moi. Pratiquement le wagon était vide because ça commençait à être tard et tout, mais elle s'est assise auprès de moi plutôt que sur une banquette vide parce que j'étais sur la banquette près du couloir et elle avait un gros sac. [...] Elle portait une orchidée au revers de son tailleur, comme si elle venait d'une grande soirée ou quoi. Elle avait dans les quarante ou quarante-cinq ans, je suppose, mais elle était très bien. Les femmes, ça me tue. »

Sur la scène à peu près nue, deux personnages réinventent le monde et Beckett le théâtre.

SAMUEL BECKETT (1906-1989)

En attendant Godot

PREMIÈRE PARUTION
1952 (première représentation en 1953)
GENRE : théâtre

QUAND LIRE CE LIVRE ?
adulte

DIFFICULTÉ
2

L'AVIS DE LECTEUR D'OLIVIER BARROT :
aussi drôle que désespéré, *En attendant Godot* est apparu à juste titre comme une parabole de l'humaine condition.

Traits aquilins, chevelure d'acier, regard intense : pour une fois, un visage dit une personnalité. Celle de Samuel Beckett domine la scène théâtrale de l'après-guerre. Il faut se mettre à la place des spectateurs éberlués qui, en 1953, au théâtre des Noctambules, découvrent *En attendant Godot*, la première pièce écrite en français par un auteur irlandais de 47 ans, Samuel Beckett. Le titre traduit bien l'intrigue, étendue sur deux actes : sur une route de campagne, avec arbres, deux paumés, Vladimir et Estragon, conversent. Quand, où, on ne sait, on ne saura pas. Ils espèrent la venue d'un certain Godot, qui n'arrivera jamais, bien que celui-ci leur envoie un émissaire leur demandant de ne pas perdre patience.

Alors, « en attendant Godot », Vladimir et Estragon discutent de tout, de rien, de l'attente, de l'espoir. Discours vain, paysage vide, paroles ineptes.

Surviennent Pozzo et Lucky qui s'entredéchirent, pas des amis, contrairement à Vladimir et Estragon. Désespérance, fin du monde, vertige d'interrogations.

« – Je suis heureux de vous avoir rencontré !
– Et si on se quittait ? Ça irait peut-être mieux.
– On se pendra demain. À moins que Godot ne vienne.
– Et s'il vient.
– Nous serons sauvés. »
On a dit de Beckett qu'il arrivait de nulle part. Façon de considérer son absolue singularité, qui lui vaut le prix Nobel de littérature en 1969.

DISCOURS VAIN, PAYSAGE VIDE, PAROLES INEPTES.

TRÈS COURTE, CETTE AVENTURE INTERROGE LA CONDITION HUMAINE DANS SON VOLONTARISME ET SON ABSURDITÉ. VAINCRE LA NATURE, CE DÉFI EST PERDU D'AVANCE.

ERNEST HEMINGWAY (1899-1961)

LE VIEIL HOMME ET LA MER

PREMIÈRE PARUTION
1952
GENRE : roman

PRIX REÇU POUR CE LIVRE
prix Pulitzer en 1953

ADAPTATION
au cinéma, en 1958, par John Sturges avec Spencer Tracy

QUAND LIRE CE LIVRE ?
adolescence

DIFFICULTÉ
1

L'AVIS DE LECTEUR D'OLIVIER BARROT :
Hemingway, écrivain de la mer, égale ici Robert-Louis Stevenson, Herman Melville et Joseph Conrad.

Le Vieil Homme et la mer, l'Américain Ernest Hemingway le compose en 1952. Il a 53 ans et, derrière lui, une fameuse carrière de correspondant de guerre, commencée dès 1917 sur le front d'Italie. Ensuite, il a vécu dans le Montparnasse légendaire des années 1920, connu le succès littéraire avec *Le soleil se lève aussi* et la guerre civile en Espagne, en 1936, d'où il rapporte l'admirable *Pour qui sonne le glas*. Prix Nobel de littérature en 1954, Hemingway prise l'aventure, la corrida, la chasse, les excès. Et quand, malade, il ne peut plus s'y livrer, il se donne la mort en 1961.

Le Vieil Homme et la mer raconte l'ultime combat d'un vieux pêcheur de Cuba, Santiago, sur lequel veille filialement un gamin. Un beau jour, Santiago prend la mer avec l'espoir de rapporter enfin la prise d'une vie. Un espadon géant avec lequel va se nouer l'une des plus grandioses, en même temps que l'une des plus intimes batailles navales de l'histoire de la littérature.

Voici comment Hemingway relate la première apparition du poisson appâté, dans la juste traduction qu'en a donnée Jean Dutourd : « Lentement, régulièrement la ligne montait ; soudain l'océan se

PRIX NOBEL DE LITTÉRATURE EN 1954, HEMINGWAY PRISE L'AVENTURE, LA CORRIDA, LA CHASSE, LES EXCÈS.

souleva en avant de la barque et le poisson apparut. Il n'en finissait pas de sortir, l'eau ruisselait le long de ses flans ; il étincelait dans la lumière ; sa tête et son dos étaient violet foncé ; le soleil éclairait en plein ses larges rayures lilas ; il avait un nez très long, aussi long qu'une batte de base-ball, et pointu comme une épée. Le poisson émergea tout entier, puis, avec l'aisance d'un bon nageur, replongea. Le vieux eut le temps d'apercevoir la grande queue en forme de faux qui s'enfonçait, tandis que la ligne recommençait à galoper.

– Il a deux pieds de plus que la barque, dit le vieux. »

AUTEUR MAJEUR DE L'ANTICIPATION, BRADBURY ILLUSTRE AVEC FORCE LE POUVOIR DES LIVRES, VÉHICULES DE LA PENSÉE.

RAY BRADBURY (1920-2012)

FAHRENHEIT 451

PREMIÈRE PARUTION
1953
GENRE : roman de science-fiction / anticipation

PRIX REÇU POUR CE LIVRE
prix Hugo du meilleur roman en 1954

ADAPTATION
au cinéma, en 1966, par François Truffaut avec Oskar Werner et Julie Christie

QUAND LIRE CE LIVRE ?
jeune adulte

DIFFICULTÉ
1

L'AVIS DE LECTEUR D'OLIVIER BARROT :
en pleine guerre froide, *Fahrenheit 451* se lit aussi comme un ardent plaidoyer contre le totalitarisme.

« Le plaisir d'incendier ! Quel plaisir extraordinaire c'était, de voir les choses se faire dévorer, de les voir noircir et se transformer !
Son casque symbolique numéroté 451 sur sa tête massive, une flamme orange dans les yeux à la pensée de ce qui allait se produire, il actionna l'igniteur d'une chiquenaude et la maison décolla dans un feu vorace qui embrasa le ciel du soir de rouge, de jaune et de noir. »
On aura peut-être reconnu le début de l'un des plus célèbres romans de science-fiction du XXe siècle, *Fahrenheit 451*, publié en 1953 par l'Américain Ray Bradbury, et dont François Truffaut tira un film mémorable. Auparavant, Bradbury s'était imposé dès 1950 avec ses *Chroniques martiennes*, recueil de contes fantastiques sinon de science-fiction traditionnelle.
Nous sommes dans un futur proche, et dans une petite ville où Guy Montag exerce la profession de pompier.
Ici, les pompiers n'éteignent pas les incendies, ils les provoquent. Leurs victimes ? Ceux qui prétendent s'écarter de la norme, parler avec leurs voisins, réfléchir, se promener sous la pluie, ou pire encore, conserver des livres et même les lire, à l'instar de la jeune

TRUFFAUT AIMAIT LES LIVRES AUTANT ET PLUS QUE LES FILMS : NORMAL QU'IL SE SOIT ATTACHÉ À *FAHRENHEIT 451*.

Clarisse McClellan. Soupçonnée de complaisance à l'égard des livres – ces semeurs de discorde –, la femme de Montag n'hésite pas à dénoncer son mari à la police qui vient incendier leur domicile. Montag prend alors la fuite et fait la connaissance de Granger et de ses amis qui apprennent, par cœur, les grands textes de l'humanité, afin d'en conserver la mémoire. Une idée magnifique.
Composé en pleine hystérie maccarthyste, *Fahrenheit 451* provoque encore l'effroi.

Un joyau du futur ? Un roman au futur en tout cas. Un peu troublant au début, et très vite fascinant.

ALAIN ROBBE-GRILLET (1922-2008)

Les Gommes

PREMIÈRE PARUTION
1953
GENRE : roman

ADAPTATION
au cinéma, en 1969, par René Micha et Lucien Deroisy avec Claude Titre

QUAND LIRE CE LIVRE ?
jeune adulte

DIFFICULTÉ
1

L'AVIS DE LECTEUR D'OLIVIER BARROT :
qu'importe si ce roman est « nouveau » ou pas. Il raconte une histoire criminelle de façon détachée, comme un ralenti de cinéma.

« Quand j'ai commencé à écrire, je ne savais pas que j'étais moderne. » Il était ingénieur-agronome Alain Robbe-Grillet, dûment diplômé et engagé sur le terrain, en Afrique et aux Antilles. Et, en même temps, travaillé par le désir d'écrire.

Il soumet aux éditions Gallimard un premier roman, qui est refusé, et un deuxième aux éditions de Minuit – qu'il ne quittera pratiquement plus.

Les Gommes paraît en 1953, et son succès confère à son auteur le rôle non sollicité de chef de file d'une école qui se révèle le Nouveau Roman. De quoi s'agit-il ? Tout simplement d'une rupture avec le mode de récit séculaire de la littérature que Robbe-Grillet justifie : « Le public absolument conditionné par une forme stéréotypée du récit tel qu'il doit être trouve évidemment que ceux-là ne sont pas "normaux" [...]. Mais justement, c'est la différence qui est intéressante. » Vaste programme auquel se rallient de façon informelle Nathalie Sarraute, Michel Butor, Marguerite Duras, Robert Pinget, Claude Simon et d'autres. À la Seconde Guerre mondiale a succédé la guerre froide : il importe que la littérature prenne en compte la modernité et la technique.

Le roman moderne, par rapport au roman du XIXe siècle, pose une question de plus, qui a trait au phénomène romanesque même : le personnage qui raconte est toujours mis en question lui-même comme narrateur. Les écrivains du Nouveau Roman entendent raconter de façon concrète, alléger le poids de la psychologie, aller au plus vite au détail significatif.
Dans ce roman de Robbe-Grillet, Garinati doit assassiner Dupont. Pas d'état d'âme, des faits :
« Quand Dupont ouvrira, il se détachera nettement, dans l'embrasure, sur le couloir éclairé ; invisible, dans l'obscurité, tu viseras commodément, appuyé de la main gauche sur le dossier de la chaise. Tu tireras trois fois, au cœur, et tu t'en iras, sans hâte excessive ; la vieille n'aura rien entendu. Si tu la rencontres dans le vestibule, ne fais pas trop voir ton visage ; écarte-la sans brutalité. Il n'y aura personne d'autre dans la maison. »
Les Gommes est un pastiche de polar, dans lequel Wallas, un jeune enquêteur – qui achète souvent des gommes de mauvaise qualité et recherche la gomme idéale – est chargé d'élucider la mort mystérieuse d'un personnage au demeurant sans histoire, Daniel Dupont.

UNE RUPTURE AVEC LE MODE DE RÉCIT SÉCULAIRE DE LA LITTÉRATURE.

DIB ÉCLAIRE D'UNE FORTE LUMIÈRE LA LITTÉRATURE FRANÇAISE D'ALGÉRIE, DONT LES AUTEURS PROVIENNENT DE SOUCHES MULTIPLES.

MOHAMMED DIB (1920-2003)

L'Incendie

C'est peut-être le plus beau styliste de la littérature algérienne du XXe siècle. Mohammed Dib, qui n'écrivait que dans notre langue, est né en 1920, à Tlemcen, au nord-ouest de son pays. Journaliste politique très engagé à gauche, il est expulsé d'Algérie avant l'indépendance et s'installe en France jusqu'à sa mort, en 2003.

Dans son œuvre abondante, *L'Incendie*, qui date de 1954, brille d'un éclat souverain.

« En arrivant devant la Maison de la Lumière, on commence à gravir des pentes rocailleuses battues par les vents. Le pied bute et glisse sur une végétation ligneuse de diss et de lentisques... Voici le rude chemin qu'empruntent les Beni Ournid et leurs petits ânes, le rempart méridional de Mansourah dont il ne subsiste que quelques pans de tours. La campagne est déserte. Une rumeur confuse monte de la plaine. Dans un moutonnement continu, les montagnes bleues et légères des Trara élèvent au dernier plan un écran entre la Méditerranée et les plateaux intérieurs. »

Au village, l'incendie couve, dans tous les sens du terme. Le jeune Omar le pressent, lui qui arrive de la ville. Chaleur écrasante, pauvreté générale, lassitude uniforme... Cela ne peut plus durer, les paysans n'ont plus de raison de vivre.

Une grève, métaphore de la guerre d'indépendance, forcément ravageuse, entraînera la répression, mais aussi la prise de conscience. La description lyrique de l'austère nature algérienne épouse les émois d'Omar, bouleversé par la sensualité de sa cousine Zohr.

PREMIÈRE PARUTION
1954

GENRE : roman

QUAND LIRE CE LIVRE ?
adolescence / jeune adulte

DIFFICULTÉ
2

L'AVIS DE LECTEUR D'OLIVIER BARROT :
chronique d'un embrasement inéluctable, *L'Incendie* précède la grande Histoire, comme parfois seule la littérature sait le faire.

COMME ELLE EST SÈCHE, LA TERRE ENSOLEILLÉE D'ALGÉRIE ! PROPICE AU DÉSIR, AUSSI, MÊME CACHÉ.

OUVRIR CE LIVRE DE JEUNESSE, C'EST COMME MORDRE DANS UN CITRON : PROFUSION DE SAVEURS ET D'ACIDITÉ.

FRANÇOISE SAGAN (1935-2004)

BONJOUR TRISTESSE

SAGAN A RESSENTI SON ÉPOQUE ET FORGÉ SA PROPRE LÉGENDE. ENVIE DE MORDRE.

Un premier roman, à la première personne, publié en 1954 par une jeune fille de 19 ans, Françoise Quoirez, dite Françoise Sagan : le succès de *Bonjour tristesse* est considérable. L'auteur se mue du jour au lendemain en une icône de l'époque, à l'égal d'une Simone de Beauvoir ou d'une Brigitte Bardot. Françoise Sagan entretient un peu le mythe, quelquefois malgré elle, multipliant les publications de moins en moins accomplies, à l'exception cependant de ses livres de souvenirs, de pures merveilles.

Bonjour tristesse éblouira encore les lecteurs d'aujourd'hui par son style limpide et sa cruauté laconique. L'ouvrage raconte comment une jeune fille, élevée par un père libertin, récupère, entre guillemets, celui-ci, alors qu'il s'apprête à se remarier. Il y a du Laclos des *Liaisons dangereuses* dans ses manœuvres savantes et doucereuses, pour aboutir au résultat, qui seul compte : retrouver « la liberté de penser, de mal penser, de penser peu ». Éloge du libertinage tenu dans le cadre classique du court roman psychologique à la française, *Bonjour tristesse* ne saurait vieillir.

« Sur ce sentiment inconnu dont l'ennui, la douceur m'obsèdent, j'hésite à apposer le nom, le beau nom grave de tristesse. C'est un sentiment si complet, si égoïste que j'en ai presque honte alors que la tristesse m'a toujours paru honorable. Je ne la connaissais pas, elle, mais l'ennui, le regret, plus rarement le remord. Aujourd'hui, quelque chose se replie sur moi comme une soie, énervante et douce, et me sépare des autres. »

PREMIÈRE PARUTION
1954

GENRE : roman

ADAPTATION
au cinéma, en 1958, par Otto Preminger avec Jean Seberg, David Niven et Deborah Kerr

QUAND LIRE CE LIVRE ?
jeune adulte

DIFFICULTÉ
1

L'AVIS DE LECTEUR D'OLIVIER BARROT :
soixante ans après sa parution, *Bonjour tristesse* continue d'énerver : c'est bon signe !

MORAVIA EST PEUT-ÊTRE LE PLUS JUSTE ROMANCIER DU COUPLE. CE ROMAIN CONNAÎT ADMIRABLEMENT LE CŒUR DES HOMMES ET DES FEMMES.

ALBERTO MORAVIA (1907-1990)

LE MÉPRIS

PREMIÈRE PARUTION
1954
GENRE : roman

ADAPTATION
au cinéma, en 1963, par Jean-Luc Godard avec Brigitte Bardot, Michel Piccoli et Fritz Lang

QUAND LIRE CE LIVRE ?
lecteur confirmé

DIFFICULTÉ
2

L'AVIS DE LECTEUR D'OLIVIER BARROT :
si la notion de fluidité revêt un sens en littérature, elle s'exprime idéalement dans *Le Mépris*.

Tous les ans, Alberto Moravia se rendait en Afrique avec un ami photographe. Ils en rapportaient des albums commentés et des sources d'inspiration. Et puis Moravia, amoureux de l'amour, se lançait alors dans la fiction.

« Durant les deux premières années de mon mariage, mes rapports avec ma femme furent, je puis aujourd'hui l'affirmer, parfaits. Je veux dire que pendant ces deux années, l'accord complet et profond de nos sens s'accompagnait de cet obscurcissement ou, si l'on préfère, de ce silence de l'esprit qui, en de telles circonstances, suspend toute critique et s'en remet à l'amour seul pour juger la personne aimée. Emilia me semblait absolument sans défauts et je crois que je paraissais tel à ses yeux. » C'est tout simple, ce début du *Mépris* d'Alberto Moravia. Tout simple, comme ce roman qui conte, tout simplement encore, l'histoire d'un couple en voie de désunion. Emilia est l'épouse de Riccardo, journaliste de cinéma besogneux, dont l'existence se trouve bouleversée du jour au lendemain quand il devient scénariste de films, produits par un certain Battista. Dans le même temps, la prospérité lui vient et Emilia fait preuve d'étranges volontés nouvelles : qu'ils fassent chambre à part désormais ; elle se refuse plus ou moins à lui, mollement, malaisément, l'expression même de son visage se trouve modifiée... Et alors que Riccardo travaille à une adaptation cinématographique de *L'Odyssée* d'Homère – Pénélope et Ulysse, elle qui l'attend lui –, le fossé s'est encore creusé entre eux. Il insiste, mais à la fin, lui demande :

« Que me reproches-tu ? » Elle lui lâche alors ce mot terrible puis se tait : « Je te méprise. »

Il ne saura jamais pourquoi. Elle finira par s'en aller, peut-être avec le producteur Battista... Nul mieux que Moravia n'a su dépeindre d'aussi près le dénouement fatal d'une histoire d'amour.

MORAVIA, ÉPOUX D'ELSA MORANTE, SON ALTER EGO, ROMANCIER DE L'INTIME ENTRE HOMMES ET FEMMES, TELLEMENT CLAIRVOYANT.

Comme elle sait déployer ses charmes, la grande Histoire déclinée par la petite !

MAURICE DRUON (1918-2009)

Les Rois maudits

PREMIÈRE PARUTION
entre 1955 et 1977
en sept tomes
GENRE : roman historique

ADAPTATION
à la télévision, en 1972, par Marcel Jullian et Claude Barma avec Jean Piat et Catherine Rouvel ; en 2005, par Josée Dayan avec Jeanne Moreau, Philippe Torreton et Gérard Depardieu

QUAND LIRE CE LIVRE ?
jeune adulte

DIFFICULTÉ
2

L'AVIS DE LECTEUR D'OLIVIER BARROT :
pour « maudits » qu'ils l'ont été, nos bons rois ne manquaient pas de tonus : les lecteurs ne leur ont jamais manqué.

Tout le monde connaît *Les Rois maudits*, cette saga en sept épisodes de Maurice Druon, qui a déjà donné lieu à de fort populaires adaptations télévisées. Publié au long de deux décennies, entre 1955 et 1977, remanié ensuite, car l'auteur le jugeait mal écrit, le cycle se déroule dans la France du XIVe siècle, sous les rois capétiens, puis les Valois, de Philippe IV le Bel à Philippe VI de Valois. Très solide quant à sa documentation, *Les Rois maudits* se lit avec beaucoup d'agrément tant les turpitudes en tout genre donnent du nerf au récit historique grand public. Sacré Maurice Druon ! Neveu de Joseph Kessel, avec lequel il entre en résistance et compose *Le Chant des partisans*, il reçoit le prix Goncourt pour *Les Grandes Familles*, entre à l'Académie française et devient un ministre de la Culture contesté. Il faut en convenir, l'animal ne se détestait pas entièrement et, en bretteur affirmé, défendait ses idées conservatrices avec véhémence. Mais il savait fichtrement bien raconter une histoire !

« [...] Le roi de fer était mort. Frère Renaud s'approcha pour lui fermer les yeux. Mais les paupières qui n'avaient jamais battu se relevèrent d'elles-mêmes. Par deux fois, le grand inquisiteur essaya vainement de les abaisser. On dut couvrir d'un bandeau le regard de ce monarque qui entrait les yeux ouverts dans l'Éternité. »

LES TURPITUDES EN TOUT GENRE DONNENT DU NERF AU RÉCIT HISTORIQUE GRAND PUBLIC.

NABOKOV LE VÉNÉNEUX DÉMONTRE QUE LE DIABLE DE LA TENTATION EXISTE BEL ET BIEN : C'EST LUI-MÊME.

VLADIMIR NABOKOV (1899-1977)

LOLITA

« Lolita, lumière de ma vie, feu de mes reins. Mon péché, mon âme. Lo-Lii-Ta : le bout de la langue fait trois petits pas le long du palais pour taper, à trois, contre les dents. Lo-Lii-Ta.
Le matin, elle était Lo, simplement Lo, avec son mètre quarante-six et son unique chaussette. Elle était Lola en pantalon. Elle était Dolly à l'école. Elle était Dolores sur les pointillés. Mais dans mes bras, elle était toujours Lolita. »
Premières lignes de *Lolita,* ce prodigieux roman du prodigieux Vladimir Nabokov, ce génie russe qui écrivait aussi bien dans sa langue qu'en américain ou en allemand. À sa sortie, en 1955, *Lolita* fit scandale, et très franchement, on peut comprendre pourquoi. C'est l'histoire d'une passion entre un professeur quadragénaire d'origine française, Humbert Humbert, et une adolescente, Lolita, une nymphette provocante, sûre de ses charmes. Lolita est tout sauf une victime, ce qui, au reste, rend le roman acceptable et infiniment troublant. Mais après tout, explique Humbert Humbert, les grands poètes italiens de la Renaissance, Dante et Pétrarque, ne s'éprirent-ils pas de Béatrice et de Laure, âgées respectivement de 9 et 12 ans ?
Le style de Nabokov évite soigneusement tous les poncifs moralisateurs, Humbert Humbert allant jusqu'à épouser, pour un temps, la mère de Lolita, afin de faciliter son addiction. Lolita plaque Humbert Humbert et se marie. Il y aura forcément du sang à la clef.

PREMIÈRE PARUTION
1955
GENRE : roman

ADAPTATION
au cinéma, en 1962, par Stanley Kubrick avec James Mason, Shelley Winters et Sue Lyon

QUAND LIRE CE LIVRE ?
jeune adulte

DIFFICULTÉ
1

L'AVIS DE LECTEUR D'OLIVIER BARROT :
a-t-on jamais pensé mieux analyser le prodige profane de la possession ? Non.

NABOKOV, LE PLUS CHATOYANT DES ÉCRIVAINS DE SON SIÈCLE. LE PLUS INTELLIGENT. LE PLUS... TOUT. JE SUIS PARTIAL? OUI !

Rulfo entrouvre la porte de l'imaginaire mexicain, vie et mort mêlées.

JUAN RULFO (1918-1986)

Pedro Páramo

PREMIÈRE PARUTION
1955
GENRE : roman

QUAND LIRE CE LIVRE ?
jeune adulte

DIFFICULTÉ
2

L'AVIS DE LECTEUR D'OLIVIER BARROT :
Rulfo, compatriote de Diego Rivera et Frida Kahlo : la même démesure.

« Je suis venu à Comala parce que j'ai appris que mon père, un certain Pedro Páramo, y vivait. C'est ma mère qui me l'a dit. Et je lui ai promis d'aller le voir quand elle serait morte. J'ai pressé ses mains pour lui assurer que je le ferais : elle se mourait et j'étais prêt à lui promettre n'importe quoi. "Ne manque pas d'aller le trouver, m'a-t-elle recommandé. Il porte tel prénom et tel nom. Je suis sûre qu'il sera content de te connaître." Dans ces conditions, il a bien fallu lui dire que je n'y manquerais pas, et à force de le lui répéter, j'y étais encore après avoir, non sans peine, détaché mes mains de ses mains mortes. »

Aux yeux des Latino-Américains, le Mexicain Juan Rulfo, auteur de trois livres seulement, appartient à la catégorie la plus élevée des écrivains de cette région du monde, à l'égal d'un García Marquez, d'un Alejo Carpentier, d'un Ernesto Sábato.

Rulfo est né en 1918, au centre du Mexique. Il a occupé des fonctions assez modestes dans l'administration, pratiqué la photographie, écrit des scénarios, jusqu'à ce jour de 1955 où il publie son maître ouvrage, *Pedro Páramo*, qu'on a pu rapprocher, à juste titre, aussi bien de Sophocle que de Kafka, tant le surnaturel envahit

ses pages tétanisées. Un soleil de plomb pèse sur le village quand le narrateur y parvient.
Le voici donc à Comala, une bourgade à peu près déserte. Pedro Páramo, le cacique du village, est mort, probablement. Mais qu'en est-il de tous ses anciens serviteurs qui, tour à tour, viennent s'expliquer ? Ne sont-ils pas, quant à eux, des fantômes ? On sait qu'au Mexique, la mort n'a rien d'une seule célébration funèbre : elle participe de plain-pied à l'existence des vivants. Pedro Páramo l'a affrontée, à égalité de chance, dans cette prodigieuse fresque chorale, et s'il est tombé, à la fin, c'était sans doute pour mieux se relever. *Pedro Páramo*, cette danse macabre animée par des squelettes, fournit la meilleure introduction possible à la fantasmatique mexicaine.

¡QUE VIVA MEXICO!, C'EST LE TITRE D'UN FILM D'EISENSTEIN, ÉMERVEILLÉ PAR LA FIBRE RÉVOLUTIONNAIRE DU PAYS.

La littérature est-elle adéquate à l'évocation du martyr ? Et sinon, quel truchement ? Non, il n'est qu'elle.

ELIE WIESEL (né en 1928)

La Nuit

PREMIÈRE PARUTION
1955
GENRE :
autobiographie / témoignage

QUAND LIRE CE LIVRE ?
jeune adulte

DIFFICULTÉ
2

L'AVIS DE LECTEUR D'OLIVIER BARROT :
La Nuit brillera toujours de cette lumière sourde propre aux témoignages essentiels.

« Jamais je n'oublierai cette nuit, la première nuit de camp qui a fait de ma vie une nuit longue et sept fois verrouillée. Jamais je n'oublierai cette fumée, jamais je n'oublierai les petits visages des enfants dont j'avais vu les corps se transformer en volutes sous un azur muet. Jamais je n'oublierai ces flammes qui consumèrent pour toujours ma foi, jamais je n'oublierai ce silence nocturne qui m'a privé pour l'éternité du désir de vivre. [...] Jamais je n'oublierai cela, même si j'étais condamné à vivre aussi longtemps que Dieu lui-même, jamais. »
Bien sûr, on aura compris de quoi il s'agit à la lecture de cet extrait de *La Nuit*, le grand livre d'Elie Wiesel. La Shoah, éternellement. « La catastrophe », selon ce mot hébreu qui en a fourni de façon définitive la traduction universelle.
De cet anéantissement organisé, marqueur de la condition humaine, la littérature s'est emparée, comme elle le fait de tout ce qui touche à ce que nous sommes, depuis la nuit des temps.
Elie Wiesel est né en 1928 en Transylvanie roumaine, où il a reçu une éducation profondément religieuse. Mais en 1944, à l'âge de 16 ans, il est déporté avec toute sa famille à Auschwitz.

DE CET ANÉANTISSEMENT ORGANISÉ, MARQUEUR DE LA CONDITION HUMAINE, LA LITTÉRATURE S'EST EMPARÉE, COMME ELLE LE FAIT DE TOUT CE QUI TOUCHE À CE QUE NOUS SOMMES, DEPUIS LA NUIT DES TEMPS.

Il sera le seul survivant. Envoyé en France, il entame une carrière littéraire avec le soutien, notamment, de François Mauriac. *La Nuit*, sa première œuvre, paraît en 1958 en France (en 1955 dans sa langue originale, le yiddish). Wiesel s'installe ensuite aux États-Unis. Il recevra en 1986 le prix Nobel de la paix, mais non pas de littérature.

LA FIGURE ET LE DESTIN DE MISHIMA, DOUÉ POUR TOUT, IMPRESSIONNENT. CE QUI NE DOIT PAS FERMER L'ACCÈS À SON ŒUVRE.

YUKIO MISHIMA (1925-1970)

LE PAVILLON D'OR

PREMIÈRE PARUTION
1956
GENRE : roman

ADAPTATION
au cinéma, en 1958, par Kon Ichikawa avec Raizo Ichikawa

QUAND LIRE CE LIVRE ?
adulte

DIFFICULTÉ
2

L'AVIS DE LECTEUR D'OLIVIER BARROT :
le sujet du *Pavillon d'or* – la beauté comme moteur et repoussoir – revêt une profondeur qui bannit tout exotisme.

Né à Tokyo, en 1925, fils de bonne famille, élevé dans la réclusion, Yukio Mishima manifeste tôt un penchant aigu pour la littérature, japonaise ou non. Reconnu dès ses premiers textes, torturé par une homosexualité alors mal acceptée, il s'adonne en quasi-professionnel aux arts martiaux et à la discipline militaire, allant même jusqu'à créer comme une sorte de milice. Nostalgique d'un âge d'or mythique de son pays, il fomente un coup d'État qui, naturellement, échoue. Alors, le 25 novembre 1970, à l'âge de 45 ans, il met fin à ses jours, en public, par *seppuku*, ce que nous appelons hara-kiri. On conviendra que la destinée de Mishima ne revêt rien de banal. Entouré d'une légende noire, Mishima n'aime rien tant que le scandale, qui a occulté, un temps, son œuvre littéraire. Ainsi de ce *Pavillon d'or*, paru en 1956, et qui pousse au plus loin la conviction de l'auteur, selon laquelle toute beauté constitue une agression insupportable.

Ce pavillon, temple magnifique de la ville de Kyoto, le bègue Mizoguchi n'en supporte pas la perfection. Aussi accomplit-il un acte sacrilège d'insurrection en y mettant le feu. Toute beauté est

ENTOURÉ D'UNE LÉGENDE NOIRE, MISHIMA N'AIME RIEN TANT QUE LE SCANDALE, QUI A OCCULTÉ, UN TEMPS, SON ŒUVRE LITTÉRAIRE.

trahison, la mort seule lui est réponse.
« L'idée d'incendier le Pavillon d'or m'était venue de la manière la plus abrupte. Elle m'allait pourtant à merveille, s'ajustait à ma personne aussi parfaitement qu'un vêtement sur mesure. C'est comme si je n'avais pensé qu'à elle depuis le jour de ma naissance, à tout le moins, depuis le jour de ma première rencontre avec le Pavillon d'or, en compagnie de père. Cette pensée s'était développée en moi, attendant, pour ainsi dire, le moment de s'épanouir. Le seul fait que le Temple d'Or eut paru à l'adolescent que j'étais, d'une beauté sans égale en ce monde, recelait déjà les diverses raisons propres à faire de moi un incendiaire. »

CHACUN RÊVE D'ÉGYPTE, DEPUIS CINQ MILLÉNAIRES. PARTEZ-Y AVEC MAHFOUZ, C'EST LE MEILLEUR DES GUIDES.

NAGUIB MAHFOUZ (1911-2006)

LA TRILOGIE DU CAIRE

NAGUIB MAHFOUZ FAIT APPARAÎTRE LES PRODIGIEUSES HYPOCRISIES DE LA SOCIÉTÉ ÉGYPTIENNE.

Il a reçu le prix Nobel de littérature en 1988, seul écrivain de langue arabe en ce cas, à ce jour. Né au Caire en 1911, Naguib Mahfouz a occupé de hautes fonctions dans l'administration de son pays, tout en livrant une œuvre littéraire d'abondance faite de nouvelles, de pièces de théâtre mais surtout de romans. Les plus importants d'entre eux constituent cette *Trilogie*, publiée autour de 1956 et qui s'attache à l'histoire d'une famille au travers de trois générations.

« Lorsque monsieur Ahmed Abd el-Gawwad arriva à sa boutique, dans le quartier d'al-Nahhasin, Gamil al-Hamzawi son employé avait déjà ouvert les portes et préparait les étalages pour la vente. Il le salua avec courtoisie, le visage illuminé d'un sourire radieux et alla rejoindre son bureau. Al-Hamzawi était au seuil de la cinquantaine, il avait passé trente ans de sa vie dans cette maison, d'abord comme employé de son fondateur, Ahmed Abd el-Gawwad, et puis de notre homme après la mort de son père. »

Dans ces trois livres, Naguib Mahfouz fait apparaître les prodigieuses hypocrisies de la société égyptienne où les femmes ne sont pas grand-chose d'autre que des vestales soumises, et les hommes des seigneurs et maîtres tout-puissants. Et cela en dépit d'aspirations politiques, religieuses, intégristes même, déjà manifestes dans l'Égypte d'il y a un demi-siècle, et qui confèrent à cette *Trilogie* picaresque une résonance résolument contemporaine.

PREMIÈRE PARUTION
1956-1957

GENRE : roman

QUAND LIRE CE LIVRE ?
jeune adulte

DIFFICULTÉ
2

L'AVIS DE LECTEUR D'OLIVIER BARROT :
Mahfouz est au Caire ce que Pagnol est à Marseille, un chantre attendri, complice, gentiment ironique. Délicieux, donc.

LA FRANCE DES ANNÉES 1950 VUE PAR L'UN DES ESPRITS LES PLUS AIGUS DE SON ÉPOQUE : UN DÉLICE LÉGÈREMENT ACIDULÉ.

ROLAND BARTHES (1915-1980)

MYTHOLOGIES

PREMIÈRE PARUTION
1957
GENRE : chronique

QUAND LIRE CE LIVRE ?
adulte

DIFFICULTÉ
2

L'AVIS DE LECTEUR D'OLIVIER BARROT :
Roland Barthes, ce maître à tous les sens du mot, se déguste à petites bouchées : saveur pénétrante assurée.

Disparu accidentellement en 1980, à l'âge de 65 ans, Roland Barthes a laissé une trace profonde dans la pensée française de la seconde moitié du XXe siècle. Et comme l'a écrit fort justement son ami Edgar Morin : « La parole de Roland Barthes portait en elle le mariage de l'abstrait et du concret. » C'est qu'il s'intéressait à toutes sortes de domaines, la photographie, la linguistique, la mode, le théâtre auquel il a consacré des ouvrages incisifs, tout d'intelligence et de style. Une pensée en marge de l'Université qui a conduit Roland Barthes au prestigieux Collège de France.

Roland Barthes a toujours aimé les fragments, les textes courts. Son ouvrage le plus célèbre, *Mythologies*, se compose de cent soixante-trois articles écrits au gré de l'actualité, au jour le jour, entre 1954 et 1956, et qui offrent une sorte d'aimable sociologie du quotidien. On passe du *Guide Bleu* au bifteck-frites, de la DS 19 au Tour de France... Un portrait, en creux, de cette France des trente glorieuses, celle de Fernand Raynaud et de Brigitte Bardot. Anticipant sur Coluche, Roland Barthes écrit, à propos des lessives : « Dans l'ordre même des poudres, il faut opposer à la

publicité psychologique, la publicité psychanalytique. Par exemple, la blancheur Persil fonde son prestige sur l'évidence d'un résultat. On met en mouvement la vanité, le paraître social, en donnant à comparer deux objets dont l'un est plus blanc que l'autre. La publicité Omo indique aussi l'effet du produit sous une forme d'ailleurs superlative, mais surtout découvre le procès de son action. Elle engage ainsi le consommateur dans une sorte de mode vécu de la substance, le rend complice d'une délivrance et non plus seulement bénéficiaire d'un résultat. La matière est ici pourvue d'état valeur. »

COMME DIDEROT, À QUI LA PLURALITÉ DE SES GOÛTS L'APPARENTE, BARTHES AIMAIT LES ACTEURS. PROFOND, IL DISSERTE SUR LUI-MÊME DANS UNE AUTOBIOGRAPHIE LIMPIDE : QUEL PROFESSEUR A-T-IL DÛ ÊTRE !

On the road : TOUT UN PROGRAMME.
TENU : CE QUE VOUS EN ATTENDEZ, VOUS LE TROUVEREZ ICI, EN ENCORE PLUS CORSÉ.

JACK KEROUAC (1922-1969)

SUR LA ROUTE

PREMIÈRE PARUTION
1957

GENRE : roman autobiographique

ADAPTATION
au cinéma, en 2012, par Walter Salles avec Garrett Hedlund et Sam Riley

QUAND LIRE CE LIVRE ?
fin adolescence/jeune adulte

DIFFICULTÉ
2

L'AVIS DE LECTEUR D'OLIVIER BARROT :
il l'a écrit, Kerouac, le grand roman américain de l'après-guerre. Il s'est bien amusé, et nous aussi.

Jean-Louis Le Brice de Kéroack, alias Jack Kerouac, portait en son nom ses origines québécoises et françaises. Né en 1922 à Lowell, non loin de Boston, il rêve de devenir footballeur professionnel ou d'appartenir à la marine de guerre, cela avant que de croiser en 1944, à New York, les futurs écrivains Allen Ginsberg, William S. Burroughs, avec lesquels il partage une existence pour le moins débridée : alcool, sexe, drogue, errance en voiture à travers l'Amérique.

Mais la rencontre la plus décisive et la plus influente est celle de Neal Cassady, qui devient en littérature Dean Moriarty, personnage principal de son grand livre *Sur la route*, qui paraît en 1957.

Sur la route, Jack Kerouac a commencé d'y travailler dès 1948 et n'a jamais cessé de le reprendre, écrivant sur une sorte d'énorme bloc de papier, de rouleau ininterrompu, comme un feuilleton existentiel : toujours recommencer. Relation déjantée d'une dérive automobile vers le sud, *Sur la route* est à la littérature américaine de la *beat generation* ce qu'est le film *Easy Rider* au cinéma : une œuvre culte, fédératrice et emblématique et dont la lecture demeure des plus réjouissantes.

« C'était une auto magnifique, elle tenait la route comme un bateau tient la mer, les courbes à grand rayon étaient son repos et son chant. "Ah mon pote ! Quel bateau de rêve, soupira Dean. Imagine si toi et moi nous avions une auto comme ça, ce que nous pourrions faire ! Sais-tu qu'il y a une route qui descend sur México tout au long jusqu'à Panamá, et peut-être tout du long jusqu'au bout de l'Amérique du Sud, là où les Indiens ont sept pieds de haut et mangent de la cocaïne au flanc de la montagne ? Oui, toi et moi on savourerait le monde entier avec une voiture comme ça." »

ON MONTERAIT VOLONTIERS À BORD DE LA BAGNOLE DE KEROUAC, *ON THE ROAD AGAIN.*

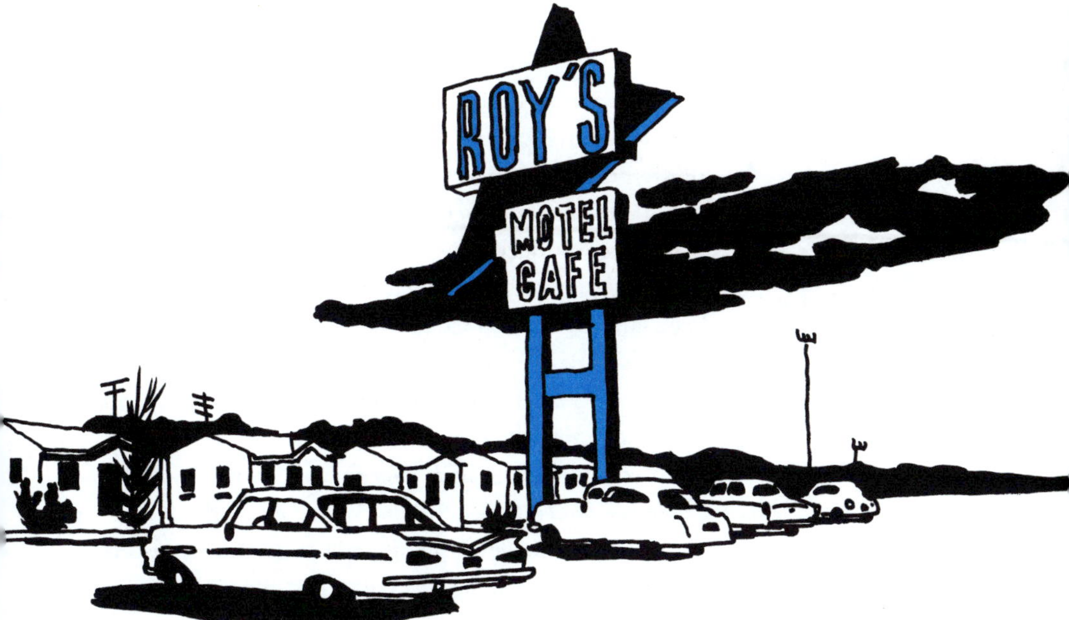

LE ROMAN FLEUVE SIED À LA RUSSIE DÉMESURÉE. IL EST À SA (DÉ)MESURE !

BORIS PASTERNAK (1890-1960)

LE DOCTEUR JIVAGO

PREMIÈRE PARUTION
1957
GENRE : roman

ADAPTATION
au cinéma, en 1965, par David Lean avec Omar Sharif, Julie Christie et Alec Guinness

QUAND LIRE CE LIVRE ?
jeune adulte

DIFFICULTÉ
2

L'AVIS DE LECTEUR D'OLIVIER BARROT :
et vous, pourriez-vous ne pas verser de larmes à la lecture de cette épopée ? Elle a aussi été écrite pour cette émotion-là.

« Il reste à achever l'histoire toute simple de Iouri Andréievitch, celle des huit ou neuf dernières années de sa vie pendant lesquelles il ne cessa de décliner et de se laisser aller. Il perdait ses connaissances de médecin, ses habitudes d'écrivain, de temps à autre il sortait de cet état d'accablement et de déchéance, s'animait, reprenait une certaine activité, puis après une brève flambée, retombait dans une indifférence prolongée envers lui-même et le monde entier. Durant ces années, l'ancienne maladie de cœur qu'il avait lui-même diagnostiquée, mais dont il ne soupçonnait pas la gravité, avait fait des progrès considérables. »

Triste fin que celle du docteur Jivago dans le maître livre de Boris Pasternak, prix Nobel de littérature en 1958. *Le Docteur Jivago*, dont David Lean tira un film célèbre, porté par l'inoubliable *Chanson de Lara* composée par Maurice Jarre, c'est beaucoup plus qu'un roman, à l'instar de *Guerre et Paix* de Tolstoï, ou de *L'Archipel du Goulag* de Soljenitsyne. *Le Docteur Jivago*, sept cents pages, donne les clés d'un univers spirituel et historique. De la révolution manquée de 1905 aux ravages du stalinisme et

de la Seconde Guerre mondiale, c'est le théâtre du monde russe que Pasternak met en scène, immuable malgré l'histoire. Les passions, le dévouement, le déni de la mort.

Boris Leonidovitch Pasternak voit le jour à Moscou en 1890. Il est d'abord tenté par la musique, par la philosophie et par la poésie. Un temps choyé par Staline, il s'éloigne de lui peu à peu et connaît alors la persécution politique au point de devoir refuser le prix Nobel qui lui est attribué juste après la publication du *Docteur Jivago*.

On entrera sans difficulté dans cette fresque prodigieuse, sublimée par la miraculeuse figure de Larissa Antipova – Lara – dont s'éprennent intensément Jivago, médecin, et Antipov, révolutionnaire.

LE FILM VAUT – PRESQUE – LE LIVRE. GRÂCE À JULIE CHRISTIE, ÉBLOUISSANTE LARA ET SA *CHANSON* DUE À MAURICE JARRE, QUI DÉBUTA AU TNP DE JEAN VILAR.

« Il faut que tout change pour que rien ne change » affirme le patriarche du *Guépard*. Et si la révolution était nécessaire ?

GIUSEPPE TOMASI DI LAMPEDUSA (1896-1957)

Le Guépard

Aristocrate sicilien, duc de Palma et prince de Lampedusa, Giuseppe Tomasi constitue un cas assez rare, puisqu'il est l'auteur d'un seul livre, *Le Guépard*, paru en 1958, quelques mois après sa mort. Jusque-là, il n'avait rien fait, ou presque. L'auteur, ancien officier d'artillerie, qui administrait le domaine familial, jusqu'à ce coup d'essai, évoque, à travers l'histoire d'une vaste propriété et de ses occupants successifs, la Sicile des années 1860, tandis que la péninsule connaît une révolution profonde. Les troupes de Garibaldi ont débarqué, la Sicile indépendante va être rattachée à l'Italie du Risorgimento ; c'est toute une époque qui s'achève. Et c'est au milieu de ces tourments révolutionnaires qu'évolue la noble famille Salina, dominée par la puissante figure du prince Fabrice – le Guépard. Un regard grave et ironique porté sur la société et la condition humaine.

Un sujet à la mesure du génie de cet autre génie qu'est le cinéaste Luchino Visconti qui s'empare de l'œuvre et confère à son film, en 1963, la même ampleur que celle du roman de Lampedusa, véritable monument du siècle.

« Le dîner à la villa Salina était servi avec le faste ébréché qui était alors le style du Royaume des Deux-Siciles. Le nombre des convives (ils étaient quatorze, entre maître de maison, enfants, gouvernantes et précepteurs) suffisait à lui seul à conférer un caractère imposant à la table. [...] Par les fenêtres, la lumière entrait encore, mais les silhouettes blanches sur le fond sombre des cimaises au-dessus des portes, imitant des bas-reliefs, se perdaient déjà dans l'ombre. L'argenterie était massive et les magnifiques verres bosselés de Bohême portaient sur un médaillon lisse le chiffre F.D. (Ferdinandus dedit) en souvenir d'une largesse royale. »

PREMIÈRE PARUTION
1958

GENRE : roman

PRIX REÇU POUR CE LIVRE
prix Strega, en 1959

ADAPTATION
au cinéma, en 1963, par Luchino Visconti avec Burt Lancaster, Alain Delon et Claudia Cardinale

QUAND LIRE CE LIVRE ?
adulte

DIFFICULTÉ
3

L'AVIS DE LECTEUR D'OLIVIER BARROT :
l'un de ces cas où le film, inspiré du livre, l'égale en qualité.

DITES DANS SA LANGUE LE TITRE ORIGINAL DU ROMAN, *IL GATTOPARDO*. MAGNIFIQUE, NON ?

LE TITRE – ÉPATANT ! – DE CE ROMAN-DÉCOUVERTE N'A PAS COMPTÉ POUR RIEN DANS LA NOTORIÉTÉ DE SON AUTEUR.

RAYMOND QUENEAU (1903-1976)

ZAZIE DANS LE MÉTRO

PREMIÈRE PARUTION
1959

GENRE : roman

ADAPTATION
au cinéma, en 1960, par Louis Malle avec Catherine Demongeot, Vittorio Caprioli et Philippe Noiret

QUAND LIRE CE LIVRE ?
adolescence

DIFFICULTÉ
2

L'AVIS DE LECTEUR D'OLIVIER BARROT :
comme toujours chez Queneau, l'invention cocasse parsème le récit, qui cependant exige une attention soutenue.

« C'est une dame qui emmène sa petite fille à Paris, de la province. C'est une petite provinciale et elle la confie à son oncle. » Voici comment Raymond Queneau résume *Zazie dans le métro*, roman qu'il publia avec succès en 1959, juste avant que Louis Malle ne s'en empare pour un film également reconnu. Esprit encyclopédique, autant captivé par les mathématiques que par l'expérimentation littéraire, Raymond Queneau accomplit quelques pas au côté des surréalistes, créa et dirigea chez Gallimard L'Encyclopédie de la Pléiade, siégea parmi les jurés Goncourt, écrivit scénarios et chansons, mais surtout, surtout, donna de merveilleux romans poétiques comme *Odile*, *Pierrot mon ami*, ou *Le Dimanche de la vie*.

« – Ah les salauds, s'écrie Zazie. Ah les vaches ! Me faire ça à moi !
– Y a pas qu'à toi qu'ils font ça, dit Gabriel parfaitement objectif.
– J'm'en fous. N'empêche que c'est à moi que ça arrive, moi qu'étais si heureuse, si contente et tout de m'aller voiturer dans l'métro. Sacrebleu, merde alors. »

Donc, *Zazie dans le métro* : du séjour à Paris de la jeune Zazie Lalochère, provinciale de 12 ans, de passage chez son oncle

Gabriel, un « hormosessuel » comme elle dit, qui se produit grimé en femme sur la scène d'un cabaret montmartrois. Séjour plaisamment initiatique, semé de néologismes et écrit selon une orthographe phonétique. Le métro est en grève, le perroquet Laverdure ne cesse de répéter « tu causes, tu causes, c'est tout ce que tu sais faire », et Zazie passe de la tour Eiffel à la Butte. Le lecteur, émerveillé, sourit de bout en bout.

« – Moi, déclara Zazie, je veux aller à l'école jusqu'à soixante-cinq ans. [...] Je veux être institutrice.

– Pourquoi que tu veux l'être, institutrice ?

– Pour faire chier les mômes. [...] Je serai vache comme tout avec eux. Je leur ferai lécher le parquet. Je leur ferai manger l'éponge du tableau noir. Je leur enfoncerai des compas dans le derrière. Je leur botterai les fesses. »

LE PARIS DE QUENEAU, ENTRE MÉTRO ET SACRÉ-CŒUR : COMME UN DÉCOR RÊVÉ !

AUTEUR MAJEUR, SEMPÉ ? À COUP SÛR.
UN INVENTEUR, UN CHRONIQUEUR,
UN ARTISTE. PLUS ENCORE.

RENÉ GOSCINNY (1926-1977) et **JEAN-JACQUES SEMPÉ** (né en 1932)

LE PETIT NICOLAS

Si je vous dis « Agnan », « Alceste », « Clotaire », « Eudes » ou « Maixent », je suis sûr que ces noms vous font penser au *Petit Nicolas*, conçu au milieu des années 1950, mais oui déjà, par René Goscinny pour les textes et Jean-Jacques Sempé pour les dessins. Invention littéraire et picturale majeure, une demi-douzaine de recueils, des inédits, des séries télévisées, un long métrage, *Le Petit Nicolas* renouvelle totalement la littérature de jeunesse ! Rien à voir avec la bande dessinée que d'ailleurs Sempé déteste, *Le Petit Nicolas,* ce sont des nouvelles racontées à la première personne par Nicolas et illustrées d'un nombre irrégulier de dessins.

Le cadre ? Nicolas et sa famille, Nicolas et ses copains de classe, Nicolas en vacances. Une France ordinaire dans laquelle chaque lecteur se reconnaît : celle des années de Gaulle. Menus tracas, bêtises en tout genre, gentillesse partagée, *Le Petit Nicolas* nous parle de nous et il nous parle avec ironie et complicité.

« Papa a dit que j'aurais un vélo si j'étais parmi les dix premiers à la composition d'arithmétique. C'est pour ça que j'étais tout content hier en rentrant de l'école parce que j'étais dixième à la composition. Papa, quand il l'a su, il a ouvert des grands yeux et il m'a dit : Oh ben ça alors ! Oh ben ça alors ! Et maman m'a embrassé et elle m'a dit que papa m'achèterait tout de suite un beau vélo et que c'était très bien d'avoir réussi ma composition d'arithmétique. Il faut dire que j'ai eu de la chance : parce qu'on n'était que onze pour faire la composition, tous les autres copains avaient la grippe et le onzième c'était Clotaire qui est toujours le dernier, mais lui ce n'est pas grave parce qu'il a déjà un vélo. »

PREMIÈRE PARUTION
1959
GENRE : nouvelles illustrées

ADAPTATION
au cinéma, en 2009, par Laurent Tirard avec Valérie Lemercier, Kad Merad et Sandrine Kiberlain

QUAND LIRE CE LIVRE ?
enfance

DIFFICULTÉ
1

L'AVIS DE LECTEUR D'OLIVIER BARROT :
quand un créateur parvient à fédérer tous les publics pendant tant d'années, créant un univers immédiatement reconnaissable, j'emploie à son sujet l'adjectif « génial ».

GOSCINNY ET SEMPÉ : L'ASSOCIATION DE DEUX TALENTS EXCEPTIONNELS DONNE DES OUVRAGES EN TOUS POINTS NOVATEURS, D'EMBLÉE DÉFINITIVEMENT CLASSIQUES.

Gary lui-même fut un héros de roman. Il est tout à fait logique qu'il ait livré une littérature où se mêlent le vécu et l'inventé.

ROMAIN GARY (1914-1980)

La Promesse de l'aube

Pas plus que Kessel, Saint-Exupéry, ou encore Malraux, Romain Gary, né Romain Kacew, ne saurait se résumer à sa seule œuvre littéraire. C'est un destin, une demande même, qu'incarne ce fils unique d'une femme juive de Lituanie, qui arrive à Paris en 1928, à l'âge de 14 ans. Résistant dès l'appel du général de Gaulle, le 18 juin 1940, aviateur, compagnon de la Libération, diplomate de haut rang, écrivain et cinéaste, Romain Gary forme avec son épouse, l'actrice américaine Jean Seberg, un couple tragique, dont l'histoire s'achève en un double suicide. Depuis quelques années, on redécouvre Romain Gary écrivain, et s'il est une œuvre de lui qui me paraît assurée de la postérité, c'est bien *La Promesse de l'aube*, roman publié en 1960. Ce récit autobiographique élève la figure maternelle en héroïne d'un roman d'amour filial, aussi achevé, aussi bouleversant que le fameux *Livre de ma mère* d'Albert Cohen. Toujours, Nina conserve foi en son fils, à qui elle prédit, sans jamais douter, les plus extraordinaires réussites. Éprise de la France, réfugiée à Nice, où elle dirige un hôtel, elle ne cesse de prodiguer sa ferveur à son fils qui, la guerre achevée, pourra enfin venir la retrouver.

« À l'Hôtel-Pension Mermonts où je fis arrêter la jeep, il n'y avait personne pour m'accueillir. On y avait vaguement entendu parler de ma mère, mais on ne la connaissait pas. Mes amis étaient dispersés. Il me fallut plusieurs heures pour connaître la vérité. Ma mère était morte trois ans et demi auparavant, quelques mois après mon départ pour l'Angleterre. [...] Au cours des derniers jours qui avaient précédé sa mort, elle avait écrit près de deux cent cinquante lettres, qu'elle avait fait parvenir à son amie en Suisse. Je ne devais pas savoir – les lettres devaient m'être expédiées régulièrement. [...] Je continuais donc à recevoir de ma mère la force et le courage qu'il me fallait pour persévérer, alors qu'elle était morte depuis plus de trois ans. »

PREMIÈRE PARUTION
1960

GENRE : roman autobiographique

ADAPTATION
au cinéma, en 1971, par Jules Dassin avec Melina Mercouri

QUAND LIRE CE LIVRE ?
adolescence

DIFFICULTÉ
1

L'AVIS DE LECTEUR D'OLIVIER BARROT :
pour moi l'évidence. *La Promesse de l'aube* éclatante réussite de son auteur, offre la plus émouvante illustration de l'amour maternel.

ROMAIN GARY NE SAURAIT SE RÉSUMER À SA SEULE ŒUVRE LITTÉRAIRE.

La confrontation de deux mondes de bonne volonté : Afrique et Europe. Inconciliables ?

CHEIKH HAMIDOU KANE (né en 1928)

L'Aventure ambiguë

PREMIÈRE PARUTION
1961
GENRE : roman

PRIX REÇU POUR CE LIVRE
grand prix littéraire d'Afrique noire en 1962

QUAND LIRE CE LIVRE ?
jeune adulte

DIFFICULTÉ
2

L'AVIS DE LECTEUR D'OLIVIER BARROT :
Kane se refuse à la simplification dans cette subtile allégorie du fait colonial.

« Lorsque Samba Diallo pénétra dans le salon, tout le monde se leva d'un même mouvement. Lucienne vint à sa rencontre, souriante et rose, la main tendue.

– Socrate a-t-il enfin bu la ciguë ? s'enquit-elle, un sourire dans la voix.

– Non, répondit Samba Diallo, en lui rendant son sourire. Le vaisseau sacré n'est pas encore revenu de Délos. »

C'est le début de la deuxième partie de *L'Aventure ambiguë*, ce troublant roman du Sénégalais Cheikh Hamidou Kane, qui figure désormais parmi les classiques de la littérature francophone d'Afrique. Né en 1928, dans une noble famille d'ethnie peule, et de religion musulmane, Kane manifeste de telles aptitudes pour l'étude qu'il est envoyé en métropole préparer le concours de l'École nationale de la France d'outre-mer, qu'il réussit. Appelé alors à d'importantes fonctions administratives, Kane n'a pas donné suite à cette ambitieuse et prometteuse première œuvre.

L'Aventure ambiguë, qui paraît en 1961, conte le destin de Samba, élevé par son maître Thierno dans la religion la plus stricte, tandis que sa tante, la Grande Royale, préférerait le voir s'ouvrir au monde contemporain. Envoyé en France, il est déchiré entre l'agrément possible de l'Europe, représentée par l'étudiante communiste Lucienne, et le sentiment douloureux d'un arrachement. Samba finit par rentrer au pays où l'attend une fin tragique. Roman du déchirement, *L'Aventure ambiguë* est écrit sec, tendu, percutant.

APPELÉ À D'IMPORTANTES FONCTIONS ADMINISTRATIVES, KANE N'A PAS DONNÉ SUITE À CETTE AMBITIEUSE ET PROMETTEUSE PREMIÈRE ŒUVRE DÉNUÉE DE TOUT MANICHÉISME.

Kawabata, ou l'amour des femmes et de l'amour, comme un ultime souffle de vie.

YASUNARI KAWABATA (1899-1972)

Les Belles Endormies

PREMIÈRE PARUTION
1961
GENRE : roman

QUAND LIRE CE LIVRE ?
jeune adulte

DIFFICULTÉ
2

L'AVIS DE LECTEUR D'OLIVIER BARROT :
à l'instar des estampes d'Hokusai, les écrits de Kawabata livrent quelques clés de la fantasmatique japonaise.

Né à Osaka, en 1899, Yasunari Kawabata connut une célébrité étendue après la guerre, quand fut traduite, dans toutes les langues, sa trilogie : *Pays de neige*, *Nuée d'oiseaux blancs*, *Grondement dans la montagne*. Mais c'est, à coup sûr, *Les Belles Endormies*, paru en 1961 et adapté au cinéma, qui lui conféra une audience encore élargie. Sept ans plus tard, Kawabata recevait le prix Nobel de littérature, avant que de mettre fin à ses jours en 1972.

Si *Les Belles Endormies* n'est pas à proprement parler un roman érotique, l'érotisme, le goût des femmes, en même temps que l'inéluctable solitude de la vieillesse en constituent le soubassement. Eguchi, 65 ans, impuissant, mais toujours avide de l'autre sexe, fréquente une maison un peu particulière, dans laquelle on peut approcher des jeunes filles endormies artificiellement. Libre aux clients de les toucher, de leur parler, de les respirer, rien de plus. Au travers de cette expérience frustrante, Eguchi se remémore des aventures amoureuses antérieures, mesurant la vanité douloureuse de cette recherche du temps perdu.

RETENU, CE ROMAN S'IMPOSE CEPENDANT COMME L'UN DES PLUS AUTHENTIQUEMENT ÉROTIQUES JAMAIS ÉCRITS.

« C'était une main blanche, d'apparence lisse.
"Tu dors ? Tu ne te réveilles pas ?"
Le vieil Eguchi avait dit cela comme pour se donner le prétexte de toucher cette main, puis il la serra tout entière dans sa paume, et il essaya de la secouer légèrement. Que la fille ne s'éveillerait pas, il le savait bien. Toujours serrant la main, Eguchi regarda le visage, se demandant quelle sorte de fille ce pouvait être. Les sourcils n'étaient pas abîmés par les fards et les cils joints étaient parfaits. Il respirait l'odeur des cheveux. »

Ce beau gros livre regarde le monde d'abord du point de vue des femmes, avec une plaisante bienveillance ironique, très anglaise.

DORIS LESSING (1919-2013)

Le Carnet d'or

PREMIÈRE PARUTION
1962
GENRE : roman

PRIX REÇU POUR CE LIVRE
prix Médicis étranger en 1976

QUAND LIRE CE LIVRE ?
jeune adulte

DIFFICULTÉ
3

L'AVIS DE LECTEUR D'OLIVIER BARROT :
pour bien des lecteurs, *Le Carnet d'or* a représenté un moment, une étape, et occasionne une prise de conscience.

Certes, un roman ne se définit pas seulement par son volume, mais dans le cas du *Carnet d'or* de Doris Lessing – sept cents pages – c'est un facteur d'importance. Son sujet, la romancière anglaise, née en 1919, et lauréate du prix Nobel de littérature en 2007, a choisi de le traiter dans l'ampleur, dans la durée et dans l'épaisseur. *Le Carnet d'or*, c'est une histoire principale, en cinq segments, intitulée « Femmes libres » et entrecoupée de quatre extraits de carnets d'écritures portant une couleur différente, un kaléidoscope de points d'ancrage ; comme une caméra qui zoomerait plus ou moins sur Anna Wulf, le personnage principal de l'ouvrage.
Divorcée, Anna vit à Londres avec sa fille, Jeannette, et en compagnie de son amie Molly, elle aussi divorcée, mais toujours très liée à son ex-mari Richard, lequel s'entend mal avec sa nouvelle épouse alcoolique.
Un kaléidoscope donc, de sentiments, essentiellement de points de vue féminins, ce qui fait qu'à sa sortie, en 1962, *Le Carnet d'or* a été interprété comme une sorte de manifeste du féminisme. Doris Lessing se révèle comme un grand écrivain de l'émotion intime.

« – Je vais prendre un travail.
– Tu veux dire que tu ne vas plus écrire ?
– Exactement.
Molly se détourna et glissa l'omelette sur les assiettes puis remplit une corbeille de pain. Elle gardait délibérément le silence.
– Te souviens-tu du docteur North ? demanda Anna.
– Mais bien sûr ! Il ouvre une sorte de centre social du mariage, mi-officiel, mi-privé. Il estime que les trois quarts des gens qui viennent le consulter pour des douleurs et des malaises ont en vérité des problèmes de mariage, ou d'absence de mariage.
– Et tu vas aller leur prodiguer de bons conseils ?
– Plus ou moins, je vais adhérer au parti travailliste et aussi donner des cours du soir, deux fois par semaine à des gosses délinquants. Ainsi, nous allons toutes deux intégrer la base même de la vie britannique. »

À SA SORTIE, EN 1962, *LE CARNET D'OR* A ÉTÉ INTERPRÉTÉ COMME UN AUTRE « DEUXIÈME SEXE ».

Pas de doute, le Suisse Nicolas Bouvier s'inscrit comme « maître-étalon » de la littérature de voyage en langue française.

NICOLAS BOUVIER (1929-1998)

L'Usage du monde

PREMIÈRE PARUTION
1963
GENRE : récit de voyage

QUAND LIRE CE LIVRE ?
adulte

DIFFICULTÉ
1

L'AVIS DE LECTEUR D'OLIVIER BARROT :
le titre, déjà... À comprendre selon toutes ses significations. Puis emporter ce guide du regard en toutes circonstances.

« Au bout de la rue qui donnait sur la mer, de grosses bonbonnes de vin ambré, de citronnade, filtrait une lumière chargée d'orage. Les glycines sentaient fort et s'effeuillaient. De la fenêtre de la chambre, on voyait des pêcheurs aux jambes torses traverser et retraverser la place en bavardant et en se tenant par le petit doigt. De forts matous dormaient sur le pavé au milieu des arêtes et des déchets de poisson. Des rats couleur de muraille filaient le long du caniveau. C'était un monde complet. »
Bouvier commença tôt l'arpentage de la planète. À 17 ans, il partait pour Ceylan avant que d'entreprendre, au milieu des années 1950, ce long voyage en Fiat Topolino, de Genève à la passe de Khyber, fameux défilé semé de ponts et de tunnels entre le Pakistan et l'Afghanistan.
« L'étendue de montagne, le ciel clair de décembre, la tiédeur de midi, le grésillement du narghilé et jusqu'aux sous qui sonnaient dans ma poche, devenaient les éléments d'une pièce où j'étais venu, à travers bien des obstacles, tenir mon rôle à temps. »
Quelques lignes, écrites vers la fin de l'insurpassable *Usage du monde* de Nicolas Bouvier. De ce voyage, sans motif comme

il le dit, et qui durera un an et demi, Bouvier a donc rapporté « l'usage du monde » illustré de dessins de son compagnon d'équipée, Thierry Vernet.

L'ouvrage, paru en 1963, a été constamment réédité depuis. Il faut dire que *L'Usage du monde* peut aussi se lire comme un poème en prose, dans lequel les notations relèvent le vécu, le réel, le découvert mais aussi l'attente, la crainte, le rêve.

BOUVIER RÉUSSIT À DIRE LE MONDE SANS PITTORESQUE ET CEPENDANT AVEC UNE LITTÉRALE PRÉCISION INTÉRIEURE.

De la psychologie mordante à l'américaine : Herzog a du mal avec son époque et avec les autres.

SAUL BELLOW (1915-2005)

HERZOG

PREMIÈRE PARUTION
1964

GENRE : roman épistolaire

PRIX REÇU POUR CE LIVRE
prix international de littérature, National Book Award en 1964

QUAND LIRE CE LIVRE ?
jeune adulte

DIFFICULTÉ
1

L'AVIS DE LECTEUR D'OLIVIER BARROT :
comment tenter de faire la paix avec soi-même ? C'est là tout le propos de Bellow, forcément déçu.

Né en 1915 au Québec, de parents fraîchement immigrés de Russie, Saul Bellow suit sa famille à Chicago où il étudie à l'université et commence à écrire. Son premier roman d'importance, *Les Aventures d'Augie March*, paraît en 1953. Sa vie est semée de mariages, de liaisons, de séparations, de psychanalyses, un véritable personnage de Woody Allen.

Herzog voit le jour en 1964. S'ensuivent *La Planète de M. Sammler* (1970), *Le Don de Humboldt* (1975), *Ravelstein* (1976). Le prix Nobel de littérature est attribué à Saul Bellow en 1976. Il disparaît en 2005, à l'âge de 90 ans. L'œuvre de Saul Bellow se nourrit tout entière de l'élément juif, si déterminant aussi chez son cadet Philip Roth. Moses Herzog est un être coupé en deux. Enseignant, et divorcé, tout comme Saul Bellow lui-même, il passe en permanence d'une aspiration à l'autre, d'une ville à l'autre, d'une femme rêvée ou bel et bien existante, à l'autre. Victime ou coupable ? Pantin manipulé ou artisan de son propre destin ? Du Woody Allen décidément, même désarroi devant l'existence, même volonté sincère de s'en sortir, à condition, toutefois, que ceci soit possible.

L'ŒUVRE DE SAUL BELLOW SE NOURRIT TOUT ENTIÈRE DE L'ÉLÉMENT JUIF, SI DÉTERMINANT AUSSI CHEZ SON CADET PHILIP ROTH.

« Se penchant sur sa vie, il se rendait compte qu'il avait tout raté, absolument tout. Sa vie était fichue, comme on dit, mais comme elle n'avait jamais été grand-chose, il n'y avait pas grand-chose à regretter. Sur le canapé mal odorant, pensant au siècle passé, le 19e ou le 16e, le 18e, il retrouva, datant de ce dernier, une citation qu'il affectionnait : "Le chagrin, monsieur, est une manière d'oisiveté". Couché sur le ventre, il continua à faire le point : était-il intelligent, ou idiot ? En ce moment, il ne pouvait guère prétendre à être intelligent, il avait peut-être eu un jour les armes pour le devenir, mais il avait plutôt choisi d'être un rêveur et les requins l'avaient nettoyé. »

EXISTE-T-IL TITRE PLUS TROUBLANT QUE CELUI-CI ? C'EST TOUT DURAS, QUI SE LIT SI AGRÉABLEMENT À VOIX HAUTE. ÉCOUTONS SA VOIX.

MARGUERITE DURAS (1914-1996)

LE RAVISSEMENT DE LOL V. STEIN

PREMIÈRE PARUTION
1964
GENRE : roman

QUAND LIRE CE LIVRE ?
adulte

DIFFICULTÉ
3

L'AVIS DE LECTEUR D'OLIVIER BARROT :
auteur de théâtre, de cinéma, de littérature, Duras adore les acteurs. On lit ce ravissement comme si l'on assistait à un spectacle.

D'abord, ce titre musical et intrigant. Marguerite Duras a toujours excellé dans la dénomination de ses œuvres : *Les Petits Chevaux de Tarquinia*, *Des journées entières dans les arbres*, *Les Viaducs de la Seine-et-Oise*. On est ici comme dans l'un de ses films : l'intrigue en est réduite, les personnages paraissent attendre, guetter, espérer. Leurs sentiments dictent leurs mouvements, croit-on. Mais est-ce si sûr ?

« Lol, frappée d'immobilité, avait regardé s'avancer, comme lui, cette grâce abandonnée, ployante, d'oiseau mort. Elle était maigre. Elle devait l'avoir toujours été. Elle avait vêtu cette maigreur, se rappelait clairement Tatiana, d'une robe noire à double fourreau de tulle également noir, très décolletée. [...] Telle qu'elle apparaissait, telle, désormais, elle mourrait, avec son corps désiré. Qui était-elle ? On le sut plus tard : Anne-Marie Stretter. Était-elle belle ? Quel était son âge ? Qu'avait-elle connu, elle que les autres avait ignorée ? »

Marguerite Duras, dont l'œuvre s'ancre dans le renouveau du genre romanesque, est considérée comme l'une des romancières les plus originales du XXe siècle – elle bouscule souvent les conventions. *Le Ravissement de Lol V. Stein*, paru en 1964, aborde le thème de l'abolition de la personne, une certaine forme d'annihilation de soi que l'on retrouve chez Lol.

Mais nous sommes chez Duras, lieux imprécis, silhouettes fantomatiques, et cependant, construction romanesque achevée. Une impression de temps suspendu, gestes ébauchés, aspirations cachées. De la prose poétique, incontestablement, et fascinante.

C'EST UN INVENTEUR, NOTRE PEREC.
IL DÉVISSE LES MOTS ET SUPPRIME DES LETTRES : DANS *LA DISPARITION*, IL N'UTILISE JAMAIS LA VOYELLE E, POURTANT LA PLUS COURANTE DE LA LANGUE FRANÇAISE.

GEORGES PEREC (1936-1982)

LES CHOSES

PREMIÈRE PARUTION
1965
GENRE : roman

PRIX REÇU POUR CE LIVRE
prix Renaudot en 1965

QUAND LIRE CE LIVRE ?
adulte

DIFFICULTÉ
2

L'AVIS DE LECTEUR D'OLIVIER BARROT :
tout le brio de Perec dans cette chronique incisive des années soixante.

Cette « histoire des années soixante », pour en reprendre le sous-titre, imposa d'emblée son auteur, dont le style froid, proche de celui de certaines tentatives de l'époque, comme le Nouveau Roman, saisit net. Prêtez attention à l'emploi du conditionnel, mode de l'incertitude :
« L'œil, d'abord, glisserait sur la moquette grise d'un long corridor, haut et étroit. Les murs seraient des placards de bois clair, dont les ferrures de cuivre luiraient. Trois gravures, représentant l'une Thunderbird, vainqueur à Epsom, l'autre un navire à aubes, le *Ville-de-Montereau*, la troisième une locomotive de Stephenson, mèneraient à une tenture de cuir, retenue par de gros anneaux de bois noir veiné, et qu'un simple geste suffirait à faire glisser. »
De quoi s'agit-il ? De l'appartement d'un jeune couple, contemporain du général de Gaulle et de la guerre d'Algérie, Jérôme et Sylvie. Ils ne vivent pas mal de leur métier d'enquêteur auprès des consommateurs, mais mesurent la limite de leurs aspirations et de leur train de vie. Georges Perec passe à l'imparfait, temps de la narration, tandis qu'ils quittent la métropole pour accomplir une mission à Sfax, en Tunisie. Frustration, les voici de retour,

confrontés à ce désir très années soixante, d'acquérir des objets et de profiter de la prospérité, déculpabilisés, caractéristiques des trente glorieuses. Pour finir, ils partiront s'installer en province. Et Georges Perec, d'user du futur, pour conclure :
« [...] le voyage sera longtemps agréable. Vers midi, ils se dirigeront, d'un pas nonchalant, vers le wagon-restaurant. Ils s'installeront près d'une vitre, en tête à tête. Ils commanderont deux whiskies. Ils se regarderont, une dernière fois, avec un sourire complice. Le linge glacé, les couverts massifs, marqués aux armes des Wagons-Lits, les assiettes épaisses écussonnées sembleront le prélude d'un festin somptueux. Mais le repas qu'on leur servira sera franchement insipide. »

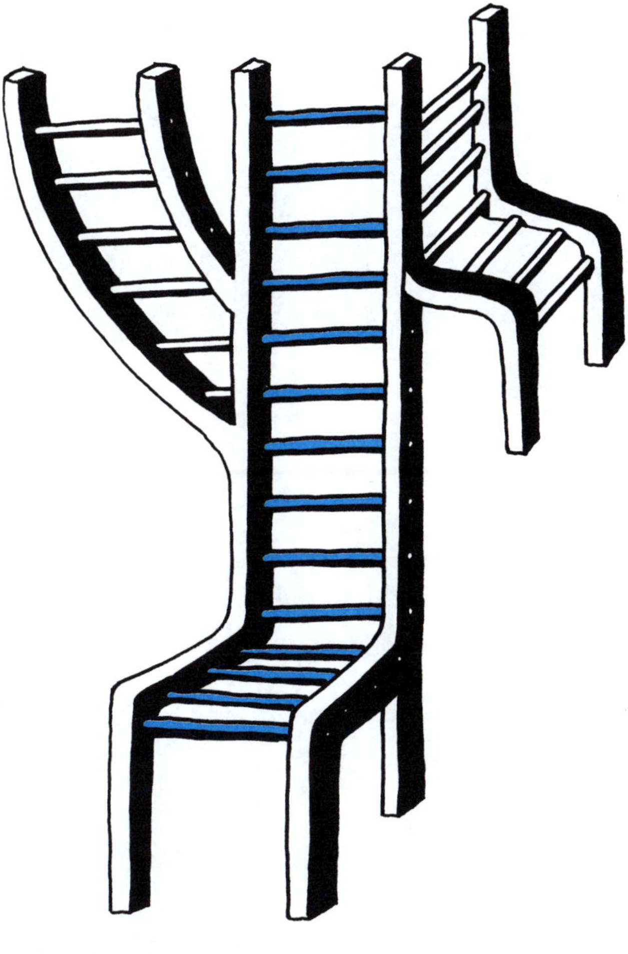

AUTOPSIE D'UN MEURTRE. CAPOTE USE DU MATÉRIAU RÉEL COMME D'ÉLÉMENTS DE FICTION : UN PAYSAGE MENTAL.

TRUMAN CAPOTE (1924-1984)

DE SANG-FROID

« Le village de Holcomb est situé sur les hautes plaines à blé de l'ouest du Kansas, une région solitaire que les autres habitants de l'État appellent "là-bas". [...] La région a une atmosphère qui est plutôt Far West que Middle West avec son dur ciel bleu et son air d'une pureté de désert. [...] Le pays est plat, et la vue étonnamment vaste ; des chevaux, des troupeaux de bétails, une masse blanche de silos à grain, qui se dressent aussi gracieusement que des temples grecs, sont visibles bien avant que le voyageur ne les atteigne. »

Et voilà comment on plante un décor, talent éclatant de Truman Capote. Né à la Nouvelle-Orléans, en 1924, il a 40 ans quand il écrit les premières lignes de *De sang-froid*. C'est alors un journaliste mondain réputé, romancier à ses heures, mais *De sang-froid* va l'élever au rang de véritable célébrité ! On parle alors de « nouveau journalisme », de « nouvelles façons d'enquêter et de raconter ». Truman Capote a entendu parler d'un fait divers qui s'est déroulé en 1959 dans une petite ville obscure du Kansas, où il ne se passe jamais rien. Deux types y ont assassiné une famille entière. Alors, Capote part s'installer à Holcomb, il questionne tout le comté, réunit quatre mille pages dactylographiées de témoignages et obtient de rencontrer les deux criminels qu'il accompagne durant leur procès et jusqu'à la potence. Aucun jugement, dans ces pages fascinantes.

Roman ? Récit ? Enquête ? Peu importe. Œuvre majeure au ton apparemment impassible, à coup sûr.

PREMIÈRE PARUTION
1966

GENRE : roman policier

ADAPTATION
au cinéma, en 1967, par Richard Brooks avec Robert Blake

QUAND LIRE CE LIVRE ?
jeune adulte

DIFFICULTÉ
2

L'AVIS DE LECTEUR D'OLIVIER BARROT :
le récit de Capote incendie les conventions entre le bien et le mal.

UNE LECTURE CONSTAMMENT PHYSIQUE. CAPOTE VOUS SAISIT, VOUS BLOQUE, VOUS ÉPUISE.

De l'abondance bigarrée considérée comme un des beaux-arts, par Boulgakov le baroque.

MIKHAÏL BOULGAKOV (1891-1940)

Le Maître et Marguerite

PREMIÈRE PARUTION
1967
GENRE : roman

ADAPTATION
au cinéma, en 1975, par Aleksandar Petrovic avec Ugo Tognazzi, Mimsy Farmer et Alain Cuny

QUAND LIRE CE LIVRE ?
jeune adulte

DIFFICULTÉ
2

L'AVIS DE LECTEUR D'OLIVIER BARROT :
Boulgakov s'est d'ailleurs inspiré de Diderot, dont il partage l'imagination profuse et le refus des normes admises.

Le Maître et Marguerite, de Mikhaïl Boulgakov, peut impressionner. Treize années pour l'écrire – 1928-1940 –, une publication posthume dans la Russie soviétique des années 1960 : six cents pages, cinquante chapitres, qui tous, portent un titre.

Eh bien, allons-y, entrons dans cet univers cocasse et bariolé, dont on mesure immédiatement la surprenante facilité de lecture. Boulgakov nous prend par la main, l'irrationnel ne va pas tarder à apparaître, en même temps que le mélange des époques et des intrigues. Voici le début :

« Au déclin d'un après-midi de printemps torride, deux citoyens débouchèrent de compagnie sur le square des étangs du Patriarche. Le premier, âgé d'une quarantaine d'années et vêtu d'un complet d'été gris clair, était petit, noir de poils, rondelet, chauve, il tenait à la main un chapeau élégant à la coiffe ronde. [...] Le second, un jeune homme de large carrure dont les cheveux frisés tirant sur le roux s'échappaient d'une casquette à carreaux qu'il avait repoussée sur la nuque, portait une chemise écossaise, un pantalon blanc fripé et des espadrilles noires.

PAS DIFFICILE DE CONCEVOIR QUE L'IMAGINATION IRRÉVÉRENTE DE BOULGAKOV LUI AIT VALU DES ENNUIS AVEC LA CENSURE.

Le premier n'était autre que Mikhaïl Alexandrovitch Berlioz, rédacteur en chef d'une revue littéraire épaisse et président d'une des associations de gens de lettres les plus importantes de Moscou, dénommée en abrégé le Massolit. Son jeune compagnon était le poète Ivan Nikolaïevitch Ponyriev, connu sous le pseudonyme de Biezdomny. »
Anomalie, en dépit de la chaleur, pas de boissons fraîches. Survient un étranger, un Anglais, un Allemand, qui s'adresse à nos littérateurs, lesquels sont dépourvus de toute conviction religieuse.
« Eh bien vous avez tort », leur explique Woland, qui n'est autre qu'un avatar de Satan. Et pour preuve, il les emmène, tenez-vous bien, devant le procurateur de Judée Ponce Pilate, lequel s'apprête à signer la mise à mort d'un obscur agitateur, nommé Yeshoua. Et ainsi de suite. *Le Maître et Marguerite* est peuplé de démons et de prophètes, de femmes amoureuses et de sorcières. On s'y perd un peu, oui, bien sûr, mais peu importe, la verve poétique de Boulgakov emporte toute réticence.

KUNDERA, OU LE ROMAN POLITIQUE. *LA PLAISANTERIE*, ŒUVRE ENGAGÉE ET CHRONIQUE ENLEVÉE, PORTE PARFAITEMENT SON NOM.

MILAN KUNDERA (né en 1929)

LA PLAISANTERIE

PREMIÈRE PARUTION
1967
GENRE : roman

ADAPTATION
au cinéma, en 1968, par Jaromil Jires (et la participation de Milan Kundera pour l'écriture du scénario) avec Josef Somr et Jana Ditetová

QUAND LIRE CE LIVRE ?
adulte

DIFFICULTÉ
2

L'AVIS DE LECTEUR D'OLIVIER BARROT :
il fait froid dans la Tchécoslovaquie de Kundera. Aussi faut-il boire, débattre, aimer.

Milan Kundera, plus de 80 ans aujourd'hui, naquit en Moravie tchécoslovaque, émigra en France en 1975 puis devint citoyen français. Dès lors, il n'écrivit plus que dans notre langue ; ce que certains, dont je suis, regrettent, préférant ses premiers livres, rédigés dans sa langue maternelle, le tchèque : *Risibles Amours, La Valse aux adieux, L'Insoutenable Légèreté de l'être.*
Milan Kundera est très lié au Printemps de Prague, à ses cinéastes comme Milos Forman, exilé à Hollywood, ou tel Václav Havel, le dramaturge qui devint ensuite président de la Tchécoslovaquie. *La Plaisanterie* date de 1967. Le narrateur, Ludvik Jahn, est un esprit caustique, qui n'hésite pas à brocarder le Parti et l'armée, ce qui lui vaut, dans un premier temps, d'être exclu de la faculté où il est étudiant et du Parti, et, plus tard, d'effectuer un séjour prolongé dans une mine. Mais Ludvik, séducteur impénitent, saura se venger de son tourmenteur, en couchant avec sa femme. Hélas, entre-temps, ledit persécuteur a quitté le Parti et choisi le camp des rénovateurs. Sinistre plaisanterie de l'histoire...

« Oui, j'y voyais clair soudain : la plupart des gens s'adonnent au mirage d'une double croyance : ils croient à la pérennité de la mémoire (des hommes, des choses, des actes, des nations) et à la possibilité de réparer (des actes, des erreurs, des péchés, des torts). L'une est aussi fausse que l'autre. La vérité se situe juste à l'opposé : tout sera oublié et rien ne sera réparé. Le rôle de la réparation (et par la vengeance et par le pardon) sera tenu par l'oubli. Personne ne réparera les torts commis, mais tous les torts seront oubliés. »

QU'IL NOUS A ÉBLOUIS, LE PREMIER KUNDERA ! ON LUI AURAIT DONNÉ LE NOBEL. DEVENU FRANÇAIS, IL S'EST COMME DÉVITALISÉ.

Adepte de ce qu'il appelle « l'inversion radicale », Tournier réécrit *Robinson Crusoé*, dont Vendredi devient le premier personnage.

MICHEL TOURNIER (né en 1924)

Vendredi ou les limbes du Pacifique

PREMIÈRE PARUTION
1967

GENRE : roman

PRIX REÇU POUR CE LIVRE
grand prix du roman de l'Académie française en 1967

QUAND LIRE CE LIVRE ?
jeune adulte

DIFFICULTÉ
1

L'AVIS DE LECTEUR D'OLIVIER BARROT :
recalé à l'agrégation de philosophie, Tournier approche la littérature par les mythes, qu'il recompose fabuleusement.

Quand *Vendredi ou les limbes du Pacifique*, premier livre de Michel Tournier, 42 ans à l'époque, parut en 1967, il se produisit un phénomène assez rare : d'emblée, on considéra l'ouvrage comme classique. Les romans suivants de Michel Tournier, *Le Roi des Aulnes*, *Les Météores*, connurent le même sort, au point que l'auteur, philosophe de formation, se retrouva, en quelque sorte, « panthéonnisé » de son vivant. *Vendredi ou les limbes du Pacifique* reprend les ingrédients du *Robinson Crusoé* de Daniel Defoe.

À la suite d'un naufrage, dont il demeure le seul survivant, Robinson se réfugie dans l'île de Speranza. Mais s'il s'efforce de reconstituer les simulacres d'une existence civilisée, il y découvre surtout un lien charnel avec les arbres, les racines, les mousses qu'il parvient à féconder. Loin d'apparaître comme un sauvage, Vendredi, au contraire, l'initie à sa propre osmose avec la nature, et lorsque, après vingt-huit années, un navire anglais le repère, Robinson Crusoé refuse de regagner le pays natal. Comme à l'accoutumée, Tournier inverse donc les facteurs habituels. Ici, Vendredi l'emporte sur Robinson, tout comme ensuite dans *Le Roi des Aulnes* et *Les Météores*, la marginalité s'imposera au sens commun : c'est dire la vertu explosive de l'œuvre de Tournier.

DES MYTHES COMME SUJETS DE ROMANS : TOURNIER SEUL À LES ADOPTER, POUR LES TRANSFIGURER.

« Sur le miroir mouillé de la lagune, je vois Vendredi venir à moi, de son pas calme et régulier [...]. Le voici. Saurai-je jamais marcher avec une aussi naturelle majesté ? Puis-je écrire sans ridicule qu'il semble drapé dans sa nudité ? Il va, portant sa chair avec une ostentation souveraine, se portant en avant comme un ostensoir de chair. Beauté évidente, brutale, qui paraît faire le néant autour d'elle. »

Un cas fort rare : au déclin de son âge, Albert Cohen avec ce dernier ouvrage entre vivant dans la postérité.

ALBERT COHEN (1895-1981)

Belle du Seigneur

PREMIÈRE PARUTION
1968
GENRE : roman

PRIX REÇU POUR CE LIVRE
grand prix du roman de l'Académie française en 1968

ADAPTATION
au cinéma, en 2013, par Glenio Bonder avec Natalia Vodianova, Jonathan Rhys-Meyers et Marianne Faithful

QUAND LIRE CE LIVRE ?
jeune adulte

DIFFICULTÉ
2

L'AVIS DE LECTEUR D'OLIVIER BARROT :
« Parle-moi d'amour », selon la célèbre complainte : *Belle du Seigneur*, ce n'est que cela.

Passablement oublié après des débuts remarqués au cours des années 1930, Albert Cohen accède à la pleine gloire grâce à Bernard Pivot qui le reçoit dans son émission *Apostrophes*, alors que l'auteur a passé les 73 ans. Il vient de publier son sixième ouvrage, *Belle du Seigneur*, élevé d'emblée au rang de classique. Un monument de mille cent pages de passion amoureuse et lyrique, comme on décrit souvent *Belle du Seigneur*, oui, mais pas seulement, et beaucoup plus.

Diplomate, Albert Cohen fut longtemps en poste à Genève auprès de la Société des Nations, puis du Bureau international du travail. De ces organisations, il connaît et raconte les arcanes d'une façon étonnamment pittoresque, quand elle n'est pas franchement comique. Quant à la passion brûlante entre Ariane, épouse indigne du pathétique Adrien Deume, et Solal, le flamboyant, bientôt voué à l'ostracisme, elle illustre l'inéluctable déchéance qui nous est promise. *Belle du Seigneur*, livre de vie, est aussi un livre de mort.

BELLE DU SEIGNEUR, LIVRE DE VIE, EST AUSSI UN LIVRE DE MORT.

« Ô Débuts, ô baisers, ô plaisirs de la femme à la bouche de l'homme, sucs de jeunesse, trêves soudaines, et ils se considéraient avec enthousiasme, se reconnaissaient, se donnaient furieusement des baisers fraternels, sur les joues, sur le front, sur les mains. Dites, c'est Dieu, n'est-ce pas ? demandait-elle égarée, souriante. Dites, vous m'aimez ? Dites, rien que moi, n'est-ce pas ? Aucune autre, n'est-ce pas ? demandait-elle, et elle donnait à sa voix des inflexions dorées pour lui plaire et être plus aimée, et elle baisait les mains de l'inconnu, puis touchait ses épaules et le repoussait pour le chérir d'une divine moue. »

Robert Sabatier n'a jamais caché que son héros Olivier, c'était lui. Cette vie, il l'interprète en huit romans plus vrais que le vrai.

ROBERT SABATIER (1923-2012)

Le Roman d'Olivier

Maintenant, moi, Robert Sabatier, Olivier si vous voulez, je remonte vers mon école. »

« Chaque fois que je reviens dans mon vieux quartier de Montmartre où je suis né, j'ai cette phrase qui chante dans ma tête parce que je n'ai que des souvenirs de soleil ; j'ai l'impression qu'il faisait tout le temps soleil quand j'étais un petit garçon. C'est peut-être parce que j'étais heureux. »

Quand Robert Sabatier écrit ces lignes, à l'orée de son roman *David et Olivier*, en 1986, il livre là le cinquième tome d'un ensemble qui en aura comporté huit, parus entre 1969 – *Les Allumettes suédoises* – et 2007 – *Les Trompettes guerrières* –, soit sur près de quatre décennies.

L'histoire d'une amitié qui s'étend sur une vingtaine d'années, entre l'enfance à Paris et l'engagement dans les maquis d'Auvergne. Sabatier, qui est né en 1923, est aussi le plus pointu des historiens de la poésie française, à laquelle il a édifié un véritable monument en neuf volumes. Cependant, le succès prodigieux des *Allumettes suédoises* a éclipsé tout le reste.

Je viens de relire ce roman, chronique attendrie d'un quartier populaire de la capitale au début des années 1930, entre Montmartre et Pigalle, et centré autour de l'amitié, précisément entre deux gamins, David, fils de tailleur, et Olivier, dont la mère est mercière. C'est épatant.

« Éblouissante était ma rue.

Des années se sont écoulées. J'ai un peu appris, beaucoup voyagé, connu d'autres lumières, c'est-à-dire, selon les ciels, les soleils et les mers, dénombré les gammes incomparables de la clarté nécessaire à l'homme comme à la plante. Mais rien, ni la nature, ni les livres, ne m'a laissé dans le souvenir cette sensation de blancheur forte, implacable, immuable, du soleil de ma rue. »

PREMIÈRE PARUTION
1969 (premier tome)
GENRE : roman

ADAPTATION
au cinéma, *Les Allumettes suédoises*, en 1995, par Jacques Ertaud avec Naël Marandin, Anne Jacquemin et Olivier Sitruk

QUAND LIRE CE LIVRE ?
adolescence

DIFFICULTÉ
1

L'AVIS DE LECTEUR D'OLIVIER BARROT :
conteur à l'ancienne, complice de son lecteur, Sabatier excelle à nous prendre par la main pour raconter le passé.

UN CYCLE ÉGOTIQUE ROMANESQUE À LA MODE DE CEUX DES ANNÉES TRENTE, DES ROMAINS, DUHAMEL, MARTIN DU GARD.

« Souviens-toi qu'en Afrique, un vieillard qui meurt, c'est une bibliothèque qui brûle. » Hampâté Bâ

AMADOU HAMPÂTÉ BÂ (1901-1991)

L'Étrange Destin de Wangrin

PREMIÈRE PARUTION
1973

GENRE : roman

PRIX REÇU POUR CE LIVRE
grand prix littéraire d'Afrique noire en 1974

QUAND LIRE CE LIVRE ?
jeune adulte

DIFFICULTÉ
2

L'AVIS DE LECTEUR D'OLIVIER BARROT :
Hampâté Bâ termina sa vie dans une petite maison d'Abidjan. Il vous accueillait volontiers, évoquant en griot inspiré la France coloniale de sa jeunesse.

Classique incontesté des littératures d'Afrique en langue française, *L'Étrange Destin de Wangrin* parut en 1973. C'est l'œuvre de Amadou Hampâté Bâ, né en 1901 dans ce que l'on appelait alors le Soudan français et aujourd'hui le Mali. Amadou Hampâté Bâ travailla dans l'administration de la France coloniale au Sénégal, en Haute-Volta et en Côte-d'Ivoire, consacrant son temps libre à fixer, par l'écriture, la tradition orale menacée d'oubli.

« Je suis tout le temps en train de lutter. Est-ce que je suis Blanc, est-ce que je suis occidental, est-ce que je suis un Peul, est-ce que je suis Bambara, tellement ces trois ethnies se sont accaparées de moi. »

L'Étrange Destin de Wangrin repose sur le témoignage recueilli en langue bambara, au Mali, de la bouche même d'un interprète qui œuvra dans les années de la Grande Guerre. Récit picaresque aux allures de western de la brousse, Wangrin conte la vie quotidienne d'un diplômé de l'école publique française partagé entre deux cultures. Wangrin sait admirablement jouer de cette identité dédoublée pour circonvenir les Blancs, administrateurs et colons, au profit des populations autochtones.

« Une jeune fille, nommée Tenin, vivait à Dioussola. Elle était d'une beauté extraordinaire, mais d'une personnalité vive, et d'un langage leste. On la surnommait tantôt Belle Bichette des Carrefours, tantôt Aigrette des Caravansérails. Elle avait refusé toutes les propositions avantageuses qui lui avaient été faites pour l'amener au mariage. [...] Tenin vouait un respect filial et quasi religieux à Wangrin. Bien que lui fournissant chaque mois de belles étoffes, et des parures, celui-ci ne lui en demandait jamais le paiement en espèce, ou moins encore, en nature. Un adage peul dit ceci : "Veux-tu qu'une femme diminue le respect qu'elle a pour toi ou même cesse complètement de te respecter ? Alors couche avec elle et tu seras largement servi". »

QUELLE SÉDUCTION QUE CELLE DÉGAGÉE PAR CE WESTERN D'AFRIQUE EN FRANÇAIS, SA LANGUE ORIGINALE.

Délectable *Todo Modo* ! On imagine aisément un Vittorio Gassman dans le rôle éclatant de don Gaetano.

LEONARDO SCIASCIA (1921-1989)

Todo Modo

Sicilien pur sang, né en 1921, et disparu en 1989, Leonardo Sciascia militait à gauche et dénonçait volontiers les compromissions mafieuses du pouvoir politique de son pays. Et cela, sans aucune lourdeur, car il adoptait à cette fin le genre policier, ce qui explique que beaucoup de ses romans aient été adaptés au cinéma, à l'instar de *Todo Modo*, paru en 1974.

Une sorte de polar métaphysique, qui débute – nous sommes en Italie – à bord d'une automobile. Le narrateur a l'œil attiré par un panneau routier qui indique : Ermitage de Zafer – 3 km. Intrigué, il s'y rend. L'Ermitage en question a été, en fait, transformé en hôtel où un prêtre volubile et entreprenant, don Gaetano, propose à ses pensionnaires des exercices spirituels. Histoire de se ressourcer, toutes sortes de gens fréquentent l'Ermitage, des hommes politiques, des industriels, des ecclésiastiques. Mais comme dans les *Dix Petits Nègres* d'Agatha Christie, certains disparaissent brutalement.

« – Et la santé, la santé du pape ? s'enquit l'industriel.

– Les papes, dit don Gaetano, sont toujours en bonne santé, on peut même dire non seulement qu'ils meurent en bonne santé, mais qu'ils en meurent. Je parle, s'entend, de santé mentale, dit-il en se tournant vers l'industriel. Car c'est à elle, sans malice, je n'en doute pas, que votre question faisait allusion... Les autres maux, les autres infirmités, cela ne compte pas.

– Vrai, dis-je, cela ne s'est jamais produit, le cas d'un pape qui, à cause de son âge, de l'artériosclérose, se soit mis à déraisonner. Je veux dire, cela ne s'est jamais vu.

– Cela ne s'est jamais produit précisément, dit le cardinal.

– Cela ne s'est jamais su, répétais-je.

– Les choses qui ne se savent pas n'existent pas, dit don Gaetano.

– Je dirais, répondis-je, que certaines choses peuvent ne pas se savoir, mais existent.

– Oui, d'accord, mais n'oubliez pas que nous parlons de l'Église, du pape, dit don Gaetano. Une force sans force, un pouvoir sans pouvoir, une réalité sans réalité. »

PREMIÈRE PARUTION
1974

GENRE : roman

ADAPTATION
au cinéma, en 1976, par Elio Petri avec Marcello Mastroianni

QUAND LIRE CE LIVRE ?
adulte

DIFFICULTÉ
1

L'AVIS DE LECTEUR D'OLIVIER BARROT :
on ne saurait oublier que Rome n'est pas seulement capitale de l'Italie mais aussi de l'État du Vatican.

Je tiens Modiano pour le plus grand écrivain français vivant, un classique de notre temps, dont l'œuvre s'est imposée dès son premier roman, *La Place de l'Étoile*.

PATRICK MODIANO (né en 1945)

VILLA TRISTE

PREMIÈRE PARUTION
1975
GENRE : roman

PRIX REÇU POUR CE LIVRE
prix des Libraires en 1976

ADAPTATION
au cinéma, *Le Parfum d'Yvonne,* en 1994, par Patrice Leconte avec Jean-Pierre Marielle, Hippolyte Girardot et Sandra Majani

QUAND LIRE CE LIVRE ?
jeune adulte

DIFFICULTÉ
1

L'AVIS DE LECTEUR D'OLIVIER BARROT :
un livre majeur, déchirant, gratifiant, déjà inscrit dans l'histoire de la littérature.

Tous ses romans se ressemblent : la hantise du passé, la figure du père, trafiquant sous l'occupation ; des existences marginales, imprécises ; un style laconique aussi, des plus simples, avec des phrases souvent terminées par un point d'interrogation. Scénariste à ses heures, *Lacombe Lucien* pour Louis Malle, lauréat du prix Goncourt pour *Rue des boutiques obscures*, Patrick Modiano publie *Villa triste* en 1975, l'un de ses romans les plus structurés en une intrigue passionnante et un décor imagé, au point que Patrice Leconte s'en inspire pour un beau film intitulé *Le Parfum d'Yvonne*. À partir de sa propre difficulté d'être, Modiano dessine un univers qui touche le plus grand public : à cet égard, il n'est pas éloigné de Georges Simenon. *Le Parfum d'Yvonne* se déroule à Annecy, à la fin de l'été. Le lac et ses abords se voient peu à peu désertés, le narrateur resté seul voudrait comprendre son passé, peut-être inscrit dans la Suisse voisine. Concours d'élégance automobile, parties de tennis : irrésistible Yvonne ! Voici la fin déchirante de *Villa triste*, lorsque Victor Chmara, son héros, plaqué par Yvonne, s'apprête à reprendre le train pour Paris.

« L'employé a claqué les portières. J'ai baissé la vitre et je me suis penché au-dehors. Pulli m'a souri.
– N'oubliez pas l'Égypte et bonne chance *old sport*...
Ces deux mots anglais, dans sa bouche, m'ont surpris. Il agitait le bras. Le train s'ébranlait. Il s'est aperçu brusquement, nous avions oublié une de mes valises, de forme circulaire, près du banc. Il l'a empoignée, s'est mis à courir. Il essayait de rattraper le wagon. À la fin il s'est arrêté, haletant, et m'a fait un grand geste d'impuissance. Il gardait la valise à la main et se tenait très droit sous les lumières du quai. On aurait dit une sentinelle qui rapetissait, rapetissait. Un soldat de plomb. »

À PARTIR DE SA PROPRE DIFFICULTÉ D'ÊTRE, MODIANO DESSINE UN UNIVERS QUI TOUCHE LE PLUS GRAND PUBLIC : À CET ÉGARD, IL N'EST PAS ÉLOIGNÉ DE GEORGES SIMENON.

Il aurait pu à bon droit parler de « Mare Nostrum » (notre mer) comme les Anciens qualifiaient la Méditerranée.

JACQUES LACARRIÈRE (1925-2005)

MÉDITERRANÉE

PREMIÈRE PARUTION
en 1976 pour *L'Été grec*
GENRE : récit de voyage

QUAND LIRE CE LIVRE ?
adolescence

DIFFICULTÉ
1

L'AVIS DE LECTEUR D'OLIVIER BARROT :
ce livre de fonds est aussi léger qu'un guide de voyage : impossible de l'en priver.

Jacques Lacarrière, disparu en 2005, à l'âge de 80 ans, était un bonhomme formidable et un écrivain de très haute race. Il aimait les voyages à pied, le théâtre antique, son village de Sacy, en Bourgogne, et par-dessus tout, je crois, la Grèce. On lui doit des travaux savants de philologie, d'iconographie, mais aussi et surtout de merveilleux récits de cheminements pédestres qui tiennent à la fois du journal documenté et de la poésie en prose.

« Quand j'ai commencé mes études en Sorbonne, je me suis occupé beaucoup de théâtre et nous avons, enfin, non pas fondé, mais nous avons continué une œuvre qui avait été entreprise avant la guerre, qui était le théâtre antique à la Sorbonne, et nous avons eu la chance de pouvoir, en 1947, aller jouer en Grèce, à Épidaure, et à Athènes, et je dois dire qu'à partir de ce jour-là j'ai eu vraiment pour unique désir d'y revenir, et peu à peu j'ai appris la langue. [...] Parce que ce qui m'intéresse moi aussi, enfin, un peu comme Hérodote, quand je voyage, ce sont les êtres humains, ce ne sont pas les temples », confie Jacques Lacarrière dans une interview.

À dire vrai, je ne connais aucun écrivain d'aujourd'hui qui ait aussi justement parlé de la Grèce que Jacques Lacarrière, à l'exception, peut-être, de l'irremplaçable Jean-Pierre Vernant. Au cours de ses pérégrinations, c'est véritablement l'âme d'un pays, d'une culture qu'il dévoile, révélant avec infiniment de tact et d'intelligence la filiation entre la Grèce antique, si prestigieuse, et la Grèce contemporaine, si souvent décriée. Il démontre que la langue grecque moderne n'est rien d'autre qu'une variation à partir du grec classique.

IL AIMAIT LES VOYAGES À PIED, LE THÉÂTRE ANTIQUE, SON VILLAGE DE SACY, EN BOURGOGNE, ET PAR-DESSUS TOUT, JE CROIS, LA GRÈCE.

Réunissant plusieurs récits de voyages – *En cheminant avec Hérodote*, *Promenades dans la Grèce antique*, *L'Été grec*, *Le Buveur d'horizon* –, l'ouvrage *Méditerranée* est un hymne à la terre, à la mer, aux îles, comme un lien entre ces éléments fondateurs de l'univers hellénique. Magnifique.

Voici le début de son désormais classique *L'Été grec* :

« Mon premier voyage en Grèce eut lieu en 1947. Le dernier, à l'automne 1966. Ma dernière image : une île de la mer Égée sans arbre, avec un unique village et un paysage dénudé où misère et beauté s'allient comme deux versants d'une même colline. Misère et beauté. Alliance des contraires, comme cette phrase d'Héraclite que les paysages des Cyclades ne cessent d'épeler en leur lumière : l'harmonie suprême et coïncidence des contraires, tout se fait, tout se défait, par la discorde. »

Son nom, d'abord, qui sonne comme une mise en garde : Jean-Patrick Manchette.

JEAN-PATRICK MANCHETTE (1942-1995)

Le Petit Bleu de la côte ouest

Attention ! Danger. Manchette est né en 1942, à Marseille. Il livre des scénarios de films et une petite vingtaine de romans policiers avant de disparaître prématurément en 1995. Avec quelques autres, Fajardie, A.D.G., Jonquet, Manchette invente un nouveau polar en français qui tient autant du roman noir américain que de la résolution classique d'une intrigue criminelle. L'atmosphère, le style se remarquent immédiatement : on raconte au présent de l'indicatif, et les objets tiennent une place essentielle, offrant une esquisse détaillée de la France des années 1970.

Début du *Petit Bleu de la côte ouest* :

« Et il arrivait parfois ce qui arrive à présent : Georges Gerfaut est en train de rouler sur le boulevard périphérique extérieur. Il y est entré porte d'Ivry. Il est deux heures et demie ou peut-être trois heures et quart du matin. Une section du périphérique intérieur est fermée pour nettoyage et sur le reste du périphérique intérieur la circulation est quasi nulle. Sur le périphérique extérieur, il y a peut-être deux ou trois ou au maximum quatre véhicules par kilomètre. »

Alain Delon, interprète au cinéma du personnage de Georges Gerfaut, explique : « Ce personnage est entraîné dans une aventure assez périlleuse pour avoir assisté, tout à fait par hasard, à une situation pour laquelle il n'était pas concerné, et de là il se trouve prisonnier d'une certaine organisation qui décide de mettre fin à ses jours parce qu'il en a ou vu ou entendu trop. » On va chercher à l'abattre et il devra emprunter un flingue à l'un de ses amis. Les ennuis commencent, ou plutôt s'amoncèlent.

MANCHETTE INVENTE UN NOUVEAU POLAR EN FRANÇAIS.

PREMIÈRE PARUTION
1976
GENRE : roman policier

ADAPTATION
au cinéma, *Trois hommes à abattre*, en 1980, par Jacques Deray avec Alain Delon et Michel Auclair

QUAND LIRE CE LIVRE ?
jeune adulte

DIFFICULTÉ
1

L'AVIS DE LECTEUR D'OLIVIER BARROT :
l'intrigue palpitante conçue par Manchette ne doit pas oblitérer le soin extrême qu'il porte à son écriture.

« Qu'est-ce que je fais là ? » se demanda le premier Bruce Chatwin. Bonne question. Sa réponse : de la littérature.

BRUCE CHATWIN (1940-1989)

En Patagonie

C'est en Angleterre qu'est née cette tradition de l'écrivain-voyageur qui arpente le monde, le carnet de notes et le stylo à la main. Et, à cet égard, l'Anglais Bruce Chatwin figure le parfait profil de cette catégorie, lui, dont l'existence d'abord vouée à la banalité se mua bientôt en une véritable destinée.

Le jeune Bruce Chatwin entre chez Sotheby's, la fameuse maison de ventes aux enchères, comme simple porteur, mais là, son intuition se révèle : il devient un spécialiste reconnu de l'impressionnisme. Puis il prend la plume et la route, livrant des romans étranges peuplés de fantômes, et surtout des récits de voyages et de rencontres devenues des modèles. Au travers de ses multiples pérégrinations, l'auteur nous fait découvrir une Patagonie riche d'une population aux nationalités brassées, de paysages magnifiques et de villes hautes en couleur. Un récit de voyage à la fois poétique et burlesque. Qui d'autre que Chatwin pour rencontrer ou prétendre avoir rencontré le pèlerin que voici ?

« Il est un homme à Punta Arenas qui rêve de forêts de pins, fredonne des lieder, se lève chaque matin et contemple les eaux noires du détroit. Il se rend en voiture dans une usine qui sent la mer. Tout autour de lui des crabes écarlates rampent, puis sont ébouillantés. Il entend les carapaces qui craquent et les pinces qui se brisent, voit la douce chair blanche qu'on tasse dans des boîtes métalliques. C'est un homme efficace, bénéficiant de quelque expérience dans le domaine de la production industrielle. Se souvient-il de cette autre odeur, cette odeur de brûlé ? Et de cet autre bruit, celui de voix basses qui chantaient ? Et des tas de cheveux, jetés comme les pinces des crabes ?

C'est à Herman Rauff que l'on prête l'invention et l'administration du four crématoire ambulant. »

PREMIÈRE PARUTION
1977

GENRE : récit de voyage

QUAND LIRE CE LIVRE ?
jeune adulte

DIFFICULTÉ
1

L'AVIS DE LECTEUR D'OLIVIER BARROT :
on ne résiste pas au regard de Chatwin. Ironique sur lui-même, curieux sur ceux qu'il croise : du récit de voyage comme un genre majeur.

Une Amérique d'antipode, à l'opposé des réussites de légende. Celle des taiseux, des paumés, tout aussi attachants.

RAYMOND CARVER (1938-1988)

PARLEZ-MOI D'AMOUR

PREMIÈRE PARUTION
1981
GENRE : nouvelles

QUAND LIRE CE LIVRE ?
jeune adulte

DIFFICULTÉ
1

L'AVIS DE LECTEUR D'OLIVIER BARROT :
Carver écrit à la gomme davantage qu'au crayon. Il écrase toute enjolivure, ne visant que le vrai.

Raymond Carver appartient à cette catégorie de grands écrivains pour qui l'alcool, plus qu'un adjuvant, apparaît comme un moyen d'expression. Né en 1938, dans l'État d'Oregon, au nord-ouest des États-Unis, il est le fils aimant, ô combien, d'un ouvrier également alcoolique. Contraint dès l'âge de 18 ans de multiplier les petits boulots de standardiste ou de pompiste pour faire vivre sa famille, il pressent aussi qu'il peut écrire. Des nouvelles, pour la plupart, qui paraîtront dans les plus prestigieux recueils. Vers la trentaine, Carver cesse de boire. La notoriété lui vient, la reconnaissance croissante jusqu'à sa mort, à l'âge de 50 ans.

C'est que Raymond Carver donne de l'Amérique profonde un reflet aussi marquant que celui qu'offre le peintre Edward Hopper dans ses tableaux. C'est l'ordinaire, le quotidien auquel s'attache Carver, le détail que, tout à coup, il pointe et qui fait basculer une situation. Des nouvelles donc, ou plutôt des moments, le plus souvent d'affrontements, entre personnages déclassés, malheureux, mais qui cependant espèrent un mieux improbable.

D'une admirable sobriété, l'œuvre de Raymond Carver s'est imposée d'emblée comme classique.

« "Eh bien, ça y est, dit L.D., je te fais mes adieux. Je ne sais pas quoi dire d'autre, sauf que je pense ne jamais te revoir. Ni toi non plus, dit-il à sa fille Rae, toi et tes idées de dingue.

– Va-t'en, répondit Maxine."

Il prit la main de Rae. "Tu n'as pas fait assez de dégâts comme ça, dans la maison ? Va-t'en, sors d'ici, laisse-nous en paix. Rappelle-toi seulement d'une chose, dit Rae, c'est dans ta tête.

– Bon, je me tire, je n'ai rien d'autre à dire, reprit L.D. N'importe où, loin de cette maison de fous, ça, c'est le principal."

Il promena un dernier regard sur le salon, puis changea la valise de main et glissa la trousse sous son bras. »

C'EST L'ORDINAIRE, LE QUOTIDIEN AUQUEL S'ATTACHE CARVER, LE DÉTAIL QUE, TOUT À COUP, IL POINTE ET QUI FAIT BASCULER UNE SITUATION.

Vous ne connaissez pas encore Mutis.
Vous ouvrez l'un de ses livres, au choix.
L'évidence s'impose d'emblée : l'égal
de Melville ou de Conrad.

ALVARO MUTIS (1923-2013)

La Neige de l'amiral

MAQROLL EL GAVIERO,
MAQROLL LE GABIER,
HÉROS ENVIABLE,
VAGABOND DES MERS,
ENTRE DEUX PORTS
TOUJOURS :
IL VOUS ATTEND.

Il n'est pas le plus connu des écrivains sud-américains du XXe siècle, mais il est tout simplement, à mes yeux, le plus éminent. Né à Santa Fe de Bogotà, en 1923, Alvaro Mutis a voyagé toute sa vie. Journaliste, poète d'abord, il devient romancier en 1985, avec le premier volume d'un cycle : *La Neige de l'amiral*, et dans lequel vont se retrouver les mêmes personnages, à cinq ou six occasions. Tous ses romans portent des titres mélodieux et magnifiques : *La Dernière Étape du Tramp Steamer*, *Ilona vient avec la pluie*, *Abdul Bashur, Le Rêveur de navires*.

Maqroll, hanté par l'envie du départ, de la mer, des ailleurs, entreprend toujours de singulières expéditions. Extraordinaire mélange de senteurs, de cultures et d'épidermes, avec Mutis, le but du voyage ne compte guère, ce qui prévaut, c'est le grand vent, les parages portuaires, les séparations inéluctables, les retrouvailles espérées avec son alter ego Abdul Bashur ou son amante l'inaccessible Ilona.

« Dans un marais, où des nuages de moustiques tourbillonnent, s'approchent et s'éloignent soudain, en une spirale vertigineuse, j'aperçois les restes d'un grand hydravion de tourisme. C'est un Latécoère 32, la cabine est presque intacte, j'entre, et je m'assois sur une petite chaise en osier devant une table pliante. La végétation a envahi l'intérieur de l'appareil, tombant du plafond, recouvrant les parois. [...] À l'intérieur, on respire une atmosphère sereine et tiède, qui invite à se reposer un moment. Je sens alors, s'abattre sur moi, l'envoûtement maléfique auquel s'expose celui qui franchit des enceintes interdites. »

PREMIÈRE PARUTION
1986

GENRE : roman

PRIX REÇU POUR CE LIVRE
prix Médicis étranger en 1989

QUAND LIRE CE LIVRE ?
jeune adulte

DIFFICULTÉ
1

L'AVIS DE LECTEUR D'OLIVIER BARROT :
accélérons l'embarquement : il est temps, levons l'ancre du navire amiral.

Bien involontaire victime d'un fait divers sinistre, Rushdie ne se définit que comme écrivain, à fort juste titre.

SALMAN RUSHDIE (né en 1947)

Les Versets sataniques

PREMIÈRE PARUTION
1988
GENRE : roman

QUAND LIRE CE LIVRE ?
lecteur confirmé

DIFFICULTÉ
3

L'AVIS DE LECTEUR D'OLIVIER BARROT :
ne pas craindre de s'abîmer en ces pages, on perd le fil, on le retrouve et les visions émerveillent.

Vous vous souvenez peut-être de ce mot si spirituel – de qui déjà ? – à propos d'une personnalité : « Il est mondialement connu pour sa célébrité. » Eh bien, révérence parlée, c'est un peu le cas de l'Anglais d'origine indienne, Salman Rushdie. Il est d'abord réputé pour avoir été l'objet d'une fatwa, une condamnation à mort de la part de l'ayatollah Khomeini, alors maître de l'Iran, à la publication du roman *Les Versets sataniques*, en 1988. Le malheureux Rushdie, qui n'a rien d'un blasphémateur, même s'il n'adhère plus aux préceptes du Coran, a dû vivre des années caché et sous protection policière. « Ce que je me suis dit c'est que je n'allais pas laisser la fatwa m'empêcher d'être écrivain ou me défier dans mon œuvre d'écrivain. Je me suis dit qu'en fait, la meilleure façon de réagir, si possible, c'était d'être l'écrivain que je suis ! »
Les Versets sataniques n'est pas un livre qui se donne aisément, moins du fait de son volume, plus de sept cents pages, que de son architecture baroque. Il faut y plonger sans a priori et un peu comme dans *Les Mille et Une Nuits*, s'y perdre et écouter le verbe prolifique du romancier à l'imagination débordante. Le début

du roman en donne la mesure : un acteur illustre et une vedette de radio chutent d'un avion en passe d'exploser suite à une action terroriste. Apparaîtra alors une forêt de protagonistes, de lieux étranges et de situations folles dont le Prophète n'est pas absent.

« Qui est-il ? Un exilé. Terme qu'il ne faut pas confondre, pas mélanger, avec tous les autres mots que les gens emploient à tort et à travers : émigré, expatrié, réfugié, immigré, silence, ruse. L'exil est un rêve de retour glorieux. L'exil est une vision de la révolution : Elbe, pas Sainte-Hélène. C'est un paradoxe sans fin : regarder devant soi en regardant toujours derrière soi. L'exilé est une balle jetée très haut en l'air. Elle reste là, gelée dans le temps, transformée en photographie [...]. »

***LES VERSETS SATANIQUES* N'EST PAS UN LIVRE QUI SE DONNE AISÉMENT, MOINS DU FAIT DE SON VOLUME, PLUS DE SEPT CENTS PAGES, QUE DE SON ARCHITECTURE BAROQUE.**

Jamais la Ville Lumière n'a été observée comme par Cartier-Bresson : une véritable re-visite.

HENRI CARTIER-BRESSON (1908-2004)

Paris à vue d'œil

PREMIÈRE PARUTION
1994
GENRE : photographies

QUAND LIRE CE LIVRE ?
à tout âge

DIFFICULTÉ
1

L'AVIS DE LECTEUR D'OLIVIER BARROT :
loin de toute théorie, Cartier-Bresson, le grand vivant, saisit l'instant comme nul autre.

« Pour moi, la photographie est un moyen de dessiner, un moyen de tenir mon journal. Et, dans le fond, s'il n'y avait pas une exigence de communiquer, de montrer aux autres ce qu'on aime, ce qu'on n'aime pas, de témoigner sur notre monde, sur notre époque, n'est-ce pas, eh bien, je m'amuserais tout autant si je n'avais pas de film dans l'appareil. » Henri Cartier-Bresson détestait qu'on le photographie. Il existe, de ce fait, peu de portraits du cofondateur de la fameuse agence Magnum, en 1947. « L'œil du siècle », ainsi que l'a baptisé son biographe Pierre Assouline, est né en 1908 ; il a vécu quasi centenaire.

« Quand est-ce qu'on appuie ? Là ? Là ? Là ? Comment ? L'émotion monte et puis tout d'un coup, hop ! Ça y est ! C'est comme un orgasme un peu ! Il y a un moment où ça éclate et puis, ou on a le bon moment, ou alors c'est raté ! »

De tout temps adepte des appareils Leica, ce graphiste imparable dans le choix de ses cadrages – qu'il ne retouchait jamais – séduit au premier regard, parcourant le monde en noir et blanc, le quotidien, les scènes de rues.

Paris à vue d'œil illustre exactement son aptitude à saisir ce qu'il appelait « le moment décisif ». L'écrivain surréaliste André Pieyre de Mandiargues, écrit à propos, en postface, dans *Paris à vue d'œil*, en 1984 : « Henri, pendant ses randonnées d'un bout à l'autre de Paris, de jour et de nuit, ne cessait pas de saisir. Le Leica est fait pour saisir, à cause de la multitude de prises de vues qu'il permet à l'opérateur, sans avoir besoin d'être rechargé. Je crois que les personnages d'Henri Cartier-Bresson sont des actes d'amour, comme les plus beaux livres d'André Breton, comme les meilleurs films de Chaplin et d'Eisenstein qui eurent tant d'influence sur mon ami de jadis et d'à présent. »

« IL Y A UN MOMENT OÙ ÇA ÉCLATE ET PUIS, OU ON A LE BON MOMENT, OU ALORS C'EST RATÉ ! »

L'HISTOIRE – RARE – D'UN RETOUR AU PREMIER PLAN. CONSACRÉE AVANT-GUERRE, IRÈNE NÉMIROVSKY RENAÎT DANS LES ANNÉES 2000 PAR LA GRÂCE DE SES FILLES, DÉFINITIVEMENT.

IRÈNE NÉMIROVSKY (1903-1942).

SUITE FRANÇAISE

Prodigieuse destinée que celle de *Suite française*, roman édité soixante ans après la mort de son auteur ! Elle est née à Kiev en Ukraine, en 1903, dans une riche famille juive qui fuit la révolution bolchevique en 1917 et s'installe à Paris. Brillante étudiante à la Sorbonne, elle publie un premier roman en 1929 intitulé *David Golder*, sitôt adapté au cinéma, suivi de *Le Bal*, un autre grand succès. Elle est lancée, mais le statut des Juifs d'octobre 1940 la condamne, et elle est arrêtée, déportée et meurt à Auschwitz en 1942.

Irène Némirovsky avait laissé un manuscrit inédit inachevé, que ses filles retrouvent et font paraître en 2004. *Suite française* reçoit alors le prix Renaudot, est traduit partout et connaît un triomphe aux États-Unis. Cette chronique en deux parties des premières années de guerre frappe par son âpreté et sa justesse. Construite comme un ensemble choral, elle accompagne un certain nombre de personnages, lamentables ou magnifiques, précipités sur les routes à l'arrivée des troupes allemandes à Paris pendant l'été 1940 : c'est l'exode.

« Lorsqu'ils arrivaient sur une de ces hauteurs légères qui coupaient les routes de place en place, ils voyaient jusqu'à l'horizon, aussi loin que pouvait porter leur regard, une multitude confuse traînant les pieds dans la poussière. Les plus fortunés possédaient une brouette, une voiture d'enfant, un chariot fait de quatre planches montées sur des roues grossières qui portaient leurs bagages, étaient courbés sous le poids des sacs, de hardes, d'enfants endormis. Ceux-là étaient pauvres, les malchanceux, les faibles, ceux qui ne savent pas se débrouiller, ceux que l'on repousse partout au dernier rang, et quelques timorés aussi, quelques avares qui avaient reculé jusqu'au dernier instant devant le prix du billet, les dépenses et les risques du voyage. Mais brusquement, la panique les avait saisis comme les autres. »

PREMIÈRE PARUTION
2004
GENRE : roman

PRIX REÇU POUR CE LIVRE
prix Renaudot posthume en 2004

QUAND LIRE CE LIVRE ?
adolescence

DIFFICULTÉ
2

L'AVIS DE LECTEUR D'OLIVIER BARROT :
le plus saisissant des tableaux romanesques de l'exode, en même temps qu'une radiographie détaillée de la société française des années 1930.

DE L'EXODE, DE LA PERTE DES REPÈRES ET DE LA MORALE, DE L'ABJECTE DÉFAITE, IRÈNE NÉMIROVSKY A LÉGUÉ CETTE EXEMPLAIRE CHRONIQUE ROMANESQUE.

SOURCES

L'Odyssée, Homère, Paris, Les Belles Lettres, 2012 — 6

Tragédies, Eschyle, Paris, Robert Laffont, collection « Bouquins », 2001 — 8

La Guerre des Gaules, César, Paris, Les Belles Lettres, 1997 — 10

L'Art d'aimer, Ovide, Paris, Gallimard, 1998 — 12

Les Mille et Une Nuits, Paris, Flammarion, 2004 — 14

Le Roman de la Rose, Guillaume de Lorris / Jean de Meung, Paris, Gallimard, collection « Folio Classique », 2006 — 16

La Divine Comédie, Dante Alighieri, Paris, Flammarion, 2010 — 18

Le Testament, François Villon, Paris, Champion, collection « Champion classiques », 2008 — 20

Don Quichotte, Miguel Cervantès, Paris, Robert Laffont, collection « Bouquins », 2011 — 22

La Mégère apprivoisée, William Shakespeare, Paris, Flammarion, collection « GF-Flammarion », 1965 — 24

Le Cid, Pierre Corneille, Paris, Belin, collection « Classico Collège », 2010 — 26

Maximes, François de La Rochefoucauld, Paris, Gallimard, collection « Folio 2 € », 2012 — 28

Dom Juan ou Le Festin de pierre, Molière, Paris, Flammarion, 2005 — 30

Fables, Jean de La Fontaine, Paris, Pocket, collection « Classiques », 2009 — 32

Les Voyages de Gulliver, Jonathan Swift, Paris, Flammarion, 1999 — 34

Le Jeu de l'amour et du hasard, Marivaux, Paris, Gallimard, collection « Folio Théâtre », 2010 — 36

Candide ou l'optimisme, Voltaire, Paris, LGF-Livre de Poche, 1995 — 38

Les Souffrances du jeune Werther, Johann Wolfgang von Goethe, Paris, Flammarion, collection « GF-Flammarion », 1999 — 40

Le Mariage de Figaro, Pierre-Augustin Caron de Beaumarchais, Paris, NRF Gallimard, Bibliothèque de la Pléiade, 1973 — 42

Les Liaisons dangereuses, Pierre-Ambroise Choderlos de Laclos, Paris, Garnier-Flammarion, collection « GF-Flammarion », 2006 — 44

Les Confessions, Jean-Jacques Rousseau, Paris, Flammarion, collection « GF-Flammarion », 2012 — 46

Jacques le Fataliste et son maître, Denis Diderot, Paris, Flammarion, collection « Étonnants Classiques », 2007 — 48

Le Moine, Matthew G. Lewis, traduit (ou raconté) par Antonin Artaud, Paris, Gallimard, collection « Folio », 1975 — 50

Ondine, Friedrich de La Motte-Fouqué, Pau, Éditions Corentin, 1994 — 52

Orgueil et Préjugés, Jane Austen, Paris, 10/18, collection « Domaine étranger », 2000 — 54

L'Étrange Histoire de Peter Schlemihl, Adelbert von Chamisso, Paris, Gallimard, collection « Folio 2 € », 2011 — 56

Les Contes de Grimm, Jacob et Wilhelm Grimm, Paris, Gallimard, collection « Folio classique », 1976 — 58

Poèmes et Poésies, John Keats, Paris, Gallimard Poésie, 1996 — 60

Adolphe, Benjamin Constant, Paris, Librio, 2004 — 62

Frankenstein, Mary Shelley, Paris, Pocket, 2009 — 64

Méditations poétiques, Alphonse de Lamartine, Paris, LGF-Livre de Poche, 2006 — 66

Le Dernier des Mohicans, James Fenimore Cooper, Paris, Flammarion, collection « GF-Flammarion », 1992 — 68

Le Rouge et le Noir, Stendhal, Paris, LGF-Livre de Poche, 1972 — 70

Canti, Giacomo Leopardi, Paris, NRF Gallimard, collection « Poésie/Gallimard », 1982 — 72

La Dame de pique, Alexandre Sergueïevitch Pouchkine, Paris, LGF-Livre de Poche, 1989 — 74

Le Journal d'un fou, Nicolas Gogol, Paris, Librio, 2004 — 76

De la démocratie en Amérique, Alexis de Tocqueville, Paris, Flammarion, collection « GF-Flammarion », 1999 — 78

Illusions perdues, Honoré de Balzac, Paris, NRF Gallimard, Bibliothèque de la Pléiade, 1977 — 80

Gaspard de la nuit, Aloysius Bertrand, Paris, Gallimard, collection « Folioplus classique », 2011 — 82

Le Journal du séducteur, Søren Kierkegaard, Paris, Gallimard, collection « Folio essais », 2013 — 84

Le Comte de Monte-Cristo, Alexandre Dumas, Paris, NRF Gallimard, Bibliothèque de la Pléiade, 2009 — 86

Histoire de la Révolution française, Jules Michelet, Paris, Gallimard, collection « Folio Histoire », 2007 — 88

La Dame aux camélias, Alexandre Dumas fils, Paris, Flammarion, collection « GF-Flammarion », 1999 — 90

SOURCES

813 La Double Vie d'Arsène Lupin, Maurice Leblanc, Paris, LGF-Livre de Poche, 1997 180
Notre jeunesse, Charles Péguy, Paris, NRF Gallimard, Bibliothèque de la Pléiade, « Œuvres en prose complète », 1992 182
Dictionnaire du Diable, Ambrose Gwinnett Bierce, Paris, Rivages, 1989 184
Fermina Márquez, Valery Larbaud, Paris, Gallimard, 1998 186
Les dieux ont soif, Anatole France, Paris, Gallimard, collection « Folio Classique », 1989 188
La Mort à Venise, Thomas Mann, Paris, Stock, collection « La Cosmopolite », 2003 190
La Guerre des boutons, Louis Pergaud, Paul Hartmann Éditeur, 1946 192
Alcools, Guillaume Apollinaire, Paris, NRF Gallimard, collection « Poésie/Gallimard », 1966 194
À la recherche du temps perdu, Marcel Proust, Paris, Gallimard, collection « Quarto », 1999 196
Les Caves du Vatican, André Gide, Paris, Gallimard, 2001 198
Au-dessus de la mêlée, Romain Rolland, Paris, Payot, collection « Petite Bibliothèque Payot », 2013 200
Le Feu, Henri Barbusse, Paris, Gallimard, collection « Folio Classique », 2007 202
L'Inimitable Jeeves, P.G. Wodehouse, Paris, 10/18, collection « Domaine étranger », 1999 204
Les Croix de bois, Roland Dorgelès, Paris, LGF-Livre de Poche, 1975 206
Six personnages en quête d'auteur, Luigi Pirandello, Paris, Gallimard, collection « Folio Bilingue », 1997 208
Babbitt, Sinclair Lewis, Paris, LGF-Livre de Poche, 1990 210
Lettre d'une inconnue, Stefan Zweig, Paris, Stock, collection « La Cosmopolite », 2009 212
Le Diable au corps, Raymond Radiguet, Paris, Grasset, collection « Les Cahiers Rouges », 2003 214
Knock, Jules Romains, Paris, Gallimard, collection « Folio », 1972 216
Manhattan Transfer, John Dos Passos, Paris, Gallimard, collection « Folio », 2001 218
Raboliot, Maurice Genevoix, Paris, Grasset, collection « Les Cahiers Rouges », 1995 220
Le Procès, Franz Kafka, Paris, Gallimard, collection « Folio Classique », 1987 222
Gatsby le Magnifique, Francis Scott Fitzgerald, Paris, Grasset, 2007 224
Je suis d'ailleurs, Howard Phillips Lovecraft, Paris, Gallimard, collection « Folio SF », 2002 226
La Promenade au phare, Virginia Woolf, Paris, LGF-Livre de Poche, 1983 228
L'Amant de lady Chatterley, David Herbert Lawrence, Paris, LGF-Livre de Poche, 1991 230
Marius, « Trilogie marseillaise », Marcel Pagnol, Paris, Éditions De Fallois, 1992 232
Le Soulier de satin, Paul Claudel, Paris, Gallimard, collection « Folio Théâtre », 2001 234
Les Enfants terribles, Jean Cocteau, Paris, LGF-Livre de Poche, 2007 236
À l'ouest rien de nouveau, Erich Maria Remarque, Paris, LGF-Livre de Poche, 1990 238
Lettres à un jeune poète, Rainer Maria Rilke, Paris, Grasset, collection « Les Cahiers Rouges », 2002 240
Rhum, Blaise Cendrars, Paris, Grasset, collection « Les Cahiers Rouges », 2003 242
Regain, Jean Giono, Paris, Grasset, collection « Les Cahiers Rouges », 2011 244
Contes d'Odessa, Isaac Babel, Paris, Gallimard, collection « Folio Bilingue », 1999 246
Voyage au bout de la nuit, Louis-Ferdinand Céline, Paris, Gallimard, collection « Folio », 2011 248
Le Meilleur des mondes, Aldous Huxley, Paris, Pocket, 2002 250
Résidence sur la Terre, Pablo Neruda, Paris, NRF Gallimard, collection « Poésie/Gallimard », 1999 252
Le Pressentiment, Emmanuel Bove, Paris, Points, collection « Signatures », 2009 254
Le Sang noir, Louis Guilloux, Paris, Gallimard, collection « Folio », 2000 256
Journal d'un curé de campagne, Georges Bernanos, Paris, Pocket, 2002 258
Présence des morts, Emmanuel Berl, Paris, Gallimard, collection « L'Imaginaire/Gallimard », 1982 260
Voyage en Grande Garabagne, Henri Michaux, Paris, Gallimard, collection « Poésie/Gallimard », 1967 262
Bilbo le Hobbit, J.R.R. Tolkien, Paris, Christian Bourgois Éditeur, 2012 264
La Ferme africaine, Karen Blixen, Paris, Gallimard, collection « Folio », 2006 266

Rocher de Brighton, Graham Greene, Paris, Robert Laffont, collection « Pavillons poche », 2009 — 268
Cahier d'un retour au pays natal, Aimé Césaire, Paris, Présence Africaine Éditions, 1998 — 270
Dix Petits Nègres, Agatha Christie, Paris, LGF-Livre de Poche, collection « Livre de Poche Jeunesse », 2007 — 272
Les Thibault, Roger Martin du Gard, Paris, Gallimard, collection « Folio », 2013 — 274
Le Piéton de Paris, Léon-Paul Fargue, Paris, Gallimard, L'Imaginaire/Gallimard, 1993 — 276
Les Raisins de la colère, John Steinbeck, Paris, Gallimard, collection « Folio », 1972 — 278
Le Désert des Tartares, Dino Buzzati, Paris, Pocket, 2004 — 280
Le Zéro et l'infini, Arthur Koestler, Paris, LGF-Livre de Poche, 1974 — 282
Mère Courage et ses enfants, Bertolt Brecht, Paris, L'Arche, collection « Scène ouverte », 1997 — 284
L'Étranger, Albert Camus, Paris, Gallimard, collection « Folio », 1972 — 286
Le Silence de la mer, Vercors, Paris, LGF-Livre de Poche, 2007 — 288
Le Petit Prince, Antoine de Saint-Exupéry, Paris, Gallimard, collection « Folio Junior », 2013 — 290
Fictions, Jorge Luis Borges, Paris, Gallimard, collection « Folio », 1974 — 292
Gigi, Colette, Paris, LGF-Livre de Poche, 2004 — 294
La Fuite de Monsieur Monde, Georges Simenon, Paris, LGF-Livre de Poche, 2000 — 296
Antigone, Jean Anouilh, Paris, Table Ronde, collection « La petite vermillon », 2008 — 298
À la poursuite de l'amour, Nancy Mitford, Paris, Omnibus, 2013 — 300
Paroles, Jacques Prévert, Paris, Gallimard, collection « Folio » 1976 — 302
Le Journal d'Anne Frank, Anne Frank, Paris, LGF-Livre de Poche, 2008 — 304
Si c'est un homme, Primo Levi, Paris, Pocket, 1988 — 306
Au-dessous du volcan, Malcom Lowry, Paris, Gallimard, collection « Folio », 1973 — 308
L'Écume des jours, Boris Vian, Paris, LGF-Livre de Poche, 1997 — 310
Vipère au poing, « Portraits de famille », Hervé Bazin, Paris, Omnibus, 2011 — 312
Le Bel Été, Cesare Pavese, Paris, Gallimard, collection « Folio Bilingue », 1993 — 314
La Cantatrice chauve, Eugène Ionesco, Paris, Gallimard, collection « Folio Théâtre », 2013 — 316
L'Attrape-cœurs, Jerome David Salinger, Paris, Pocket, 2002 — 318
En attendant Godot, Samuel Beckett, Paris, Les Éditions de Minuit, 1952 — 320
Le Vieil Homme et la mer, Ernest Hemingway, Paris, Gallimard, collection « Folio », 1972 — 322
Fahrenheit 451, Ray Bradbury, Paris, Gallimard, collection « Folio SF » 2000 — 324
Les Gommes, Alain Robbe-Grillet, Paris, Les Éditions de Minuit, 2012 — 326
L'Incendie, Mohammed Dib, Paris, Points, 2002 — 328
Bonjour tristesse, Françoise Sagan, Paris, Pocket, 2009 — 330
Le Mépris, Alberto Moravia, Paris, Librio, 2003 — 332
Les Rois maudits, Maurice Druon, Paris, LGF-Livre de Poche, 2010 — 334
Lolita, Vladimir Nabokov, Paris, Gallimard, collection « Folio », 2001 — 336
Pedro Páramo, Juan Rulfo, Paris, Gallimard, 2005 — 338
La Nuit, Elie Wiesel, Paris, Minuit, collection « Minuit Double », 2007 — 340
Le Pavillon d'or, Yukio Mishima, Paris, Gallimard, collection « Folio », 1975 — 342
La Trilogie du Caire, Naguib Mahfouz, Paris, LGF-Livre de Poche, 1993 — 344
Mythologies, Roland Barthes, Paris, Points, 2007 — 346
Sur la route, Jack Kerouac, Paris, Gallimard, collection « Folio », 1976 — 348
Le Docteur Jivago, Boris Pasternak, Paris, Gallimard, collection « Folio », 1957 — 350
Le Guépard, Giuseppe Tomasi di Lampedusa, Paris, Points, collection « Grand Roman », 2007 — 352
Zazie dans le métro, Raymond Queneau, Paris, Gallimard, collection « Folioplus Classique », 2006 — 354
Le Petit Nicolas, René Goscinny et Jean-Jacques Sempé, Paris, Gallimard, collection « Folio Junior », 2007 — 356
La Promesse de l'aube, Romain Gary, Paris, Gallimard, collection « Folio », 1973 — 358
L'Aventure ambiguë, Cheikh Hamidou Kane, Paris, 10/18, 2003 — 360
Les Belles Endormies, Yasunari Kawabata, Paris, LGF-Livre de Poche, 2007 — 362

SOURCES

INDEX DES ŒUVRES

INDEX DES AUTEURS

REMERCIEMENTS

J'AI LE PLAISIR DE SALUER LE JUDICIEUX CONCOURS D'ADELINE ALEXANDRE, DELPHINE JAPHET ET TIPHAINE AMATE (FRANCE 3), ET CELUI DE SABINE KUENTZ, ISABELLE PARENT, ÉLISE BIGOT ET ISABELLE DARTOIS (ÉDITIONS DE LA MARTINIÈRE).

Olivier Barrot

CONCEPTION GRAPHIQUE ET MISE EN PAGES
Olivier Fontvieille,
Anne Ponscarme – offparis.fr
assités de Chloé Farina et
Gauthier Philippe

SUIVI ÉDITORIAL
Isabelle Parent

RELECTURE ET CORRECTION
Armelle Heron

PHOTOGRAVURE
IGS Charente

Achevé d'imprimer en mars 2014
sur les presses de Normandie Roto SAS à Lonrai
Dépôt légal : avril 2014.
n° 115499-1 (1400907)
ISBN 978-2-7324-6392-6

Imprimé en France